D1754800

Franz Severin Berger

»Sieben auf einen Streich«

Franz Severin Berger

»Sieben auf einen Streich«

*Grimms Märchen
für Manager*

Wirtschaftsverlag Langen Müller/Herbig

Besuchen Sie uns im Internet unter
http://www.herbig.net

© 2001 by Wirtschaftsverlag Langen Müller / Herbig in der
F. A. Herbig Verlagsbuchhandlung GmbH, München
Alle Rechte vorbehalten
Schutzumschlag: Wolfgang Heinzel
Motiv: Felix Weinold, Schwabmünchen
Satz: Fotosatz Völkl, Puchhcim
gesetzt aus: 11/12,9 New Caledonia
Druck: Jos. C. Huber KG, Dießen
Binden: R. Oldenbourg, München
Printed in Germany
ISBN 3-7844-7422-5

UND WEIL SIE NICHT GESTORBEN SIND!

Kinder brauchen Märchen. Das postulierte der weltberühmte Psychologe und Analytiker Bruno Bettelheim und gab mit dem gleichnamigen Buch den Ausschlag in der Debatte, ob denn die Märchen der Grimmschen Sammlung mit all ihrer Grausamkeit, ihrem latenten Schrecken und ihrer zeitweiligen Unmoral pädagogisch überhaupt vertretbar seien.

Ja, Kinder brauchen Märchen! Nicht nur weil sie ihnen von Müttern, Tanten, Omas – sogar Vätern! – vor dem Einschlafen vorgelesen werden. Sondern weil zwischen »Es war einmal« und »Wenn sie nicht gestorben sind« vieles geschieht, was zwar Phantasie zu sein scheint, aber in Wirklichkeit eine konkrete Lebensbeschreibung, eine Verhaltensanweisung, ist.

Um so mehr brauchen auch Managerinnen und Manager Märchen. Am besten dieselben, die sie schon als Kinder vorgelesen bekommen haben. Vom Froschkönig, Rotkäppchen, Hans im Glück, Dornröschen, von Schneewittchen und den sieben Zwergen, Rumpelstilzchen, Hänsel und Gretel, von Hexen, Zauberern, Riesen und den Bremer Stadtmusikanten.

Nur für die persönliche Nostalgie?

Haben Manager/-innen nicht ohnehin jeden Tag ein gerüttelt Maß an Märchen vor sich: Quartalsberichte, Sitzungsprotokolle, Werbekonzepte, Präsentationen, Bilanzen? Das ist keineswegs ironisch gemeint – Tatsache ist, dass die angeblich so nüchterne und harte Welt von Daten, Fakten, Zahlen philosophisch gesehen auch nur die Spitze des Eisbergs in einer Welt von unterdrückten Phantasien,

Mythen, Legenden darstellt. Letztendlich ist doch die ganze Welt ein Märchen, und das Leben kann auch als Traum gedeutet werden, der uns durch die Abenteuer des Märchenwaldes führt. Daher verwenden heutzutage Psychologen, Lebensberater und andere Schamanen die guten alten Märchen therapeutisch.

Was spricht dagegen, dieselben Märchen auf ihre Konkretheit für das Tun und Lassen im Busineß, im Management zu untersuchen? Was hindert uns, diese Geschichten einfach für wahr und wichtig zu nehmen? Denn schließlich gibt es Prinzessinnen und Königssöhne, Zwerge und Riesen, Frösche und Wölfe, Stilze und Schneiderleins doch landauf und landab in unserer freien Wirtschaft ohne Zahl! Kein mehrstöckiges Verwaltungsgebäude, keine Konzernzentrale, kein Regierungsviertel, in dem nicht dieselben komischen, seltsamen, makabren oder grausigen Geschichten geschehen, die angeblich nur früher passiert sind. Aber tatsächlich gibt es heute noch so viele schlafende Prinzessinnen, dass die Prinzen mit dem Wachküssen gar nicht nachkommen. Fallen heute noch so viele goldene Kugeln in den Brunnen, dass die Frösche zur Hebung derselben kaum ausreichen. Hüpfen die Stilze täglich zu Hunderten in Meetings und Konferenzen um die diversen Ratsfeuer im Kreis, und schlucken die Wölfe noch immer zuerst die falschen und zu großen Bissen hinunter.

Keine der so populären und vielfältigen Gestalten aus dem guten alten Märchenbuch sind wirklich je gestorben. Je lebendiger die Wirtschaft, je vielfältiger die Märkte, je heftiger der Wettbewerb, desto zahlreicher sind die Reinkarnationen der Märchenfiguren.

Ach, werden die mächtigen Bosse dazu sagen, ach, das ist typisch für diese Satiriker, Managementtrainer, Unternehmensberater und andere Kabarettisten. Denen fällt ja sonst wohl nichts mehr ein ... Und dann werden sie heimlich den Kindern und Enkelkindern die Märchenbücher klauen und unter den Palisanderschreibtischplatten insgeheim und verstohlen zu blättern beginnen.

Spieglein, Spieglein an der Wand ...

Denn die alten Märchen stellen uns jeden Tag die Frage: Wer bist du denn nun in deinem Job, in deiner Karriere? Das Rotkäppchen oder der Wolf, der Schneider oder das Einhorn, der Kater oder der Müllerssohn oder gar einer der vier Bremer Stadtmusikanten? Wartest du aufs Wachgeküsstwerden, oder solltest du es selber tun? Bist du ein Frosch oder ein Prinz? Oder beides?

Management ist eine ernste Sache. Karriere ein harter Wettbewerb. Um dafür fit zu sein, dürfen wir uns keiner Phantasie entschlagen, kein Märchen verneinen, keinen Traum verdrängen. Wenn, wie der große Bruno Bettelheim treffend und lückenlos bewies, unsere Kinder die Märchen für ein gesunde Entwicklung ihrer Persönlichkeiten brauchen, so brauchen die Erwachsenen als Mitarbeiter, als Führungskräfte, als Manager/-innen dieselben Märchen um so mehr. Damit sie den Job, die Karriere und das Ziel so meisterlich im Auge behalten und so glücklich zu Ende bringen, wie es uns die guten alten Geschichten lehren.

Franz Severin Berger
Bisamberg im Juli 2001

ERFOLG MACHT SEXY!

oder

Die Selfmadekarriere des Hannes Schneider

In den Büchern mit den von den Gebrüdern Grimm gesammelten Kinder- und Hausmärchen ist die Geschichte vom tapferen Schneiderlein meist als erste abgedruckt. Das weist darauf hin, daß sie als sogenannte Opener story besonders geeignet ist, weil Kinder sie offensichtlich sehr lieben. Betrachten wir – wie in der Folge – das sogenannte Märchen mit prüfenden und erwachsenen Augen, so stellen wir auch bald fest, daß dessen Beliebtheit kein Zufall ist. Denn im wesentlichen wird einem jungen Menschen damit alles erläutert, was er wissen muß, um später im Leben aus eigener Kraft tüchtig und erfolgreich zu sein.

Anders als bei Jochen Müllersohn, dessen steile Karriere in der Geschichte vom »Gestiefelten Kater« präsentiert wird, ist es bei Hannes Schneider nicht ein gefinkelter Karriereberater wie Dr. Schnurrhaar Bartputzer, sondern ausschließlich Cleverneß, gekonnte Selbstdarstellung und kreativer Witz, die aus eigener Kraft zum Erfolg führen. Nehmen wir vorweg, daß das schon im Titel des Märchens enthaltene Wort »tapfer« eine bewußte Irreführung des Erzählers ist. Der heute gängige Begriff für das Wesen des Hannes Schneider ist Coolneß. Tapferkeit, insbesondere die »deutsche«, führt in der Praxis des Kriegswesens, der Politik, der Wirtschaft, also im Wettbewerbsleben meist zu Fehlhandlungen, falschen Entscheidungen, Überreaktionen und manch anderem Blödsinn mehr. Wir können hier vorweg unterstellen, daß die unbekannten Märchenschöp-

Erfolg macht sexy!

fer das Wort Tapferkeit in der Originalerzählung ironisch beziehungsweise belustigend eingesetzt haben.

Nun aber einmal unerschrocken hinein in die Geschichte:

Ein Schneiderlein saß an einem Sommermorgen auf seinem Tisch am Fenster, war guter Dinge und nähte aus Leibeskräften. Da kam eine Bauersfrau die Straße herab und rief: »Gut Mus feil! Gut Mus feil!« Das klang dem Schneiderlein lieblich in die Ohren; es steckte sein zartes Haupt zum Fenster hinaus und rief: »Hier herauf, liebe Frau, hier wird Sie Ihre Ware los.«

Die Frau stieg mit ihrem schweren Korb die drei Treppen zu dem Schneider hinauf und mußte die Töpfe sämtlich vor ihm auspacken. Er besah sie alle, hob sie in die Höhe, hielt die Nase daran und sagte endlich: »Das Mus scheint mir gut, wieg Sie mir doch vier Lot ab, liebe Frau! Wenn's auch ein Viertelpfund ist, kommt es mir nicht darauf an.« Die Frau, die gehofft hatte, einen guten Absatz zu finden, gab ihm, was er verlangte, ging aber ganz ärgerlich und brummig fort.

Lassen wir einmal die ironischen Verkleinerungsformen (Schneiderlein!) weg und unterdrücken wir den Eindruck, der sich aus der immer wieder angedeuteten Zierlichkeit (»zartes Haupt«) ergeben könnte. Bei Hannes Schneider handelt es sich eindeutig um einen jungen Mann, der seinem erlernten Handwerk derzeit als Alleinunternehmer nachgeht. Er ist ein urbaner Typ, denn seine Werkstätte befindet sich in der Dachkammer eines dreistöckigen Hauses. Im Frühbarock, in dem die meisten Grimmschen Hausmärchen zeitlich angesiedelt sind, waren dreistöckige Gebäude auch in kleineren Städten schon vorhanden. Am flachen Lande, von dem die Wanderhändlerin Berta M. mit ihren Marmeladetöpfen kommt, waren noch immer ausschließlich ebenerdige Wohn- und Wirtschaftsbauten üblich. Verständlich, daß die gute Frau das Hochsteigen über drei Stockwerke besonders lästig, weil ungewohnt empfindet. Aus der bis jetzt beschriebenen Szene heraus wäre das auch nicht notwendig gewesen, aber Frau Berta M. hat sich offensichtlich bis jetzt noch nie einem Verkaufs- und Marketingseminar unterzogen. Wir sehen, wie wichtig solche Ausbildungen sind, um am Markt nicht totale Fehleinschätzungen von einzelnen Kunden oder Käufersegmenten zu treffen, wobei der Leistungseinsatz mit der Umsatzentwicklung und dem Gewinn in keiner vertretbaren Relevanz steht.

Nun gut, die Frau ist Geschichte, aber über Hannes Schneider haben wir etwas erfahren. Als Konsument ist er qualitätsbewußt, denn er prüft und wiegt und beriecht die Mustöpfe sehr genau. Vor allem, weil Sommer ist. Aus der Jahreszeit können wir uns denken, daß ein allfälliges Aprikosenmus (Marillenmarmelade) noch sehr frisch ist und bei hohen Temperaturen leicht zur Gärung neigt. Da wir später von reifen Kirschen – am Baum! – hören, dürfte es aber Frühsommer sein, und Aprikosen sind ja noch gar nicht reif. Daraus schließen wir auf – richtig! – Pflaumenmus, von Zwetschgen, die vorigen Herbst geerntet wurden. Diese Marmelade kann also nur der sogenannte Powidl sein: eine feste, dunkle und klebrig-süße Masse, die das Kernelement der böhmischen Mehlspeisküche darstellt. Powidl wiederum kann zu flüssig, zu trocken, ja sogar hart und rissig sein und würde sich in diesem Fall als Brotaufstrich nicht eignen. Um so mehr ist das Qualitätsprüfungsverfahren durch Herrn Schneider erforderlich. Er ist also ein im Einkaufswesen gut geschulter Mann.

Darüber hinaus ist er ein Mensch, der Kosten, Aufwände und Nutzen richtig einzuschätzen weiß. Er kauft nicht mehr, als er in nächster Zeit verbrauchen kann, er läßt sich nicht dazu hinreißen, vielleicht einen ganzen Topf zu erstehen, der ihm in der Folge mangels Kühleinrichtungen unter dem Dach wohl verderben würde.

»Nun, das Mus soll mir Gott segnen«, rief das Schneiderlein, »und soll mir Kraft und Stärke geben«, holte das Brot aus dem Schrank, schnitt sich ein Stück über den ganzen Laib und strich das Mus darüber. »Das wird mir gut schmecken«, sprach er, »aber erst will ich das Wams fertigmachen, ehe ich anbeiße.« Er legte das Brot neben sich, nähte weiter und machte vor Freude immer größere Stiche.

Auch diese kurze Textpassage erzählt uns über Hannes Schneiders positive Eigenschaften. Zuerst einmal das Wichtigste für Jungmanager: Er ernährt sich gesundheitsbewußt. Die Kombination von Schwarzbrot und Marmelade ist leistungssteigernd über die hohen Kohlenhydrate und lustbetont über die Steigerung des Serotoninspiegels im Gehirn, und vor allem verzichtet der junge Mann auf Butter, von Speck und Schinken gar nicht zu reden, um nicht den Cholesterinspiegel bei einem vor allem im Sitzen ausgeübten Beruf nach oben schnellen zu lassen. Fitneß ist ihm etwas sehr Wichtiges.

Als Getränk wird in der sogenannten Hannes-Schneider-Diät reines Brunnenwasser, besser frisches Quellwasser, vorgeschrieben. Der Märchenerzähler berichtet auch mit keinem Wort über einen allfälligen Humpen Bier oder ein Kännchen Wein, die es ja in der Dachkammer auch geben könnte. Das wäre aber schon der Beginn des Endes einer Karriere!

Daß er über dem angerichteten Musbrot nicht gleich ins Mampfen gerät, zeigt von seiner Arbeitsdisziplin. Der »Nebenhieb« auf die immer größer werdenden Stiche – das wäre eine Verringerung der Produktqualität – ist wieder typisch für einen unbedingt auf Komik ausgerichteten Erzähler. Vergessen wir's!

Indes stieg der Geruch von dem süßen Mus hinauf an die Wand, wo die Fliegen in großer Menge saßen, so daß sie herangelockt wurden und sich scharenweise darauf niederließen.
»Ei, wer hat euch eingeladen?« sprach das Schneiderlein und jagte die ungebetenen Gäste fort. Die Fliegen aber, die kein Deutsch verstanden, ließen sich nicht abweisen, sondern kamen in immer größerer Gesellschaft wieder. Da lief dem Schneiderlein endlich, wie man sagt, die Laus über die Leber, es langte in seiner Qual nach einem Tuchlappen, und –
»Wart', ich will es euch geben!« – schlug es unbarmherzig drauflos. Als der Schneider dann zählte, da lagen nicht weniger als sieben vor ihm tot und streckten die Beine.
»Bist du so ein Kerl?« sprach er und mußte selbst seine Tapferkeit bewundern. »Das soll die ganze Stadt erfahren.« Und in der Hast schnitt sich das Schneiderlein einen Gürtel, nähte ihn und stickte mit großen Buchstaben darauf: »Sieben auf einen Streich!«
»Ei, was Stadt!« sprach er weiter. »Die ganze Welt soll's erfahren!« und sein Herz wackelte ihm vor Freude wie ein Lämmerschwänzchen.
Der Schneider band sich den Gürtel um den Leib und wollte in die Welt hinaus, weil er meinte, die Werkstätte sei zu klein für seine Tapferkeit.

Diese klassische »Kick-off-Situation« müssen wir ganz eingehend analysieren. Denn es war von den hinteren Sitzreihen im Auditorium schon wieder einmal der Ruf »Hochstapler!« zu hören. Eine krasse und höchst unprofessionelle Fehleinschätzung, meine Damen und Herren, liebe Kolleginnen und Kollegen. Denn das, was Hannes Schneider auf seinen Gürtel stickte, war und ist keine Lüge. »Sieben auf einen Streich« ist, wie die Engländer sagen, relatively speaking. Die deutsche Übersetzung mit »Halbwahrheiten« ist nur zu deutsch – nämlich schon wieder ungerecht.

Am Beispiel »Sieben auf einen Streich« sei nochmals festgehalten, daß es sich um die reine Wahrheit handelt. Wenn auch nicht die ganze. Daß späterhin die nichtgenannten sieben toten Fliegen – Asche zu Asche, die Erde werde ihnen leicht – in der Vorstellungswelt derer, die Hannes Schneider entgegentreten, durch Männer, Helden, Krieger etc. ersetzt werden, liegt nicht an Herrn Schneider, sondern ... ja eben! ... an unserer eigenen, nicht zu bremsenden Sensationsgier.

Hätte irgendeiner Herrn Schneider gefragt, wer die sieben seien, hätte er wahrheitsgemäß geantwortet. Aber – hätten Sie gefragt?

Eine kleine kulturhistorische Nebenbemerkung: Gürtel haben eine diesbezüglich alte Tradition. Seit der römischen Antike werden Gürtel geheimnisvolle Abwehrkräfte zugeschrieben. Der Brautgürtel ist heute noch ein – zumeist unverstandenes – Relikt dieser Vorstellungswelt. Im Mittelalter trugen Kinder von Adeligen oft Gürtel, die mit Edelsteinen besetzt waren. Diese sollten vor Krankheiten schützen. Nebenbei, Sie erinnern sich an Brunhildes Gürtel im Nibelungenlied? Den konnte ihr der angetraute Gunther, dieser Schlaffi, im Brautgemach nicht abnehmen. Da mußte er den athletischeren Siegfried um Hilfe bitten, und der brauchte immerhin noch eine Tarnkappe, um der isländischen Königin die Jungfräulichkeit zu nehmen. O ja, Gürtel haben so ihren Zauber.

Als Protzmedien sind sie noch bei den Gewaltsportarten lebendig. Boxweltmeister, Catcherstars und die selbst tonnenschweren Gewichtheber erhalten Meisterschaftsgürtel in barocker Pracht. Heute ist es modisch, die Gürtel offen über der Schulter zu tragen, weil der Machomann im Seilgeviert dann noch lässiger wirkt. Die Gegenwelt der muskelstarrenden Gewaltsportler, die elegante und scheinbar kraftlose Szene der unbesiegbaren Budosportler (Judo, Jiu-Jitsu, Kendo, Karatedo etc.), benutzt ebenfalls den Gürtel über der Kimonojacke als Zeichen des Ranges und der Ausbildung. Wenn Sie hier einem schwarzen Gürtel begegnen, seien Sie in jedem Fall höflich.

Magie und Funktion der Repräsentation des Gürtels sind aber im Zivilleben unserer heutigen Kulturkreise in der Zwischenzeit verschoben – wenn auch nur leicht. Der Gürtel des Hannes Schneider, eigentlich eine Bauchbinde aus Stoff mit Aufschrift, hat sich über die Jugendkultur zum T-Shirt gewandelt. Was auf T-Shirts alles zu finden ist, muß hier nicht ausgeführt werden. Bei Rockern, Motorradfahrern und anderen Rittern der Neuzeit stecken die Botschaften wiederum am Rücken der Lederjacken (Leader of the Pack, Hell's Angels etc.), weil man solche Typen eher von hinten als von vorne sieht. Die sogenannte feine Welt hat stellvertretend für Gürtel zum Beispiel die Krawatte (Oxford, Cambridge etc.), die Anstecknadel, die Armbanduhr, den speziellen Ring oder ähnliches, so daß jeder Kammgarngecko in den Chefetagen und Konferenzräumen den Rang des anderen auf einen Blick erkennt.

»Sieben auf einen Streich« ist natürlich auch vom Inhaltlichen her ein Motto, ein Slogan, eine Parole. Wie sie mehr oder weniger bedeutende Menschen der Vergangenheit auch immer hatten. Entweder als Beinamen (zum Beispiel der Streitbare, der Große, der Gütige, der Ehrbare, die Wahnsinnige) oder als Wahlsprüche (Motto, Motti) (Der Staat bin ich, Viribus unitis, ein Volk, ein Reich, ein ... und andere Anmaßungen). Ein weiteres Beispiel sei der berühmte »Mister fünf Prozent«, der nicht, wie gerne verwechselt wird, Leiter einer Discountkette war, sondern der erste europäische Dollarmilliardär mit einem unaussprechlichen armenischen Namen. Die fünf Prozent, nach denen er sich nannte, waren keine Nachlässe, sondern Vermittlungsprovisionen im internationalen Ölgeschäft. Er hat nie selbst gehandelt, nur vermittelt. Ein Typ, der mit Hannes Schneider mehr gemein hat, als es im ersten Moment scheint.

Für jene, die sich im Werbebusineß nicht ganz so gut auskennen, obwohl sie ihm täglich zum Opfer fallen, noch einige Denkanstöße zum sogenannten Slogan, wie »Sieben auf einen Streich« eben einer ist. Ein Slogan ist dann gut, wenn er nicht lügt, aber nichts konkret behauptet, sondern die Vorstellungskraft des Empfängers reizt und weckt. Nehmen wir zum Vergleich ein aktuelles Beispiel: Für irgendein Waschmittel, das nicht mehr oder weniger kann wie andere auch, haben die Werbepsychologen eine spezielle Botschaft erfunden. Es mache »nicht nur sauber, sondern rein«. Im ersten Moment scheinbarer Quatsch, denn wo soll denn der Unterschied zwischen sauber und rein sein? Der entsteht natürlich sofort im Unterbewußtsein und dann gleich auch im Kopf der Kundin oder des allein Wäsche waschenden Herrensingles. Sauber ist eben sauber, etwas Optisches, Sichtbares, wenn der Dreck weg ist. Rein hingegen ist in unserer Kultur ein tiefsitzender und sehr alter religiöser Begriff. Auch die rationalste Atheistin, der radikalste Agnostiker empfindet beim Begriff rein den Eindruck von etwas Durchdringendem, Tiefgehendem. Das Waschmittel, sagt das Unterbewußtsein, ist also so gut, daß die so gepflegte Unterwäsche damit auch gleich ins ewige Jenseits aufsteigen könnte und Gnade vor den Augen des Herrn findet.

Übertrieben?

Nicht doch!

Eine der besten Werbebotschaften des 20. Jahrhunderts war ein plakatierter Nichtsatz der österreichischen Sozialdemokratie in den 70er Jahren. Er hieß simpel: In Zeiten wie diesen – dann folgte das Logo und die Chiffre SPÖ für die wahlwerbende Partei. Diese Phrase sagt natürlich gar nichts, und das war auch das Geheimnis des durchschlagenden Erfolgs. Jedermann konnte sich unter diesem Anreiz etwas vorstellen, das er so empfand. Gute Zeit, danke SPÖ! Schlechte Zeit, SPÖ wird das ändern! Unterm Strich kam immer SPÖ heraus, obwohl darüber eine Nullbotschaft stand. Reifere Semester in Österreich können sich nicht nur daran erinnern, sondern sie führen diese Phrase immer noch im eigenen Wortschatz mit.

Wir verstehen, daß »Sieben auf einen Streich« einfach funktionieren mußte.

Was heißt hier: »Bloß tote Fliegen«!?

Erfolg ist Erfolg, und wenn es auch der kleinste ist. Hannes Schneider hat alles gegeben. Alles, was er konnte. Und er entschied richtig, daß es nicht nur die ganze Stadt, sondern auch die ganze Welt erfahren sollte. Denn, wie schon in der Bibel steht, gilt der Prophet nichts im eigenen Lande.

Go westwards, young man. Be sure the winner takes it all.

Ehe er abzog, suchte er im Haus herum, ob nichts da wäre, was er mitnehmen könnte. Er fand aber nichts als einen alten Käse, den steckte er ein. Vor dem Tor bemerkte er einen Vogel, der sich im Gesträuch gefangen hatte, der mußte zu dem Käse in die Tasche. Nun schritt er rasch aus, und weil er leicht und behend war, fühlte er keine Müdigkeit.

Der Erzähler gibt uns keinen Hinweis, ob Hannes Schneider das in Arbeit stehende Wams fertigstellte und ausliefern ließ, ob er sein Marmeladebrot aufaß oder einpackte, er zeigt uns nur einen förmlich überstürzten Aufbruch. Und doch erkennen wir bei Hannes Schneider Managerqualitäten. Eine Kampagne, eine Mission erfordert Ressourcen und Tools. Wenn auch im Schneiderhaus scheinbar nichts davon vorhanden ist, so dürfen doch Kleinigkeiten nicht achtlos übersehen werden. Der alte Käse und der Vogel vor dem Tor werden noch taktisch ganz wichtig werden. Übrigens zeigt sich in der Sache Vogel Kollege Schneider nicht nur als umweltbewußter Tierschützer, sondern auch als liebenswürdiger Mensch. Wenn er das Vöglein zum Käse steckt, ist das durchaus ein Angebot, durch Nahrungsaufnahme wieder zu Kräften zu kommen. Apropos, der letzte Satz zeigt, wie schon zu Beginn angedeutet, die große Fitneß des Hannes Schneider. Agilität, Flexibilität, Mobilität, das sind die wichtigsten Eigenschaften des modernen jungen Menschen im Management.

Der Weg führte ihn auf einen Berg, und als er den höchsten Gipfel erreicht hatte, saß da ein gewaltiger Riese und schaute sich ganz gemächlich um. Das Schneiderlein ging beherzt auf ihn zu, redete ihn an und sprach:
»Guten Tag, Kamerad! Gelt, zu sitzest da und besiehst dir die weite, weite Welt? Ich bin eben auf dem Weg dahin und will mein Glück versuchen. Hast du Lust mitzugehen?«
Der Riese sah den Schneider verächtlich an und sprach: »Du Lump! Du miserabler Kerl!«
»Das wäre!« antwortete das Schneiderlein, knöpfte den Rock auf und zeigte dem Riesen den Gürtel. »Da kannst du lesen, was ich für ein Mann bin.«

Ein Wort zum Thema Riesen. Anscheinend Märchengestalten, gibt es sie doch wirklich. Beim Betreten einer Chefetage in größeren Organisationen und Unternehmen können sie einzeln wie auch scharenweise beobachtet werden. Kaum ein Mensch, der einem dort nicht entgegentritt, als wäre er drei Meter fünfzig hoch. Und es erfordert, wie in dieser Geschichte auch, eine selbstbewußte Präsentation, um nicht »von oben herab« weggeblasen zu werden. Der weitere Verlauf der Geschichte wird zeigen, daß Riesen durchaus leistungsfähig sein können, aber selten über eine »schlichte Einfalt« hinausdenken. Nebenbei gilt dies auch für jede »Riesenfirma« um so mehr. Alles was nun folgt, können wir uns mit ein wenig Phantasie auch in einer Vorstandsetage denken.

Um Mißverständnisse zu vermeiden, sei richtiggestellt, daß diese Phänomene in der Natur nicht auftreten. Die größten Lebewesen der Erde, der Elefant und der Blauwal, sind hochintelligent, gelten geradezu als weise und könnten nie so billig ausgetrickst werden, wie »hominide Riesen« aller Art.

Der Riese las: »Sieben auf einen Streich«, meinte, das wären Menschen gewesen, die der Schneider erschlagen hätte, und kriegte ein wenig Respekt vor dem kleinen Kerl. Doch wollte er ihn erst prüfen, nahm einen Stein in die Hand und drückte ihn zusammen, daß das Wasser heraustropfte. »Das mach mir nach«, sprach der Riese, »wenn du Stärke hast!«

»Ist's weiter nichts?« sagte das Schneiderlein. »Das ist bei unsereinem Spielwerk«, griff in die Tasche, holte den weichen Käse und drückte ihn, daß der Saft herauslief. »Gelt«, sprach er, »das war ein wenig besser?«

Der Riese wußte nicht, was er sagen sollte, und konnte es von dem Männlein nicht glauben. Da hob der Riese einen Stein auf und warf ihn so hoch, daß man ihn kaum noch sehen konnte: »Nun, du Wicht, das mach mir nach.«

»Gut geworfen«, sagte der Schneider, »aber der Stein hat doch wieder zur Erde herabfallen müssen. Ich will dir einen werfen, der soll gar nicht wiederkommen«, griff in die Tasche, nahm den Vogel und warf ihn in die Luft. Der Vogel, froh über seine Freiheit, stieg auf, flog fort und kam

nicht wieder. »Wie gefällt dir das Stückchen, Kamerad?« fragte der Schneider.

»Werfen kannst du wohl«, sagte der Riese, »aber nun wollen wir sehen, ob du imstande bist, etwas Ordentliches zu tragen.« Er führte das Schneiderlein zu einem mächtigen Eichbaum, der da gefällt auf dem Boden lag, und sagte: »Wenn du stark genug bist, so hilf mit, den Baum aus dem Wald tragen.«

»Gerne«, antwortete der kleine Mann, »nimm nur den Stamm auf deine Schulter, ich will die Äste mit dem Gezweig aufheben und tragen, das ist doch das Schwerste.« Der Riese nahm den Stamm auf die Schulter, der Schneider aber setzte sich auf einen Ast, und der Riese, der sich nicht umsehen konnte, mußte den ganzen Baum und das Schneiderlein noch obendrein forttragen. Der kleine Mann war da hinten ganz lustig und guter Dinge und pfiff das Liedchen: »Es ritten drei Schneider zum Tore hinaus«, als wäre das Baumtragen ein Kinderspiel.

Kommentar nötig? Richtig, wir erinnern uns an einen Wahlspruch der späten 70er Jahre: Small is beautiful!

Nachdem der Riese die schwere Last ein Stück Wegs fortgeschleppt hatte, konnte er nicht mehr weiter und rief: »Hör, ich muß den Baum fallen lassen!«

Der Schneider sprang behend hinab, faßte den Baum mit beiden Armen, als wenn er ihn getragen hätte, und sprach zum Riesen: »Du bist so ein großer Kerl und kannst nicht einmal den Baum tragen!«

Sie gingen zusammen weiter, und als sie an einem Kirschbaum vorbeikamen, faßte der Riese die Krone des Baumes, wo die ersten Früchte hingen, bog sie herab, gab sie dem Schneider in die Hand und hieß ihn essen. Das Schneiderlein aber war viel zu schwach, um den Baum zu halten, und als der Riese losließ, fuhr der Baum in die Höhe, und der Schneider wurde mit in die Luft geschnellt. Als er ohne Schaden wieder herabgefallen war, sprach der Riese: »Was ist das? Hast du nicht die Kraft, die schwache Gerte zu halten?«

»An der Kraft fehlt es nicht«, antwortete das Schneiderlein, »meinst du, das wäre etwas für einen, der siebene mit einem Streich getroffen hat? Ich bin über den Baum gesprungen, weil die Jäger da unten in das Gebüsch schießen. Spring nach, wenn du kannst!« Der Riese machte den Versuch, konnte aber nicht über den Baum kommen, sondern blieb in den Ästen hängen, so daß das Schneiderlein auch hier die Oberhand behielt.

Im Umgang mit Riesen jeder Art ist eine gewisse Schlagfertigkeit immer die beste Methode. Riesen sind es nicht gewohnt, schnelle Schlüsse zu ziehen, sie brauchen immer ein Rudel von Assistenten, Stabsgefreiten, Referenten etc. Sie nennen das einen Braintrust, der ihnen das Denken abnehmen soll. Je größer dieser Thinktank ist, desto langsamer laufen alle Arten von Gehirntätigkeiten ab. Jeder Erfahrene weiß, daß man schon mit einfachen logischen Schlüssen solche »Denkgruppen« lahmlegen kann. Hannes Schneider bedient sich daher ungeniert einer ganzen Reihe Bluffs. Vorbildlich ist es, wie er das eigene Unvermögen dem Partner als nicht nachmachbare Fähigkeit anbietet. Prompt hängt der Riese im Baum.

Der Riese sprach: »Wenn du so ein tapferer Kerl bist, so komm mit in unsere Höhle und übernachte bei uns.« Das Schneiderlein war bereit und folgte ihm. Als sie in der Höhle anlangten, saßen da noch andere Riesen beim Feuer, und jeder hatte ein gebratenes Schaf in der Hand und aß davon. Das Schneiderlein sah sich um und dachte: »Es ist doch hier viel weiträumiger als in meiner Werkstatt.«

Wir wollen beachten, daß die Riesen in der Höhle – Konzernzentrale – offensichtlich reine Fleischesser sind. Überernährung mit Eiweiß und Fetten führt bekanntlich zu vielen Wohlstandserkrankungen, vor allem aber zur Reduktion der geistigen Leistung. Wie gesund ernährt sich hingegen unser cleverer Held!

Der Riese wies ihm ein Bett an und sagte, er solle sich hinlegen und ausschlafen. Dem Schneiderlein war aber das Bett zu groß, es legte sich nicht hinein, sondern kroch in eine Ecke. Als es Mitternacht war und der Riese meinte, das Schneiderlein läge in tiefem Schlafe, stand er auf, nahm eine große Eisenstange und schlug das Bett mit einem Schlag durch; er meinte, er hätte dem Grashüpfer den Garaus gemacht.

Typisch Riese! Immer mit voller Kraft und mitten hinein, ohne die Details zu prüfen. Fallen Ihnen da auch gleich einige persönliche Vergleiche ein?

Mit dem frühesten Morgen gingen die Riesen in den Wald und hatten das Schneiderlein ganz vergessen.

Zwischenruf: Typisch Fleischfresser!

Da kam es auf einmal lustig und verwegen dahergeschritten. Die Riesen erschraken und fürchteten, es schlüge alle tot, und liefen in aller Hast fort. Das Schneiderlein zog weiter, immer seiner spitzen Nase nach. Nachdem es lange gewandert war, kam es in den Hof eines königlichen Palastes, und da es Müdigkeit empfand, so legte es sich ins Gras und schlief ein.

Königspaläste hatten rundumliegende Gutshöfe und Meiereien. Und in einem solchen legte sich Hannes Schneider zur Ruhe. Wir können ihn mit einer Filiale oder Außendienststelle eines Großkonzerns vergleichen.

Während es da lag, kamen die Leute, betrachteten das Männlein von allen Seiten und lasen auf dem Gürtel: »Siebene auf einen Streich«.
»Ach«, sprachen sie, »was will der große Kriegsheld hier mitten im Frieden? Das muß ein mächtiger Herr sein.« Sie gingen und meldeten es dem König und meinten, wenn Krieg ausbrechen sollte, wäre das ein wichtiger und nützlicher Mann, den man um keinen Preis fortlassen dürfte. Dem König gefiel der Rat, und er schickte einen von seinen Hofleuten an das Schneiderlein ab, der sollte ihm, wenn es aufgewacht wäre, Kriegsdienste anbieten. Der Abgesandte blieb bei dem Schläfer stehen, wartete, bis er seine Glieder streckte und die Augen aufschlug, und brachte dann seinen Antrag vor.
»Ebendeshalb bin ich hierhergekommen«, antwortete der Schneider, »ich bin bereit, in des Königs Dienste zu treten.« Also wurde er ehrenvoll empfangen und ihm eine besondere Wohnung angewiesen.

Herr Schneider erkennt im richtigen Moment den entscheidenden Karriereschritt und nimmt das Angebot, ohne zu zögern, an. Was folgt, ist geradezu natürlich, daher selbstverständlich und muß ohne jede Furcht vorausgesehen werden – das Auftreten von Neidern. Die sich aus der eigenen Schwäche heraus gerne gefinkelte Intrigen einfallen lassen.

Die Kriegsleute aber waren dem Schneiderlein aufsässig und wünschten, es wäre tausend Meilen weit weg. »Was soll daraus werden?« sprachen sie untereinander. »Wenn wir Zank mit ihm kriegen und er haut zu, so fallen auf einen Streich siebene. Da kann unsereiner nicht bestehen.« Also faßten sie einen Entschluß, begaben sich allesamt zum König und baten um ihren Abschied.

»Wir sind nicht gewillt«, sprachen sie, »neben einem Mann auszuhalten, der siebene auf einen Streich schlägt.«

Der König war traurig, daß er um des einen willen alle seine treuen Diener verlieren sollte, wünschte, daß seine Augen ihn nie gesehen hätten, und wäre ihn gerne wieder los gewesen. Aber er getraute sich nicht, ihm den Abschied zu geben, weil er fürchtete, er möchte ihn samt seinem Volke totschlagen und sich auf den königlichen Thron setzen.

Auch bei Königs sehen wir die typische Vorstandsparanoia – die Angst vor der Konkurrenz durch zu tüchtige Mitarbeiter. Ein Karrieremacher muß das vorhersehen!

Er sann lange hin und her, endlich fand er einen Rat. Er schickte zu dem Schneiderlein und ließ ihm sagen, weil er ein so großer Kriegsheld sei, wolle er ihm ein Anerbieten machen. In einem Wald seines Landes hausten zwei Riesen, die mit Rauben, Morden, Sengen und Brennen großen Schaden stifteten; niemand könne in ihre Nähe, ohne sich in Lebensgefahr zu begeben. Wenn er diese beiden Riesen überwinde und töte, so wolle er ihm seine einzige Tochter zur Gemahlin geben und das halbe Königreich als Brautgabe; auch sollten hundert Reiter mitziehen und ihm Beistand leisten.

Sieh an. Jetzt kommt das berühmte Chefangebot: Unlösbare Aufgabe mit phantastischem Erfolgshonorar. Schlägt man es aus, ist man erledigt, nimmt man es an, dito. Es sei denn, man heißt Hannes Schneider.

»Das wäre so etwas für einen Mann, wie du bist«, dachte das Schneiderlein, »eine schöne Königstochter und ein halbes Königreich wird einem nicht alle Tage angeboten.«

»O ja«, gab er zur Antwort, »die Riesen will ich schon bändigen und habe die hundert Reiter dabei nicht nötig; wer siebene auf einen Streich trifft, braucht sich vor zweien nicht zu fürchten.«

Im ersten Moment scheint es dumm zu sein, die hundert Assistenzkräfte auszuschlagen. Es ist aber genial, denn die hundert wären hundert Augenzeugen zu viel für die folgende Problemlösungsmethode. Die hätten natürlich gerne das Schneidersche Know-how mitbekommen, aber ...

Das Schneiderlein zog aus, und die hundert Reiter folgten ihm. Als es zu dem Rand des Waldes kam, sprach es zu den Begleitern: »Bleibt hier nur halten, ich will schon allein mit den Riesen fertig werden.«
Dann sprang der Schneider in den Wald hinein und schaute sich rechts und links um.

Wieder ein versteckter Hinweis des Erzählers! Bei der Lösung von wirtschaftlichen, organisatorischen oder anderen Managementproblemen ist immer auch die politische Landschaft ins Auge zu fassen.

Bald erblickte er beide Riesen: sie lagen unter einem Baume und schliefen und schnarchten dabei, daß sich die Äste auf und nieder bogen. Das Schneiderlein, nicht faul, las beide Taschen voll Steine und stieg damit auf den Baum. Als es in der Mitte war, rutschte es auf einen Ast, bis es gerade über die Schläfer zu sitzen kam, und ließ dem einen Riesen einen Stein nach dem anderen auf die Brust fallen. Der Riese spürte lange nichts, doch endlich wachte er auf, stieß seinen Gefährten an und sprach: »Was schlägst du mich?«
»Du träumst«, sagte der andere, »ich schlage dich nicht.«
Sie legten sich wieder zum Schlaf, da warf der Schneider

auf den zweiten einen Stein herab. »Was soll das?« rief der andere. »Warum bewirfst du mich?«

Wir brauchen zum Thema Riesen nichts zu ergänzen. Aber am Beispiel erkennen wir, was Erfahrung zählt. Die eingeschlagene Taktik des Hannes Schneider fußt auf seiner ersten Begegnung mit Riesen. Und seien sie Großunternehmen oder politische Parteien, sie haben alle dementsprechend lange Leitungen.

»Ich bewerfe dich nicht«, antwortete der erste und brummte. Sie zankten sich eine Weile herum, doch weil sie müde waren, ließen sie's gut sein, und die Augen fielen ihnen wieder zu. Das Schneiderlein fing sein Spiel von neuem an, suchte den größten Stein aus und warf ihn dem ersten Riesen mit aller Gewalt auf die Brust.

Wir sollten auch die Fairneß des Hannes Schneider würdigen. Denn er könnte die Steine den Riesen auch ins Gesicht werfen, ihnen das Nasenbein brechen oder die Augen verletzen. Er wirft nur auf die Brustkörbe und vermeidet so schwere Verletzungen. Im Management nennen wir das die »Angemessenheit der Mittel«.

»Das ist zu arg!« schrie der, sprang wie ein Unsinniger auf und stieß seinen Gesellen wider den Baum, daß dieser zitterte. Der andere zahlte mit gleicher Münze, und sie gerieten in solche Wut, daß sie Bäume ausrissen und aufeinander losschlugen, so lang, bis sie endlich beide zugleich tot auf die Erde fielen.

Wir verweisen hier auf mehrere Fallbeispiele der Antike, wie sie uns einer der bedeutendsten Managementlehrer, Messer Niccolò Machiavelli, in seinem Hauptwerk »Il principe« vorstellt. Unerläßliche Pflichtlektüre. Volkstümlich zu der bekannten These zusammengefaßt: Wenn sich zwei streiten, kassiert der dritte.

Nun sprang das Schneiderlein herab. »Ein Glück nur«, sprach es, »daß sie den Baum, auf dem ich saß, nicht ausgerissen haben, sonst hätte ich wie ein Eichhörnchen auf einen anderen springen müssen!«

Darauf zog der Schneider sein Schwert und versetzte jedem ein paar tüchtige Hiebe in die Brust, dann ging er zu den Reitern hinaus und sprach: »Die Arbeit ist getan, ich habe beiden den Garaus gemacht. Aber hart ist er herangegangen, sie haben in der Not Bäume ausgerissen und sich gewehrt, doch das hilft alles nichts, wenn einer kommt wie ich, der siebene auf einen Streich schlägt.«

»Seid Ihr denn nicht verwundet?« fragten die Reiter. »Das bringt keiner so leicht zustande«, antwortete der Schneider, »kein Haar haben sie mir gekrümmt.«

Die Reiter wollten ihm nicht glauben und ritten in den Wald hinein, da fanden sie die Riesen in ihrem Blute schwimmend, und ringsumher lagen die ausgerissenen Bäume.

Es ist uns nicht nur verständlich, wir müssen es auch moralisch akzeptieren, daß Hannes Schneider in seiner Selbstdarstellung hier einige Tricks – strafrechtlich sogar Leichenschändung – anwendet. Es ist bis heute das Problem, daß Intelligenzleistungen nur ungern hoch oder höher eingeschätzt werden als Akte roher Gewalt. Hannes Schneider simuliert daher ganz richtig einen mörderischen Kampf, den er mit gezogenem Schwert gewonnen hätte.

Auffällig ist, daß das »Sieben auf einen Streich« von ihm selbst von nun ab immer wieder betont wird. Wir könnten das eine überzogene Selbstdarstellung nennen, aber es wird sich zeigen, daß es absolut richtig ist.

Apropos Selbstdarstellung. Es ist so »modisch« geworden, erfolgreiche Menschen als »Selbstdarsteller« abzukanzeln und verächtlich zu machen. Niemand sollte sich von solchen Vorwürfen beirren lassen. Wen sollte man denn sonst darstellen außer sich selbst? Und die einen können das eben, und die anderen sind bloß neidisch und kritisieren daher. Die sollten lieber selbst einmal versuchen, gut dazustehen.

Nachholen müssen wir noch zum immer wieder zitierten Motto des Hannes Schneider, daß die Magie der Behauptung »Sieben auf einen Streich« kulturgeschichtlich auch mit der Zahl Sieben an sich zusammenhängt. Die Sieben gehört wie die Drei, die Fünf und die Elf zu den Zahlen mit besonderer Bedeutung. In unsere Kultur kam sie aus der Frühgeschichte des mittleren Orients. Die Juden in der Babylonischen Gefangenschaft sahen die größten Gebäude der damaligen Welt – die siebenstufigen Tempeltürme Babylons. Die Zahl sieben muß sie so inspiriert haben, daß sie die hebräische Bibel, die damals begonnen wurde, zu Papyrus zu bringen – in einem sprachlichen Siebenertakt schrieben. Auch der siebenarmige Leuchter, die Menora, ist uns bekannt, weil er über das Neue Testament auch Eingang ins Christentum fand. Religiös gesehen bedeutet sieben so etwas wie eine Gesamtheit. In den Märchen ist die Sieben weit verbreitet: sieben Brüder, Schwäne, Schwaben, Zwerge usw. Im Management wissen Führungskräfte, daß man Teams am besten aus sieben Mitarbeitern zusammenstellt (vgl. »Management by bible« von Berger/Gleissner).

Für die Umgebung des Hannes Schneider ist das immer wieder zitierte »Sieben auf einen Streich« deshalb so beeindruckend und auch bedrohlich, weil die sieben tiefenpsychologisch soviel wie »alle« bedeutet. Eine perfekte Parole der Omnipotenz.

Das Schneiderlein verlangte von dem König die versprochene Belohnung. Den aber reute sein Versprechen, und er sann aufs neue, wie er sich den Helden vom Hals schaffen könnte. »Ehe du meine Tochter und das halbe Reich erhältst«, sprach er zu ihm, »mußt du noch eine Heldentat vollbringen. In dem Wald läuft ein Einhorn, das großen Schaden anrichtet; das mußt du erst einfangen.«

»Vor einem Einhorn fürchte ich mich noch weniger als vor zwei Riesen; siebene auf einen Streich, das ist meine Sache!«

Der gute König ist offensichtlich ein typischer Boß der alten Schule. Bevor er die Mäuse herausrückt und das Töchterlein obendrein, will er noch dies und jenes als Zugabe. Von Worttreue und Handschlagqualität haben solche Fossile noch nichts gehört. Andererseits hätte sich Hannes Schneider den Kontrakt ja auch schriftlich geben lassen können, denn die ganze Story spielt in einer alphabetisierten Gesellschaft. Zumindest können alle lesen. Doch schriftlich oder nicht, wenn ein Vertragspartner Zusatzforderungen stellt, muß man taktisch denken. Der Einsatz von Juristen, um die Prinzessin und das halbe Königreich ausgehändigt zu bekommen, würde Hannes Schneider keine zusätzliche Reputation schaffen. Er würde maximal recht bekommen, aber seinen Nimbus verlieren. Denn das ist auch in der Wirtschaft ein weitverbreitetes Phänomen: Wenn Tycoone, Heroen und Magnaten einmal die Filzlatschen anziehen, sind sie es gewesen. Man könnte auch sagen, Hannes Schneider steht in dieser Situation der Zusatzforderungen unter Erfolgszwang. Von einer Erfolgsneurose wollen wir noch nicht reden. Jedenfalls wird er die anstehenden Zusatzprobleme mit links – nämlich wieder mit Coolneß und Cleverneß – lösen.

Erfolg macht sexy!

Der Schneider nahm sich einen Strick und eine Axt mit, ging in den Wald hinaus und hieß abermals die Leute, welche ihn begleiteten, außen warten. Er brauchte nicht lange zu suchen, das Einhorn kam bald daher und sprang geradezu auf den Schneider los, als wollte es ihn ohne Umstände aufspießen.

»Sachte, sachte«, sprach er, »so geschwind geht das nicht«, blieb stehen und wartete, bis das Tier ganz nahe war; dann sprang er behend hinter den Baum. Das Einhorn rannte mit aller Kraft gegen den Baum und spießte sein Horn so fest in den Stamm, daß es nicht Kraft genug hatte, es wieder herauszuziehen, und so war es gefangen.

»Jetzt habe ich das Vöglein«, sagte der Schneider, kam hinter dem Baum hervor, legte dem Einhorn erst den Strick um den Hals, dann löste er mit der Axt das Horn aus dem Baum, und als alles in Ordnung war, führte er das Tier ab und brachte es dem König.

Zwischenruf: Herrn Schneider ist mit dieser Vorgangsweise ein Lob und die Anerkennung von Greenpeace sicher.

Der König wollte ihm den verheißenen Lohn noch nicht gewähren und stellte eine dritte Forderung. Der Schneider sollte ihm vor der Hochzeit erst ein Wildschwein fangen, das im Wald großen Schaden tat; die Jäger sollten ihm Beistand leisten.

»Gerne«, sprach der Schneider, »das ist ein Kinderspiel!« Die Jäger nahm er nicht mit in den Wald, und sie waren zufrieden, denn das Wildschwein hatte sie schon mehrmals so empfangen, daß sie keine Lust hatten, ihm nachzustellen. Als das Schwein den Schneider erblickte, lief es mit schäumendem Munde und wetzenden Zähnen auf ihn zu und wollte ihn zur Erde werfen. Der flinke Held aber sprang in

eine Kapelle, die in der Nähe war, und gleich oben zum Fenster in einem Satz wieder hinaus.

Wir erinnern uns kurz an den wichtigen Wert der Fitneß!?

Das Schwein war hinter ihm hergelaufen, er aber hüpfte außen herum und schlug die Türe hinter ihm zu; da war das wütende Tier gefangen, das viel zu schwer und unbehilflich war, um zu dem Fenster hinauszuspringen.

Das Schneiderlein rief die Jäger herbei, die mußten den Gefangenen mit eigenen Augen sehen; der Held aber begab sich zum König, der nun, er mochte wollen oder nicht, sein Versprechen halten mußte und ihm seine Tochter und das halbe Königreich übergab. Hätte er gewußt, daß kein Kriegsheld, sondern ein Schneiderlein vor ihm stand, es wäre ihm noch mehr zu Herzen gegangen. Die Hochzeit wurde also mit großer Pracht und wenig Freude gehalten und aus einem Schneider ein König gemacht.

Kein klassisches Happy-End mit Zuckerguß, Doppelherzen und turtelnden Täubchen. Aber immerhin, auch wenn der Schwiegervater mit den Zähnen knirscht, Hannes Schneider hat die halbe Firma in Händen und als Legitimation die Prinzessin auf dem Hals. Eleganterweise läßt uns der Erzähler fast keinen Blick auf des Königs Töchterlein werfen. Wir wissen nicht, ob sie schön wie Claudia Schiffer oder häßlich wie eine abgebrannte Montagehalle ist. Weil es aber eindeutig so oder so keine Liebesheirat ist, könnte unser Titel »Erfolg macht sexy« belächelt werden. Aber nur von kurzsichtigen Menschen, die immer noch an Lady Di glauben. Hannes Schneider hat doch nun die Mittel, sich Liebe dort zu holen, wo immer er es wünscht ...

Aber wie wir gleich sehen, wird Frau Königstochter-Schneider tatsächlich zum Problem:

Nach einiger Zeit hörte die junge Königin in der Nacht, wie ihr Gemahl im Traum sprach: »Junge, mach mir das Wams und flick mir die Hosen, oder ich will dir die Elle über die Ohren schlagen!«

Da merkte sie, in welcher Gasse der junge Herr geboren war, klagte am andern Morgen ihrem Vater ihr Leid und bat, er möchte ihr von dem Manne helfen, der nichts anderes als ein Schneider sei.

Was immer wir bis jetzt an Karriereklippen, die zu bewältigen waren, bei Hannes Schneider beobachtet haben, es ist nichts gegen das, was jetzt – geradezu modellhaft – ihm droht: die Deklassierung aufgrund seiner sozialen Herkunft. Es gibt in der heutigen Wirtschaft verschiedene Ansichten und Legenden bezüglich solcher Fragen. Die alte amerikanische Formel »Vom Tellerwäscher zum Millionär« adelte jeden tüchtigen Karrieristen, egal, aus welcher Tellerwäscherei er einst aufgebrochen war. Eine freundliche, aber dafür um so hinterhältigere Lüge. Denn auch in den USA zählen gesellschaftlich letztlich die großen Familiennamen und die Verbindung mit ihnen. Auch für eine steirische Eiche ist die gesellschaftliche Etablierung erst vollendet, wenn zum Geschäftserfolg und zum Startum auch noch eine echte Kennedy als Ehefrau angeschafft werden kann.

In Europa, wo die Schneiderleins nach oben aufbrechen, zählen Adelsnamen, Familiengeschlechter und andere, verschlungenere Club-, Partei-, Vereins-, und Kapitalbeziehungen noch viel mehr. Vor allem, wenn die Beurteiler selbst keine besondere Herkunft haben. Wir dürfen mutmaßen, daß Herr König und seine Tochter wohl kaum aus uraltem Adel mit mythischem Namen stammen. Vielleicht waren sie vor Jahren noch biedere Kleinbürger, ein Gastwirt mit Töchterlein, der bei einer Auktion ein in die Krida geratenes Königtum wohlfeil ersteigert hat. Parvenüs eben. Die reagieren auf andere soziale Aufsteiger sehr neurotisch.

So wird aus dem Alptraum des Hannes, der offensichtlich aus seiner Lehrlingszeit herrührt, die echte Gefahr des sogenannten Karriereknicks. Man plant ernsthaft, ihn in eine völlig unbedeutende überseeische Zweigstelle zu versetzen.

Nun ein paar Gedanken, wie so etwas verhindert werden kann. Denn jeder junge Mensch, der Karriere und sozialen Aufstieg macht, kann in ähnliche Gefahrensituationen geraten. Im Falle Schneider zu sagen, er hätte nicht das Ehebett teilen dürfen, ist eine zu billige Anweisung. Im Schlafe sprechen könnte er auch bei einer gegen ihn angesetzten Sexagentin des Hofes. Es gibt aber tatsächlich für solche Lebenssituationen die geeigneten Maßnahmen, die sich gerade die Betuchten nicht nur leisten können, sondern auch müssen. Das Zauberwort heißt Coaching. Ein oder zwei hochgradige, absolut vertrauenswürdige und mit allen Methoden des Psychotrainings gewaschene Berater/-innen leisten in einem solchen Fall schier Unmögliches – den sogenannten Elisa-Doolittle-Effekt. Mit NLP, Mindmapping, Tai-Chi, Transaktionsanalyse etc. kann man aus jedem dahergeschwemmten Individuum einen Sir, eine Lady machen.

In unserer Geschichte hat Hannes Schneider offensichtlich diese Notwendigkeit der rechtzeitigen Persönlichkeitsentwicklung übersehen. Was kann ihn noch retten?

Der König sprach ihr Trost zu und sagte: »Laß in der nächsten Nacht deine Schlafkammer offen, meine Diener sollen außen stehen und, wenn er eingeschlafen ist, hineingehen, ihn binden und auf ein Schiff tragen, das ihn in die weite Welt führt.« Die Frau war damit einverstanden; des Königs

Waffenträger aber, der alles mit angehört hatte, war dem jungen Herrn gewogen und hinterbrachte ihm den ganzen Anschlag.

Gott sei es gedankt, zumindest in einem Punkt hat Hannes Schneider richtig gehandelt – er hat sich einen persönlichen Verbündeten geschaffen, er hat die Grundlage zu einem sogenannten Private network gelegt. Begriffe wie Cliquen, Seilschaften usw. werden dafür eher abschätzig eingesetzt. Das ändert nichts an der Notwendigkeit einer solchen strukturellen Maßnahme zur Karrieresicherung.

Das nun folgende Happy-End mit Bauchweh zeigt aber deutlich, daß man einmal erfolgreiche Slogans nicht wechseln soll und darf. Denn Erfolg wird nur durch Erfolg garantiert. Und wir müssen hoffen, daß, nachdem Hannes Schneider mit der Hervorhebung seines record sich noch einmal über die Runden gerettet hat, er in der Folge alles Notwendige unternimmt, um sich endgültig zu setteln. Die Ausschaltung des Schwiegervaters wäre die nächste notwendige taktische Maßnahme.

Aber das ist eine andere Geschichte.

»Dem Ding will ich einen Riegel vorschieben«, sagte das Schneiderlein. Abends legte es sich zu gewöhnlicher Zeit mit seiner Frau zu Bett. Als sie glaubte, er sei eingeschlafen, stand sie auf, öffnete die Tür und legte sich wieder. Das Schneiderlein, das sich nur stellte, als wenn es schliefe, fing an, mit heller Stimme zu rufen: »Junge, mach mir das Wams und flick mir die Hosen, oder ich will dir die Elle über die Ohren schlagen! Ich habe siebene mit einem Streich getroffen, zwei Riesen getötet, ein Einhorn fortgeführt und ein Wildschwein gefangen und sollte mich vor denen fürchten, die draußen vor der Kammer stehen?«

Als diese den Schneider so sprechen hörten, überkam sie große Furcht. Sie liefen, als wenn das wilde Heer hinter ihnen her wäre, und keiner wollte sich mehr an ihn wagen.

Also war und blieb das Schneiderlein sein Lebtag ein König.

Erfolg macht sexy!

Zusammenfassung der wichtigsten

Merksätze und Lernfelder

für junge Erfolgsstrebende

- **Achten Sie auf einen ordentlichen Schulabschluß oder auf das Erlernen eines seriösen Handwerks.**

Denn im Gegensatz zu den heute mit Akademikern überschwemmten Vorstandsebenen sind Aufsteiger mit dem Background eines handwerklichen Qualitätsberufes derzeit wieder sehr in Mode. Weil sie zum Beispiel dem Oberboß mit wenigen Handgriffen die kaputte Schranktüre oder die defekte Tischlampe reparieren können. Was sein überschlauer Thinktank, der vor Eggheads aus den Nähten platzt, in dreiwöchiger Arbeitsleistung nicht schafft.

- **Leben Sie mit positiver mentaler Einstellung (Fröhlichkeit, Optimismus etc.).**

Seien Sie ein bewußter und disziplinierter Konsument, und haben Sie offene Augen für Qualitäten und Quantitäten am Markt.

- **Halten Sie sich körperlich fit.**

Wobei Beweglichkeit im Sinne der leichtathletischen Disziplinen vor dem Powertraining der Kraftkammern und Fitneßcenter steht. Nach neueren Ansichten ist Laufen – täglich mindestens eine halbe Stunde! – auch geistig und mental (siehe oben) von hohem Wert. Ernähren Sie sich dementsprechend optimal.

- **Lernen Sie den Erfolg lieben**

Das heißt, daß Sie zuerst lernen müssen, eigene Erfolge zu erkennen. Stellen Sie Ihr Licht nicht unter den Scheffel. Und definieren Sie Ihre Leistung immer positiv. Zwingen Sie sich täglich zu mindestens einem Erfolg. Auch die kleinsten Taten oder die unscheinbarsten Ereignisse müssen Sie lernen, für sich selbst als Erfolgserlebnisse definieren. Denn »**Erfolg kommt nur durch Erfolge**«.

- **Treten Sie erfolgsbewußt auf!**

Achten Sie auf Ihr Outfit. Dieses muß geschlechts- und altersspezifisch Ihren Erfolgstyp hervorheben. Übertreibungen können hier aber negative Wirkungen haben. Wenden Sie sich daher vertrauensvoll an einen Fachberater oder eine Fachberaterin. Vertrauen Sie dabei nicht auf den kleinen Frisör um die Ecke, leisten Sie sich lieber einen Profi vom TV, Styling-Studio oder einer Fachagentur. Teuer, aber gut investiert.

- **Imagebildung – Machen Sie sich einen Namen.**

Am elegantesten ist es, wenn Sie einen sogenannten Eigenschaftsnamen von anderen bekommen. Einen positiven selbstverständlich. Huber, der Unpünktliche, Maier, die Unfrisierte, Müller, der Kontenkiller – das würde nicht zu Ihrem Vorteil gereichen. Aber für Männer im Außendienst ist der Beiname XY, der Auftragsbomber, durchaus ehrenhaft.

Zwei Beispiele aus geübter Praxis:

Eine attraktive und sehr tüchtige Chefsekretärin wurde einmal scherzhaft »Die rechte und die linke Hand des Teufels« genannt. Zur allgemeinen Überraschung hat sie den Beinamen – Westernklischee, klar – beibehalten. Und pflegt ihn liebevoll. Gerüchte sagen, sie würde sogar heimlich einen Schießkurs besuchen, aber das sind nur Gerüchte.

Ein österreichischer Bischof ließ sich von einem Journalisten »Gottes eiserne Faust« nennen. Auch der Kirchenfürst pflegt diesen Beinamen mit Hingabe. Gerüchte sagen, er hätte diese journalistische Verleihung sogar selbst veranlaßt.

Wie gesagt, Beinamen läßt man sich schenken, wenn auch auf eigene Bestellung.

- **Imagepflege – geben Sie sich ein persönliches Motto.**

Vermeiden Sie dabei abgelutschte Kalauer. »Ich bin jung und dynamisch, und Nein ist für mich keine Antwort« – solche Sätze findet man schon in drittklassigen Illustrierten. Und kupfern Sie nicht allzu bekannte Filmphrasen ab – »Gott vergibt, Django nie«. Auch echte Perlen der Literatur haben sich ausgeleiert. Erich Fried und Antoine de Saint-Exupéry hängen schon zu lange in Vorstandszimmern an der Wand. Originelle Sprüche wie »Mein Selbstbewußtsein hat eine eigene Postleitzahl« sollten Sie mit Vorsicht verwenden. Der große Sokrates – »Ich weiß, daß ich nichts weiß« – ist auch nicht gerade karrierefördernd. Blättern Sie ein bißchen bei Goethe, schlagen Sie bei Shakespeare nach, und unterschätzen Sie den Zitatenbunker der Bibel nicht. Sie werden schon etwas Passendes finden.

Dann verwenden Sie es aber auch! Flechten Sie es immer wieder in Besprechungen, Konferenzen, Meetings und in Stoßseufzer ein. Aber nicht zu oft, damit es nicht die Runde für Sie zu Ende spricht. Scheuen Sie auch nicht, das Motto entsprechend der jeweiligen Lebens- und Karriereabschnitte anzupassen oder zu wechseln. Aber nur, wenn das alte wirklich nicht mehr zieht.

- **Challenge: Wenn der Ruf ertönt, dann fix!**

Gleichgültig, ob der Ruf von oben schallt oder der junge Mensch ihn in sich hört, in jedem Fall ist keine Sekunde zu verlieren. Wir verweisen auf Jesus von Nazareth, den schärfsten MBO-Leader des Nahen Ostens, der jeden Jünger sofort verstieß, der nicht bereit war, in der Sekunde mit ihm zu

gehen. Heute gibt es Management-Gurus, die behaupten, daß alles, was man sich vornähme, binnen 72 Stunden anzupacken sei.
Quatsch!
Sofort.
Denn: »Was schert mich Weib, was schert mich Kind, wenn mein Kaiser, mein Kaiser gefangen.«

- **Keine Angst vor Riesen.**

Unsere Geschichte ist diesbezüglich so detailliert, daß wir sie nicht näher ausführen müssen. Riesen können nach Belieben gelinkt, gebluff, gelegt werden. Trotzdem – jederzeit erhöhte Vorsicht! Sie sind rachsüchtig.

- **Nehmen Sie jede Herausforderung an.**

Auch wenn es im ersten Moment menschenunmöglich scheint. Denn wenn Sie abwinken, sind Sie ohnehin erledigt. Andernfalls haben Sie immerhin noch eine Chance aufzusteigen. Nur wer wagt, gewinnt.

- **Lassen Sie sich bei der Arbeit nicht in die Karten schauen.**

Mag sein, Sie lösen eine schwere Aufgabe »mit links«. Mag sein, Sie sind ein Genie. Aber Genies sind unbeliebt bis gefürchtet und werden erst nach ihrem Tod verehrt. Geben Sie daher mit allen gebotenen Mitteln immer darauf acht, daß man Ihre Leistung als harte Knochenarbeit auffaßt. Das schafft Bewunderung.

- **Keine Angst vor Neidern und Konkurrenten.**

Eigentlich bestätigen diese nur Ihre Karrierechancen. Sollten Sie keine Mißgünstigen um sich haben, stimmt etwas nicht. Dann müßten Sie sich solche »mieten«. Im übrigen gilt – siehe oben!

- **Lesen Sie Fachliteratur.**
Gemeint ist die oft zitierte, selten verstandene Fachliteratur für Erfolge aller Art. Machiavellis »Der Fürst« und v. Clausewitz' »Vom Kriege« sind unverzichtbare Standardwerke. Oder lernen Sie Schachspielen. Oder lesen Sie meine Bücher, die das alles volkstümlicher erklären.

- **Scheuen Sie keine verlangten Mehr- und Zusatzleistungen.**
Wer ab einem gewissen Level mit Arbeitsrecht und Gewerkschaften droht, dessen Glanz blättert ab. Beißen Sie lieber die Zähne zusammen, bis Sie endlich selbst der Ausbeuter sind.

- **Handeln Sie stets naturverbunden und ökologisch bewußt.**
Das macht die Probleme nicht immer einfacher, aber vor der Öffentlichkeit stehen Sie großartig da. Eine Reputation, auf die ab einer gewissen Ebene aufwärts nicht mehr verzichtet werden kann.

- **Ehen, Liaisons, Beziehungen, Dreiecksverhältnisse usw. sind taktische Mittel der Karriere.**
Wenn Sie wirklich etwas werden wollen, lassen Sie Lieschen Müllers Romantikvorstellungen in einer gutverschlossenen Schublade. Und wenn Sie Romantik wollen, dann sehen Sie sich im TV eine Rosamunde-Pilcher-Story an. Es wäre aber klüger, Sie führten in dieser Zeit Ihre ungeliebte Upperclass-Gemahlin samt Robe und Diamanten zu der gesellschaftlich wichtigen Dinnerparty aus.

- **Und zu guter Letzt: Sie brauchen »Hilfe«.**
Jeder Alpinist weiß, daß, je höher er aufsteigt, die Luft immer dünner und die Temperatur immer niedriger wird. In den höheren Ebenen des Managements ist es nicht anders – das

Leben wird härter. Denn man muß sicherstellen, daß man/ frau nicht abstürzt. Jedes persönliche Defizit, jede soziale Achillesferse, jedes psychische Lindenblatt zwischen den Schulterblättern kann zum schlimmen Karriereknick führen. Früher hielten sich die Eliten Beichtväter, Leibärzte, vielleicht auch den einen oder anderen Philosophen als persönliche Trainer. Heute brauchen wir erstklassige Psychologen/Psychologinnen, Coaches, Medienberater/-innen etc.

Und noch wichtiger – wie seinerzeit quer durch die Adelshäuser –: Wir brauchen unsere Lobbys, Private networks, den Klüngel, das Ratpack usw. Das alles muß rechtzeitig aufgebaut beziehungsweise engagiert werden.

Kostet Geld?

Na, Sie verdienen doch genug.

- **Das alles ist Ihnen zu schwierig, zu teuer, zu aufwendig?**

Dann lesen Sie eben Märchen!

DIE HULDA-AGENTUR

oder

Assessment by Frau Holle – Erkenntnisse über Chancen von Mitarbeiterinnen und weiblichen Führungskräften

Das Märchen von Frau Holle zählt in der Grimmschen Sammlung von Kinder- und Hausmärchen zu den populärsten. Wird doch die Gestalt der Frau Holle und auch ihr Name regelmäßig im Jahresablauf zitiert. In jedem Fall beim ersten ergiebigen Schneefall. Und in den Verkehrsmeldungen, die von Schneepflügen, Kettenpflicht und geräumten Straßenabschnitten Kunde geben. In den alpinen Fremdenverkehrsgebieten, wo der Wintersport die Haupteinnahmequelle ist, gibt es neben den offiziellen christlichen Kirchen ganz bestimmt auch noch ältere geheimgehaltene Kultstätten für die germanische Göttin Hulda, die den Schneesegen bringt, und auf deren geheimnisvollen Background später noch eingegangen wird. Jedenfalls, wenn es schneit, sagen die Menschen immer noch, Frau Holle schüttle die Betten aus. Die harmlos klingende Märchengeschichte von den beiden ungleichen Jungfrauen, die bei Frau Holle gedient haben, ist aber in Wahrheit eine höchst hintergründige Botschaft:

Eine Witwe hatte zwei Töchter, davon war die eine schön und fleißig, die andere häßlich und faul. Sie hatte aber die häßliche und faule, weil sie ihre rechte Tochter war, viel lieber, und die andere mußte alle Arbeit tun und die Dienst-

magd im Hause sein. Das arme Mädchen mußte sich täglich auf die Straße zu einem Brunnen setzen und so viel spinnen, daß ihm das Blut aus den Fingern sprang.

So weit, so ungerecht. Die arme Schöne und die faule Häßliche, das angenommene oder vielleicht heimliche außereheliche Töchterchen und die legitime Erbin, die despotische Witwe, das alles sind Motive, die wir in den Frauenbildern der Märchen immer wieder finden. Sie sollen in die Irre führen, sie sollen unser Gerechtigkeitsgefühl manipulieren, sie täuschen mit falscher Romantik. Aber wir werden die Wahrheit schon herausfinden.

So erscheint es nicht einleuchtend, warum die Arbeit des Spinnens auf der Straße bei einem Brunnen getan werden muß. Spinnen ist eine häusliche Beschäftigung. Das nötige Wasser kann man/frau ja in Krügen vom Brunnen holen oder holen lassen. Was erzählt uns die Szene also? Das schöne Mädchen wird von ihrer Stiefmutter offensichtlich »auf die Straße geschickt«, auf dem öffentlichen Heiratsmarkt »ausgestellt«. Das kann man im Märchen Kindern natürlich nicht so erzählen, daher ist der Text ständig bemüht, zu verharmlosen. Zum Verständnis der weitergehenden Erzählung braucht man dann keine tiefschürfenden Hintergrundüberlegungen mehr:

Nun geschah es einmal, daß die Spule ganz blutig war; da bückte es sich damit in den Brunnen und wollte sie abwaschen; da sprang ihm die Spule aber aus der Hand und fiel in den Brunnen hinab. Weinend lief das Mädchen zur Stiefmutter und erzählte ihr das Unglück. Diese schalt es aber so heftig und war so unbarmherzig, daß sie sprach: »Hast du die Spule hinunterfallen lassen, so hole sie auch wieder herauf!« Da ging das Mädchen zu dem Brunnen zurück und wußte nicht, was es anfangen sollte. In seiner Herzensangst sprang es in den Brunnen hinein, um die Spule zu holen. Es verlor die Besinnung, und als es erwachte und wieder zu sich selber kam, war es auf einer schönen Wiese, wo die Sonne schien und viel tausend Blumen standen.

Lässt man die ganzen anzüglichen Sexualsymbole des letzten Abschnitts beiseite und betrachtet die Geschichte mit nüchternen Manageraugen, dann ist soeben etwas Entscheidendes passiert: das Kind ist in den Brunnen gesprungen! Eine Formel, die jedem im Busineß vertraut ist. Nicht zu verwechseln mit »Die Sache ist im Bach gelandet«. Das würde anderes bedeuten, denn Wasser ist nicht Wasser. Die Jungfer im Brunnen hat sich aber eine Aufgabe gestellt, von deren Dimension sie noch nichts weiß. In der Karriere von angehenden Führungskräften nennt man das die »erste Herausforderung«. Viele, die sich in eine solche hineinstürzen, verlieren dabei zuerst einmal die Besinnung, also jeden Überblick, und es dauert, bis sie sich auf irgendeiner Wiese – manchmal auch auf einer Schutthalde – wiederfinden. Auf besagter Wiese des Märchens scheinen die Dinge einmal für das Mädchen großartig zu sein. Tausend Blumen, das ist das Symbol für tausend Chancen. Und die Karrieresonne lacht freundlich und einladend.

Auf dieser Wiese ging das Mädchen fort und kam zu einem Backofen, der war voller Brot; das Brot aber rief: »Ach, zieh mich raus, zieh mich raus, sonst verbrenn' ich; ich bin schon längst ausgebacken.« Da trat es hinzu und holte mit dem Brotschieber alle Laibe nacheinander heraus.

Danach ging es weiter und kam zu einem Baum, der hing voll Äpfel und rief ihm zu: »Ach, schüttel mich, schüttel mich, wir Äpfel sind alle miteinander reif.« Da schüttelte es den Baum, daß die Äpfel fielen, als regneten sie, und schüt-

telte, bis keiner mehr oben war; und als es alle auf einen Haufen zusammengelegt hatte, ging es wieder weiter.

Endlich kam es zu einem kleinen Haus, daraus guckte eine alte Frau; weil sie aber so große Zähne hatte, wurde dem Mädchen angst, und es wollte fortlaufen. Die alte Frau aber rief ihm nach: »Was fürchtest du dich, liebes Kind? Bleib bei mir; wenn du alle Arbeit im Haus ordentlich tun willst, so soll dir's gutgehen. Du mußt nur acht geben, daß du mein Bett gut machst und es fleißig aufschüttelst, daß die Federn fliegen, dann schneit es in der Welt; ich bin die Frau Holle.«

So wie sich die Geschichte liest, läuft alles bestens. Dem guten und schönen Kind kommen Aufgaben und Herausforderungen entgegen, es nimmt diese an und setzt sich tätig ein. Dann gelangt es in den Mittelpunkt des Assessmentcenters: Es wird aufgefordert, Frau Holle die Wirtschaft zu führen. Was das gute Kind nicht sieht, ist das hinter der Tür des Häuschens versteckte blitzblanke Messingschild mit der Aufschrift »Hulda GmbH – Headhunting und Personalberatung«. Und was das gute, schöne Kind ebenso nicht ahnt, ist die Tatsache, daß es auf seinem Weg über Frau Holles Testwiese auch schon einige wichtige Beurteilungen erfahren hat. Besser gesagt: nicht erfahren hat.

Es hilft nichts, jetzt muß in die Mythologie und in die Chiffren und Codes der alten Germanen und der modernen Psychologie hinuntergetaucht werden.

Brot backen, auch »ausbacken«, also aus dem Backofen herausziehen beziehungsweise ausstoßen, ist das Symbol für Kinder gebären. In vielen regionalen Dialekten sind diese Formeln noch erhalten, und der erste Test an der Schönen war also, ihre Bereitschaft zur Mutterschaft zu überprüfen. Na toll, sie hat die Brote nur so aus dem Ofen herausgeflutscht.

Müssen wir die Chiffre »Äpfel schütteln« noch erläutern? Jeder Kleingartenbesitzer wird uns bestätigen, daß man Äpfel nicht durch Schütteln vom Baum holt. Denn da bekommen sie angeschlagene Stellen. Und wenn man sie dann zu einem Haufen aufschichtet, werden sie bald alle verfaulen. Nein, dieses Äpfelschütteln bedeutet, Sie verstehen ...

Auf dem Weg zu Frau Holles Häuschen werden also die Fragen nach sexueller Ausbeutbarkeit und Reproduktionsfähigkeit gecheckt.

Es ist nun Zeit, sich mit der Titelfigur des Märchens näher auseinanderzusetzen. Denn diese Alte mit der langen Nase und den langen Zähnen ist ein höchst mehrschichtiges Wesen und eine hintergründige Gestalt. Vor allem hat Frau Holle zwei bedeutende Vorläuferinnen, besser gesagt: Ahnengestalten, aus denen heraus sie sich transformiert hat.

Da ist einmal die italische, vorrömische Göttin Diana, die heute für ein mentholhaltiges alkoholisches Einreibemittel wirbt. Aber bevor die Römer das heutige Italien besiedelten und alles an sich rissen, was nicht niet- und nagelfest war, zog diese Fruchtbarkeitsgöttin Diana mit Pfeil und Bogen bereits durch die Wälder und wurde später daher auch für die Jagd zuständig. Die nordische Ahnin der Frau Holle ist wiederum die altgermanische Gemahlin des Gottes Odin. Diese Frau Frigg oder Frigga war so etwas wie eine Kombination aus Fruchtbarkeits- und Todesgöttin. Wann sie vom Götterboß Odin, dem späteren Wotan geschieden wurde, ist eine germanische Homestory und nicht so genau bekannt. Aber wie immer, abgelegte Ehefrauen können aus Wut, Verletztheit oder anderer freigesetzter Energie ja zu hochrangigen eigenständigen Persönlichkeiten werden – das ist bekannt! Zuerst einmal legte die Frigga sich eine Fachkompetenz zu.

Anders als bei den griechischen Göttern, wo jede Art von Niederschlag dem Zeus zugeordnet ist, ist bei den Germanen für den Regen der Gott Donar zuständig, für den Schnee aber die nun neubenannte Frau Holle, die sich auch Holda, Holde, Hulda, Hulle oder Holl nannte. Eine Fruchtbarkeitsgöttin blieb sie natürlich, denn Schnee ist für die Landwirtschaft Mittel- und Nordeuropas von elementarer Bedeutung. Vom Wintersport und seinen Gewinnen durch Tourismus und Alpenzerstörung konnten ja die alten Germanen noch nichts ahnen. Im Frühling zerläuft der Schnee aber zu Wasser, und die »freundliche, milde und gnädige Frau Holle« war dementsprechend in Seen und Brunnen zu finden. Als weiße, schöne Frau zeigte sie sich, so daß der Begriff Wasserholde nichts anderes ist als die deutsche Übersetzung der griechischen Bezeichnung Nymphe. Daß dieses geisterhafte Wesen – besonders populär in Hessen und Thüringen – auch höchst »unhold« sein kann, beweist ihre zweite Erscheinungsform. Da ist sie wieder auf der Jagd und zwar in ihrer häßlichen Gestalt: alt, langnasig mit gewaltigen Zähnen und wirrem Haar. Eine Hexengestalt, die im »wütenden Heer«, heute sagt man wilde Jagd, durch die winterlichen Rauhnächte tobt. Dabei taucht auch ihre Vergangenheit als Totengöttin wieder auf, denn mit ihr reiten die Seelen der ungetauft verstorbenen Kinder. Höchst unerfreulich!

Die Landwirtschaft des Spätmittelalters kürte Frau Holle dann endgültig zur Muttergottheit für den Feldbau, insbesondere den Flachsbau, und als Ordnungshüterin für Haus und Heim. Flachs muß bekanntlich zu Garn gesponnen werden, und Flachs wird auch im alten Deutsch mit dem Wort »Haar« bezeichnet. Die häßliche Alte mit den wirren Haaren wurde so zur Schutz- oder Strafgöttin der fleißigen oder faulen Spinnerinnen: »So manches Haar – so manches gute Jahr« oder »... so manches böse Jahr!«

spricht Frau Holle ihr Urteil. So wurde sie also eine berühmte Personalberaterin der ländlichen Textilwirtschaft und gilt seither als häusliche Ordnungsmacht. Ausgenommen in Oberhessen und im Westerwald, wo sie nach wie vor zu den Hexen gezählt wird.

Nur nebenbei – daß der Schnee vom Ausschütteln ihres Bettes stammt, ist auch nur regional akzeptiert. In vielen Teilen Deutschlands war (und ist?) man der Meinung, daß Schnee dann fällt, wenn die Englein ihre Betten aufschütteln. Wie lieblich doch das Christentum alte heidnische Vorstellungen ummünzen kann ...

Im Märchen läuft unterdessen der Jungferntest hübsch weiter:

Weil die Alte ihm so gut zusprach, faßte sich das Mädchen ein Herz, willigte ein und begab sich in ihren Dienst. Es besorgte auch alles nach ihrer Zufriedenheit und schüttelte ihr das Bett immer gewaltig auf; dafür hatte es auch ein gutes Leben bei ihr, kein böses Wort und alle Tage Gesottenes und Gebratenes.

Als das Mädchen eine Zeitlang bei der Frau Holle war, wurde es traurig und wußte anfangs selbst nicht, was ihm fehlte. Endlich merkte es, daß es Heimweh war; obgleich es ihm hier vieltausendmal besser ging als zu Hause, so hatte es doch ein Verlangen dahin. Endlich sagte es zu der Alten: »Mich hat das Heimweh gepackt, und wenn es mir auch noch so gut hier unten geht, so kann ich doch nicht länger bleiben; ich muß wieder hinauf zu den Meinigen.«

Was soll man dazu sagen, es gibt so etwas wie anerzogenen Masochismus. Tatsächlich finden wir in Wirtschaft und Organisationen jede Menge von Mitarbeitern/-innen, die sich nach ihrem alten Job sehnen, weil sie dort ordentlich geknechtet wurden. Die neue, komfortablere Position füllt sie offensichtlich nicht aus. Sie haben eine tiefe Sehnsucht danach, Helden – besser gesagt: Opfer – der Arbeit zu werden. Schwer zu verstehen, aber wahr und wunderbar ausnützbar!

Die Frau Holle sagte: »Es gefällt mir, daß du wieder nach Hause verlangst, und weil du mir so treu gedient hast, so will ich dich selbst wieder hinaufbringen.«
  Sie nahm es darauf bei der Hand und führte es vor ein großes Tor. Das wurde aufgetan, und wie das Mädchen gerade darunter stand, fiel ein gewaltiger Goldregen, und alles Gold blieb an ihm hängen, so daß es über und über davon bedeckt war.
  »Das sollst du haben, weil du so fleißig gewesen bist«, sprach die Frau Holle und gab ihm auch die Spule wieder, die ihm in den Brunnen gefallen war.

Damit hat das gute Kind, die brave Jungfer, den Duldungstest nun endgültig bestanden. Nicht nur, daß sie in die Frohn des stiefmütterlichen Haushalts zurück will, die Rücknahme der Spindel oder Spule bestätigt auch die letzte und tiefste Unterwerfung unter zukünftiges männliches Diktat. Ein »voll vermarktbares« Weibchen!

Darauf wurde das Tor verschlossen, und das Mädchen befand sich oben auf der Welt, nicht weit von seiner Mutter Haus; und als es in den Hof kam, saß der Hahn auf dem Brunnen und rief:
  »Kikeriki,
  Unsere goldene Jungfrau ist wieder hie!«
  Da ging das Mädchen hinein zu seiner Mutter, und weil es so mit Gold bedeckt kam, wurde es von ihr und der Schwester gut aufgenommen.

Stellen Sie sich vor, man überschüttet Sie mit Gold, das Ihnen überall hängenbleibt. Und dann fragen Sie einen Menschen mit naturwissenschaftlichen Kenntnissen, einem Taschenrechner oder zumindest einem Notizblock mit Bleistift, ob er glaubt, daß Sie sich dann noch bewegen könnten. Gold hat ein großes Gewicht, und es ist zu erwarten, daß der Überschüttete gerade noch mühsam auf allen vieren kriechen kann. Oder es ist sehr dünnes Gold, dann ist es aber eine abschätzbare Summe und kein großer Reichtum, der am Gewand hängt. Jedenfalls kommt unsere gute Tochter jetzt mit Knete ins Haus und wird unter dem Kikeriki der Boulevardpresse auch noch im ganzen Landkreis bekannt. Was das einbringt, erfahren wir später. Und willfährig, wie sich die Gute bereits auf Frau Holles Teststrecke gezeigt hat, plappert sie ihr Know-how sogar noch aus:

Das Mädchen erzählte alles, was es erlebt hatte, und als die Mutter hörte, wie es zu dem großen Reichtum gekommen war, wollte sie der andern häßlichen und faulen Tochter gerne dasselbe Glück verschaffen. Sie mußte sich an den Brunnen setzen und spinnen; und damit ihre Spule blutig wurde, stach sie sich in die Finger und stieß sich die Hand in die Dornenhecke. Dann warf sie die Spule in den Brunnen und sprang selber hinein.

Endlich Initiative! Diese angeblich häßliche und vorgeblich faule Tochter hatte offensichtlich unter Anleitung der Mutter gelernt, wann und wie man eine Chance zu nutzen hat. Wann der Karrieresprung anzusetzen ist und wann man sich daher in den Brunnen stürzen muß. Es ist schon hier festzustellen – das clevere Kind hat einen ausgeprägten Willen und einen starken Charakter. Dementsprechend wird es die Teststrecke auch richtig durchlaufen.

Sie kam, wie die andere, auf die schöne Wiese und ging auf demselben Pfad weiter. Als sie zu dem Backofen gelangte, schrie das Brot wieder: »Ach, zieh mich raus, zieh mich raus, sonst verbrenn' ich: ich bin schon längst ausgebacken.« Die Faule aber antwortete: »Hab' keine Lust, mich schmutzig zu machen!«, und ging fort.

Bald kam sie zu dem Apfelbaum, der rief: »Ach, schüttel mich, schüttel mich, wir Äpfel sind alle miteinander reif!« Sie antwortete aber: »Du kommst mir recht, es könnte mir einer auf den Kopf fallen!«, und ging dann weiter.

Bravo! Ein klarer Kopf achtet auf Integrität und läßt sich auch nicht »schmutzig machen« durch so unsittliche Anträge.

Als sie vor der Frau Holle Haus kam, fürchtete sie sich nicht, weil sie von ihren großen Zähnen schon gehört hatte, und verdingte sich gleich zu ihr. Am ersten Tag tat sie sich Gewalt an, war fleißig und folgte der Frau Holle, wenn sie ihr etwas sagte, denn sie dachte an das viele Gold, das sie ihr schenken würde. Am zweiten Tag aber fing sie schon an zu faulenzen, am dritten noch mehr; da wollte sie morgens gar nicht aufstehen. Sie machte auch der Frau Holle das Bett nicht, wie sich's gebührte, und schüttelte es nicht, daß die Federn aufflogen.

Da hatte die Frau Holle bald genug von ihr und sagte ihr den Dienst auf. Die Faule war damit wohl zufrieden und meinte, nun würde der Goldregen kommen. Die Frau Holle führte sie auch zu dem Tor; als sie aber darunter stand, wurde statt des Goldes ein großer Kessel voll Pech ausgeschüttet.

»Das ist zur Belohnung deiner Dienste«, sagte die Frau Holle und schloß das Tor zu.

Da kam die Faule heim, aber sie war ganz mit Pech bedeckt, und der Hahn auf dem Brunnen, als er sie sah, rief:

»Kikeriki,
Unsere schmutzige Jungfrau ist wieder hie!«
Das Pech aber blieb fest an ihr hängen und wollte, solange sie lebte, nicht abgehen.

Fast wäre es schiefgegangen, fast wäre die zweite Jungfrau in die Falle getappt. Fast hätte sie sich eingelassen, eine vollkommen sinnlose tägliche Hausarbeit durchzuführen, um einer alten Despotin zu gefallen. Zum Glück hat sie sich nach drei Tagen wieder gefangen und zu einer autonomen, kritischen Haltung durchgerungen. Daher dauerte es nicht lange, bis die Personalberaterin Holle (Hulda GmbH) eine hochkarätige Karrieristin in diesem Mädchen erkannte. Und sie daher zum Tor ins Leben führte. Ein paar sauertöpfische und frauenfeindliche Moralisten haben zweifelsohne an dem Text gedreht und versucht, die in Rede stehende Jungfrau abzuwerten. So kam es zur Redewendung »Pech haben« wenn etwas schiefgeht. Hier ist aber nichts schiefgegangen, wie der mühsam veränderte Schlußsatz des Märchens immer noch deutlich genug verrät.

Der doofe Hahn verschnappt sich ja auch, denn er schreit etwas von einer »schmutzigen« Jungfrau. Schmutz ist die altdeutsche Bezeichnung für Fett, denken wir nur an den »schmutzigen Donnerstag« in der Fastnachtswoche. Was eben nichts mit Dreck zu tun hat, sondern mit in Fett ausgebackenen Küchlein. Die schmutzige Jungfrau ist also durchaus auch als die reiche zu verstehen.

Pech ist ein wertvoller Rohstoff. In den alten Geschichten gibt es zwei Sorten davon: das Erdpech, das wir heute Asphalt nennen, und das Baumpech, das aus Föhren gewonnen wird. Für die Bauwirtschaft und vor allem für die chemische Industrie (Lacke, Farben, Pharmazeutika etc.) unentbehrliche Rohstoffe. Besonders in Zeiten, wo den synthetischen Erdölprodukten wirtschaftliche und umweltschützerische Bedenken und Ablehnungen gegenüberstehen. Und diese natürlichen Peche gehen der zweiten Tochter, so sagt es der Moralist, zeit ihres Lebens nicht ab, daher auch nie aus: eine nie versiegende Ressource!

Selbstverständlich hat sie diese Chance genutzt. Schon nach wenigen Jahren wurde sie als erfolgreiche Klein- und Mittelunternehmerin für Straßenbelagsarbeiten zur Unternehmerin des Jahres gewählt. Der Aufstieg zum zuerst überregionalen, dann internationalen Chemie-, Farben- und Arzneimittelgiganten war unaufhaltbar. Unter solchen Bedingungen zählt Aussehen, wie klebrig es auch sein könnte, überhaupt nichts mehr. Daher verheiratete sich die Pechjungfer mit einem kostengünstig eingekauften Habsburgerprinzen zweiten oder dritten Grades. Der Bursche ist zwar nicht mehr der Jüngste und ziemlich tütü und gaga, wie man unter Adeligen zu sagen pflegt, aber mit seiner aufdringlichen Noblesse mindestens so klebrig wie die nun in den Adelstand erhobene Ehefrau. Seit der prunkvollen Eheschließung im Dom zu Pechheim-Kleberstadt zieren die beiden immer wieder die Titelseiten der Yellowpress. In der Zwischenzeit sieht die neugebackene Fürstin so golden aus wie ihre ehemalige Glitzerschwester.

Ach ja, die Goldjungfer! Die gibt es auch noch, aber natürlich in dienender Funktion. Herumgereicht von Talk-Shows zu allen möglichen Blabla-Veranstaltungen ist sie zunächst eine durchschnittliche Fernsehblondine geworden, die die Wetternachrichten und einige Folkloresendungen hilfsmoderieren durfte. Das bißchen Gold wollte und wollte sich nicht vermehren. Ihre Anlageberater – alles dominante Männer! – waren durchwegs Flaschen. Zuletzt wurde sie als »politisches Talent« von einer rechtspopulistischen Partei entdeckt, lernte großspurig reden und blauäugig blitzen, verlor aber dann die entscheidende Regionalwahl. In der Parteizentrale der Rechtspopulisten kämpft sie derzeit um den dritten Schreibtisch des Parteisekretariats. Mit einem Wort – keine glanzvolle Karriere.

Und lieb Mütterlein?

Die war nicht lange im Gefolge der goldenen Stieftochter, die tyrannisiert jetzt die zahlreiche Dienerschaft in den Schlössern der Pechtochter. Blut klebt eben besser als Wasser und Pech – richtig verwertet! –, ist gewinnbringender als ein magerer »goldener Handschlag«.

Zusammenfassung der wichtigsten

Merksätze und Lernfelder

für weibliche Erfolgsstrebende,
Powerladys und Topgirls

Die folgende Lektüre empfehlen wir Männern nur nach Rücksprache mit ihrem Hausarzt, Psychologen oder Coach.

• **Schön und fleißig – gehen Sie nicht in die Falle!**
Welcher Jungmacho, welcher mittlere Abteilungsboß, welcher anmaßende Halbgott, welcher echte Vorstandsdirektor wünscht sich nicht mindestens eine oder ein halbes Dutzend Mitarbeiterinnen, die die eigene Repräsentation, die männliche Dominanz, die Hochposition erst so richtig bestätigen. Die Ansprüche – die echten, nicht die vorgegebenen! – pendeln immer wieder zwischen den alten Idealen Schönheit und Fleiß, Unterordnung und Duldsamkeit. Weibliche Ideale, die seit mehreren tausend Jahren von Männern für Frauen erfunden und gepflegt werden. Ob Sekretärin, persönliche Assistentin oder zugeordneter Schreibpool, die Mädels sollten immer aussehen wie Claudia Schiffer und arbeiten wie samoanische Leibsklavinnen. Zugegeben, Geschmacksvariationen sind hier durchaus möglich – für das Outfit könnten auch Linda Evangelista oder Michelle Pfeiffer Modell stehen, für die Duldsamkeit auch javanische Kulis. Wobei letztere in Sonderfällen der Mißhandlung zu den berüchtigten Amokläufen neigen. Ein Phänomen, das in dem einen oder anderen Sekretariat auch schon passiert sein soll.

Dementsprechend haben sich junge Frauen, die seit der Zeit des amerikanischen Bürgerkriegs vermehrt in die männ-

Die Hulda-Agentur

lichen Büros drängen, auch immer zu profilieren versucht. Millionen von Jungfrauen wie die im Märchen von der Frau Holle saßen daher mit glühenden Erwartungen an ihren Schreibmaschinen und spannen, pardon: tippten, sich die Finger wund und schöpften aus dem Brunnen nimmermüde Kaffee oder kleine Cognacs für den Herrn der Schöpfung hinter der Polstertüre. Und Millionen dieser schönen und fleißigen Arbeitsbienen wurden fürs Leben enttäuscht. Denn der in Begierde stehende Kammgarngecko hat sie nicht erwählt. Die wenigen Ausnahmen, von denen man immer wieder hört, sind entweder getürkte Legenden oder Kintopp.

Meine Damen, so geht's eben nicht. Wie das Märchen zeigt, reicht es bestenfalls zum sogenannten »goldenen Handschlag«. Also zur bescheidenen Wohlhabenheit nach Abfertigung und Pension.

Sie wollen mehr werden? Dann vermeiden Sie eben diese Duldungsfalle und gehen die Dinge anders an.

- **Seien Sie »häßlich« – so gewinnen Sie!**

Das Märchen von der Frau Holle moralisiert und manipuliert. Daher muß die zweite Jungfrau häßlich sein, ohne daß uns erklärt wird, warum und wieso. Hat sie einen Klumpfuß, einen Buckel, ein Glasauge? Keine Rede davon! Und wenn – was würde das ausmachen?

Gehen wir davon aus, daß es sich bei ihr um eine starke Persönlichkeit handelt, die auf Individualität Wert legt und nicht auf einen durchschnittlichen Modegeschmack und ein banal-erotisches Schönheitsideal. Wenn wir in die Showbranche tiefer hinein- und zurückblicken, dann fallen uns sofort Namen ein, die gegen jedes Schönheitsideal aussahen und -sehen: Man denke nur an Rita Tushingham, Julie Christie, Barbra Streisand, Bette Middler und Whoopi Goldberg. Alle genannten, auch wenn die beiden ersten schon in der Filmgeschichte etwas zurückliegen, waren und sind trotz oder wegen ihres nicht puppenhaften Aussehens von ungeheurer erotischer Ausstrahlung und ungeheurem Sex-Appeal. So »häßlich«, das würde Ihnen schon gefallen ...

Übrigens, auch Jeanne d'Arc soll kein strahlendes Äußeres gehabt haben, nur echte Power. Aber gut, wir wollen nicht gleich übertreiben!

Wenn Sie also auffallen wollen, dann dadurch, daß Sie Ihren Typ herausarbeiten und unterstreichen. Professionelle Beratung, Anleitung und Unterstützung erhalten Sie diesbezüglich schon an jeder besseren Volkshochschule, in Spezialseminaren und fortschrittlichen Schulungszentren.

Als Richtsatz läßt sich folgendes verstehen: Wenn in einem Vorzimmer fünf Kopien von Claudia Schiffer sitzen und eine echte »Streisand«, wer wird wohl das Rennen machen?

Na eben!

• Seien Sie »faul« – und Sie werden befördert!

Wenn Fräulein M. bereitwillig jedem auch noch so unsinnigen »Wunsch« ihres Chefs im Schweiße ihres Angesichts und des dahinschmelzenden Make-ups folgt, dann kann es schon sein, daß es wie bei Frau Holle täglich »Gebratenes und Gesottenes« gibt. Das ist natürlich keine Anspielung auf die Werkskantine, sondern eine kryptosexuelle Formulierung. Am besten, Sie erkundigen sich bei Ihrer Psychotherapeutin über die scheinbare Ernährungsfrage in diesem Märchen. Da werden Ihnen aber die Augen aufgehen!

Die zweite Jungfrau, die häßliche, läßt sich nicht zu sinnloser, stupider, nicht enden wollender Subsistenzleistung hinleiten. Arbeiten im Haushalt wie putzen, Betten schütteln (!) etc. sind Tätigkeiten, die keine Entwicklungschancen geben.

Im Büro können wir dem Herrn und Gebieter nicht jedesmal seine Anordnungen um die Ohren schlagen, das würde schiefgehen. Aber frau muß nicht alles selber tun. Seien Sie faul, delegieren Sie unangenehme Arbeiten nach unten weiter – irgendeine brave Jungfer findet sich immer. Oder erledigen Sie gewisse Dinge schon von vornherein nicht. Erfahrene Sekretärinnen wissen es richtig einzuschätzen, was der Boß morgen schon wieder vergessen hat. Und rühren daher in solcher Sache keinen Finger. Sollte es ihm doch einfallen, braucht es natürlich eine perfekte Erklärung, denn eine billige Ausrede würde wohl schlecht bekommen. Je größer die Organisation, das Unternehmen, die Firma, desto leichter ist das. Wie immer, der Chef wird von Ihrer Tüchtigkeit fasziniert sein, weil Sie immer so entspannt aussehen, überlegen antworten und nie wie Frau Holle mit zerrauften Haaren durch die Gegend schusseln. Männer wissen übrigens schon längst, daß sie nur durch gezielte Nichterledigung von Aufgaben Karriere machen können. Frauen sollten dies möglichst rasch lernen, und wenn dieses Know-how noch mit weiblicher List und umwerfendem Charme gepaart wird, ist einer steilen Karriere nichts im Wege. Erinnern Sie sich an das alte Sprichwort »Arbeit macht das Leben süß, Faulheit stärkt die Glieder«!? Süßes macht bekanntlich dick. Stärken Sie lieber Ihre Glieder für den Aufstieg in die eigene Karriere.

- **Brot und Äpfel – die geheimen Verführer!**

Über die Symbolik des Äpfelschüttelns und des Brotbackens wissen Sie Bescheid. Auch über die erst in den letzten zehn Jahren begonnene Auseinandersetzung und Aufdeckung der sexuellen Ausbeutung und Belästigung von fleißigen Jungfern am Spinnrad, pardon: Arbeitsplatz.

Erfahrene Karrieristinnen wissen um die Bedeutung strengster Integrität. Auch bei den nur geringsten Ansätzen reagieren sie mit mordenden Blicken oder schallenden Backpfeifen. Dahinter steckt aber eiskalte Taktik. Denn je unnahbarer eine individualistische und starke weibliche Persönlichkeit ist, desto mehr empfinden sie die innerlich zumeist domestizierten Männer mit ihren Midlife-Neurosen und Torschlußpaniken als sexy. Und da bekanntlich Erfolg sexy macht, macht eiskalter Sex auch Erfolg. Aber wehe, Sie ließen jemandem eine »Schwachheit« durchgehen. Dann ist Ihre Attraktivität dahin, dann sind Sie in den männlichen, bürokratischen Augen Frau wie jede andere.

Neueste Umfrageergebnisse aus Wirtschaft und Gesellschaft zeigen, daß Frau Holle in dieser Beziehung noch eine gefährliche Testsituation für angehende Karrieristinnen bereithält. Nicht zufällig vor den ersten Rauhnächten und nicht zufällig mit dem großen Bettenschütteln – dem ersten Schnee – in engem Zeitzusammenhang: die betrieblichen Weihnachtsfeiern! Soziologen haben herausgefunden, daß es dort zunehmend zu alkoholischen und daraus folgenden sexuellen Exzessen kommt. Da kichert sich die gute alte Holle ins Fäustchen, da bricht bei ihr die gute alte Fruchtbarkeitsgöttin durch. Da zeigt sie sich gerne als Verführerin mit schneeweißem Leib. Also aufgepasst: Wer nicht besteht, dessen Karriere ist im Brunnen.

Also müßten Sie leben wie eine Nonne?

Beileibe nicht! Privat und intim dürfen Sie tun, was Sie nicht lassen können. Doch nie mit Exponenten aus dem unmittelbaren Kollegenkreis. Am besten jedoch mit Führungskräften von Konkurrenzunternehmen. Das hält Optionen offen und schafft einen guten Überblick.

• Das Brunnen-Prinzip – fallen oder springen?

Der Brunnen in der Märchengeschichte ist ein gecovertes Symbol für Karriereschritte: neue Aufgaben, neue Positionen, neue Chancen! Es ist typisch, daß die fleißige Jungfrau mit den blutigen Fingern sich aus Verzweiflung hineinstürzt, weil sie in den leicht angegrauten Oberbuchhalter aus der Nachbarabteilung unsterblich verknallt ist. Na vielleicht kriegt sie ihn auch, wir wollen nicht negativ denken. Aber dann schüttelt sie bis zur Vergoldung Betten, sammelt ihre Äpfel auf und muß ständig Brot backen. Die zweite Jungfrau, die »häßliche und faule«, die karrierebewußte, die sich etwas erwartet und sich nicht vom kleinbürgerlichen Klischee mißbrauchen läßt, die »fällt« nicht hinein – die springt. Ohne besondere Aufwände, denn blutige Finger kann man sich auch ohne viel Arbeit holen, wenn man sie braucht.

Das bewußte Setzen von Entscheidungen und Taten führt zur Karriere, nicht das »Halb zog man sie, halb sank sie hin« in frauenfeindlicher Umdichtung. Das Brunnenspringen bringt also weiter, nicht umsonst spricht man auch von einem Karrieresprung. Andernfalls von »gefallenen« Mädchen, auch wenn sie höchst ehrbar zum Oberbuchhalter hingesunken sind.

- **Hüten Sie sich vor Hähnen!**

Kikeriki-Rufer gibt es nicht nur im Märchen von Frau Holle. In jeder Firma, jeder Organisation gibt es solche. Menschen, die sich von jeder Kleinigkeit, jeder Halbwahrheit, jeder Zufälligkeit animiert fühlen, daraus eine Sensation zu machen und sie auch gleich auszurufen. Was für die Vertreter einer gewissen Oberschicht die gefürchteten Paparazzi sind, sind für jedermann und somit auch jede Frau im Busineß die internen Gerüchtemacher. Nicht immer Hähne, aber Kikeriki schreien sie alle. Mit diesen richtig umzugehen, erlaubt nur zwei Methoden: entweder äußerste Diskretion, um nie ins Gerede zu kommen, oder gezielte Provokation, um ins Gerede zu kommen. Letzteres dient meistens dazu, mißliebigen Konkurrentinnen Halsschlagadern platzen und Gallen überlaufen zu lassen oder schwere Migräneanfälle auszulösen. Mehr kann dieses taktische Abwehrmittel aber nicht. Im übrigen gilt: Der Umgang mit der Gerüchteküche ist wie der mit der fernöstlichen. Sehr pikant, sehr gehaltvoll, sehr würzig bis scharf – aber man kann sich nur zu leicht den Magen verderben. Im Zweifelsfall besser nur auf kleiner Flamme köcheln!

- **Lassen Sie sich getrost überschütten!**

Die im Märchen gezeigten und moralisch polarisierten Überschüttungen der beiden Jungfrauen zeigen, daß es dabei auf die Analyse und die Verwertbarkeit des Überschüttungsmaterials ankommt. Hierbei führte Gold nicht zum selben Erfolg wie das wertvolle Pech. Womit können und werden aber strebsame Jungfern in Industrie und Wirtschaft »überschüttet«? Da gibt es ein reiches Spektrum und die häufige Klage, frau werde nicht über-, sondern »zugeschüttet«. Vor allem mit Arbeit.

Rufen wir uns den Leitsatz von Maggie Thatcher in Erinnerung: »Wenn es um Entscheidungen geht, treten Männer zusammen, für die Arbeit werden Frauen geholt.« Und mit dieser eben überschüttet. Das ist kein hoffnungsloser Zustand, wenn man damit umzugehen weiß. Um nicht viel zu theoretisieren, betrachten wir den praktischen Fall von Frau Mag. B.

Als PR- und Werbespezialistin in einem renommierten Verlagshaus wurde sie bei Antritt ihrer Tätigkeit zuerst mit Verantwortung und dann auch mit Arbeit überschüttet. Dann zunehmend überflutet, wobei das Überschüttungsgut zunehmend jauchiger wurde, weil man ihr jeden Mist auf den Schreibtisch lud. Wenn sie den »Dreck vom Gewand« bekam, goß man auch manchmal ein Eimerchen Anerkennung über ihr Haupt. Das löste in ihrem Umfeld zutiefst menschliche Neidreaktionen aus, und die nächsten Übergüsse bestanden aus Mißgunst. Das moderne Fachwort dafür ist neudeutsch Mobbing. Das Sahnehäubchen auf die fleißig rinnende Tunke setzte dann zuletzt die Chefität: Frau Mag. B. wurde getadelt, weil sie des Morgens nicht pünktlich die Stechuhr fütterte. Ihr Hinweis, sie gehe auch abends erst spät aus dem Büro und da werden es doch in der Früh nicht auf fünf oder zehn Minuten ankommen, wurde mit einem weiteren Eimer übelriechenden Inhalts weggeschwemmt. Die Hähne krähten, daß es nur so eine Lust war.

Da begann Kollegin B. den letzten Guß zu prüfen. Das Problem einer Stechuhr, das heißt fixer Arbeitszeiten, ist nicht die willfährige Erfüllung der Forderungen, sondern die Frage, wem die Stechuhr gehört. Also, wem die Zeit gehört, die für eine hochqualitative und höchst anstrengende Arbeit aufgewendet wird.

Frau Mag. B. versuchte gar nicht mehr, sich unter die Dusche zu stellen. Sie nahm alle ihre gewonnenen Erfahrungen mit sich und gründete postwendend eine eigene Agentur. Wie sich schon in den ersten Monaten zeigte, höchst professionell und gewinnbringend. Jetzt kann sie kommen und gehen, wann sie will beziehungsweise wann sie es für richtig hält. Und das Verlagshaus muß ihre Arbeit nun als Fremdleistungen einkaufen.

Wir leiten daraus kühn ab: Selbst wenn man dir Scheiße übers Haupt gießt, kann sie immer noch als wertvoller Dünger für die neue entscheidende Karriere dienlich sein. Oder – wie der Volksmund sagt –: Alles Gute kommt von oben.

Vertrauen Sie dem Holle-Prinzip.

Und vergessen Sie Männer. Für strebsame Jungfern sind sie nur phantasielose Stolpersteine und langweilige Bremsklötze.

JOHN, THE LUCKY LOSER

oder

*Die Entstehung der Mehrwerttheorie
durch Hans im Glück*

»Hans im Glück« ist eine unverzichtbare Geschichte in jener Sammlung von Kinder- und Hausmärchen, die die unermüdlichen Wissenschaftler Jacob und Wilhelm Grimm zusammengetragen haben. Und sie setzt uns in Erstaunen. Denn es scheint unerklärlich und unverständlich, daß irgend jemand, ob Hans, Marie, Bodo, Stephanie oder Klausjürgen, so töricht sein könnte, ein potentielles Vermögen in der beschriebenen Form zu verjubeln. Daß Vermögen nicht verjubelt werden, das ist wohl Alltag. Aber das geschieht dann doch auf höchst komplizierte oder zutiefst verständliche Art und Weise. Wer sich einem dubiosen Anlageberater hingibt oder die Leidenschaft am Roulettetisch auslebt, der darf sich nicht wundern, und wir brauchen es auch nicht. Aber wenn jemand wie der im Märchen stehende Hans agiert, besser gesagt: reagiert, das hat starken Erklärungsbedarf.

Daher hat die Geschichte dieses Hans – so unterstellen wir kühn – auch hohen Lerninhalt. Denn, wie es in der Gruppendynamik heißt, jeder ist wichtig, auch wenn er nur als schlechtes Beispiel dient. So haben wir bei Hans große Lernfelder zu erwarten. Bevor wir uns aber ernsthaft in diese Orgie von Mißmanagement hineinknien, sei noch eine überraschende These vorangestellt.

Die Germanisten, Sprach- und Altertumsforscher sowie Märchen- und Sagensammler Grimm lebten vom Ende des 18. Jahrhunderts bis über die Mitte des 19. Jahrhunderts.

Also im Zeitraum der Aufklärung, der Industrialisierung, des Früh- und Hochkapitalismus und der dialektischen Weltbetrachtung des Philosophen Hegel. Selbst wenn Jacob (1785–1863) und Wilhelm (1786–1859) stockkonservative und erzreaktionäre Denker gewesen wären, hätten sie sich diesem Zeitgeist nicht entziehen können. Und solches waren sie außerdem nachweislich nicht.

Legen wir eine andere interessante Biographie eines ebenso merkwürdigen Menschen zu den Brüdern Grimm parallel: Karl Marx (1818–1883). Wie wir wissen, sollte dieser jüdische – sein Großvater war noch Rabbiner gewesen – und gleichzeitig urdeutsche Bürgerssohn Philosophie studieren, wobei seine Doktorarbeit sich mit dem Dialektiker und Materialisten Demokrit (ca. 460–371 v. Chr.) befaßte. Irgendwie verständlich, daß dieser Dr. Marx sich am Zeitgeist der hegelschen Dialektik entzündete, aber daraus eine materialistische Dialektik oder, genauer gesagt, den dialektischen Materialismus (Diamat) entwickelte. Genial im Gedanken und in allen weiteren Konsequenzen weltbewegend, obwohl der »Erfinder« persönlich und politisch ein völlig unfähiger, ja chaotischer Typ war, der es über eine kleinbürgerliche Existenz nicht hinausbrachte. Und sich stets von seinem Freund und Gönner, einem deutsch-englischen Textilindustriellen namens Friedrich Engels, aushalten lassen mußte.

Was dieser Exkurs hier wohl zu schaffen hat?

Nun, die Gebrüder Grimm sammelten die Kinder- und Hausmärchen im Zeitraum von 1812 bis 1822. Es ist daher anzunehmen, daß der kleine Karli Marx diese Märchen erzählt oder zu lesen bekam. Da Märchengeschichten ungeheuer prägend sind, ist damit schlüssig, daß ihn die Geschichte vom Hans im Glück für sein weiteres Leben beeinflußt hat. Höchstwahrscheinlich ist sie der eigentliche Impuls des späteren Doktor Karl Marx, sich mit Fragen der

Gesellschaft, des Kapitals, des Proletariats und nebstbei auch der Entwicklung der Mehrwerttheorie zu beschäftigen. Wenn wir unterstellen, daß das so ist – und so ist es zweifellos! –, dann sind die ungewollten Väter des Marxismus-Leninismus, des Kommunismus und Sozialismus, der Sowjetunion und der Verstaatlichten Industrie eindeutig die Germanisten Jacob und Wilhelm Grimm. Die folgende Märchengeschichte führt im Licht managementmäßiger Analyse und Betrachtung sozusagen in jeder Zeile dafür einen klaren Beweis:

Hans hatte seinem Herrn sieben Jahre gedient, und eines Tages sprach er zu ihm: »Herr, meine Zeit ist herum, und ich möchte wieder heim zu meiner Mutter, gebt mir meinen Lohn.« Der Herr antwortete: »Du hast mir treu und ehrlich gedient; wie deine Arbeit war, so soll der Lohn sein«, und er gab ihm ein Stück Gold, das so groß war wie der Kopf von Hans.

Schon in den ersten Zeilen öffnet sich uns eine Welt von Fragen, Problemen, Thesen und Antithesen. Da gibt es einen Herrn und einen Hans, der diesem sieben Jahre (!) gedient hat. Noch dazu ehrlich und treu.

Hegels dialektische Moralphilosophie über das Verhältnis von Herren und Knechten läßt bereits grüßen. Die sieben Jahre sind, wie wir schon früher gesehen haben, symbolisch gemeint. *Sieben* steht sowohl für einen langen Zeitraum wie auch für eine umfassende, abgeschlossene Zeit. Aus der Zahl Sieben auf das Jahreseinkommen, den Monats- oder Wochenlohn von Hans zurückzurechnen, wäre also irreführend.

Hans will zu seiner Mutter zurück. Das legt uns nahe, daß er wohl Halbwaise ist – und aus ärmlichen Verhältnissen stammt. Die Tiefenpsychologen würden bereits hier eine ausgeprägte Mutterbindung, ein potentielles Muttersöhnchen ansetzen. Aber die Tiefenpsychologen lassen wir einmal links (sic!) liegen – wir kümmern uns in unserer Analyse nur um materielle Dinge.

Also um den Goldklumpen, der als Lohn gegeben wurde.

Neben den folgenden Überlegungen und Aktivitäten behalten wir natürlich die Frage im Hinterkopf, ob es denn wirklich so sein kann, daß für »ehrlichen und treuen Dienst« ein Lohn gegeben werden kann, der dem voll entspricht. So erzählt es nämlich das Märchen, und wir entwickeln sofort berechtigten Zweifel. Denn entweder ist der »Herr« ein völlig unfähiger Wirtschaftstreibender oder ein abgefeimter Lügner. Der Kombinationsgedanke, es handle sich um einen Unternehmer, der in Wirklichkeit Gewerkschafter sei, kann als platter Witz verworfen werden. Denn Gewerkschafter sind als Unternehmer erfahrungsgemäß die härtesten Kapitalisten und würden daher ihren Dienstnehmern niemals gerechten Lohn für geleistete Arbeit zahlen.

Ach ja, wir hätten fast zu rechnen vergessen. Wir multiplizieren das Volumen des Kopfes von Johnny Loser, nehmen wir einen der Geschichte entsprechenden siebzehnjährigen Burschen an. Richtig, das Kopfvolumen, nicht das Volumen des Schädelinhalts oder gar des Gehirns, mit dem spezifischen Gewicht von Gold. Die Daten entnehmen Sie einem Schulbuch – periodisches System der Elemente! – und der Auskunftsstelle des nächstgelegenen Anatomischen Instituts. Das so ausgerechnete Gesamtgewicht des Goldklumpens wird erstaunen und in der Folge auch eine weitere Verhaltensweise der Hauptfigur des Märchens erklären. Wir rechnen aber weiter – dividieren das Gewicht durch das metrische Gewicht einer Unze (Taschenkalender hinten, wo die Umrechnungsdaten stehen) und multiplizieren mit dem an der Börse notierten Tageswert für die Feinunze Gold, am besten gleich in Euro. Jetzt wissen wir, was der Bursche verdient beziehungsweise bekommen hätte. Kein schlechtes Sümmchen, was? Und was macht er mit dem Gold?

Hans zog sein Tüchlein aus der Tasche, wickelte den Klumpen hinein, setzte ihn auf die Schulter und machte sich auf den Weg nach Hause. Wie er so dahinging und immer ein Bein vor das andere setzte, begegnete ihm ein Reiter, der frisch und fröhlich auf einem munteren Pferd vorbeitrabte. »Ach«, sprach Hans ganz laut, »was ist das Reiten für eine schöne Sache! Da sitzt einer wie auf einem Stuhl, stößt sich an keinem Stein, spart die Schuhe und kann sich schnell und mühelos fortbewegen.« Der Reiter, der das gehört hatte, hielt an und rief: »Ei, Hans, warum läufst du auch zu Fuß?« – »Ich muß ja wohl«, antwortete er, »da habe ich einen Klumpen heimzutragen; es ist zwar Gold, aber was nützt mir das schon, ich kann den Kopf nicht bewegen, und es drückt auf die Schulter.«

Au weia! Da wandelt die heilige Einfalt mit dem Goldklumpen auf der Schulter dahin. Wir kennen in der Zwischenzeit ja das Gewicht des Klumpens und wundern uns, daß Hans, alias Johnny Loser, überhaupt das Ding mit sich schleppen kann. Aber gut, in früheren Zeiten waren die Menschen halt kräftiger. Pikant ist das Detail, daß er das Gold in sein Tüchlein eingeschlagen hat. Wahrscheinlich damit sich die Elstern aller Art nicht die Augen nach ihm ausgucken. Also eine klassische Sicherheitsmaßnahme. Nebenbei – eines Tages wird das »Tüchlein« wohl rot sein und nicht in der Tasche, sondern um den Hals geknotet getragen werden. Dann, wenn der Knabe Karl Marx so weit herangewachsen ist, daß er dieses Märchen versteht. Aber bis dahin ist Gott sei Dank noch etwas Zeit ...

Das besagte Gold ist also sauschwer und, wie Hans richtig erkennt, im Prinzip völlig nutzlos. Häuptling Seattle, der die berühmte Rede gehalten hat, daß man Geld nicht essen könne, würde in vollem Federschmuck und das Kalumet rauchend wohlgefällig nicken. Gold, chemisch gesehen ein Edelmetall, kann an sich nur zu wenig verwendet werden: zu Schmuckstücken, Kunstwerken, Zahnfüllungen, Kontakten auf Leiterplatten oder als Effekthascherei in Form von Blattgold bei der Ausfertigung von Speisen und Getränken. Für den Werkzeugbau ist das Metall viel zu weich, für den Fahrzeugbau viel zu schwer. Aber – und das haben wir rechnerisch bereits getan – es kann in Geld verwandelt werden! Hans, der Unbedarfte, hätte bei der nächsten Bank oder beim nächsten Juwelier oder in der nächsten Münzerei seine Ressource Gold in die mehrwertige Ressource Geld – Kapital! – umwandeln lassen müssen. Wenn zum Beispiel eine Münzprägeanstalt aus diesem Goldklumpen mit etlichem Aufwand und dem Einsatz menschlicher Arbeitskraft Golddukaten erzeugt, ist – ein Phänomen der Wirtschaft – der Wert des Materials bereits gewaltig gestiegen, obwohl die Kosten für die Münzherstellung natürlich zu bezahlen, also abzuziehen wären. Johnny Loser versäumt jede dieser Möglichkeiten, macht aus einem beschwerlichen Ressourcenmaterial kein bewegliches Kapital, schafft daher keinen Mehrwert und fällt somit auf den nächsten vorbeizockelnden Reitersmann herein.

»Weißt du was?« sagte der Reiter. »Wir wollen tauschen: Ich gebe dir mein Pferd, und du gibst mir deinen Klumpen.« – »Von Herzen gern«, sprach Hans, »aber ich warne Euch, Ihr müßt Euch damit schleppen!« Der Reiter stieg ab, nahm das Gold und half Hans auf das Pferd, gab ihm die Zügel fest in die Hände und sprach: »Wenn es schnell gehen soll, so mußt du mit der Zunge schnalzen und »hopp, hopp« rufen.

In der Zwischenzeit sind die Soziologen unter uns unruhig geworden. Wir stimmen ihnen daher zu, daß der beschriebene Vorgang auch einen gesellschaftlichen Rollenwechsel andeutet. Der Reitersmann steht symbolisch für den Adel. Zumindest ist er ein Herrentyp. Der bisherige »Knecht« fällt sofort auf die Versuchung, gesellschaftlich aufzusteigen, herein. Er nimmt das Pferd nicht nur als vollwertigen Ersatz, gleichwertigen Tausch (!) für das Gold, sondern er fühlt sich auch, schon während er vom Reiter auf den Gaul hinaufgehoben wird, als gesellschaftlich aufgestiegen. Übrigens, mit diesem Trick arbeiten gewiefte Autoverkäufer heute noch.

Was ist aber nun ein Pferd, wenn wir Psychologie und Soziologie außer acht lassen. Nun, ein Pferd ist ein lebendes, atmendes, fühlendes und meist sogar sanftes Lebewesen, das heute unter die Kategorie Sportgeräte gezählt wird. Was uns traurig stimmt, aber nicht kümmert, weil wir hier strikt materialistisch denken. Bis jetzt war Ressource und Kapital in Diskussion. Jetzt kommt ein klassisches Tool dazu. Das Pferd ist ein Fortbewegungsmittel, das die Beweglichkeit und Transportfähigkeit des Menschen entscheidend erhöht hat. In anderen Erdteilen und Kulturen sind das auch Kamele, Elefanten und sogar Hunde. Natürlich kann man auf Hunden nicht reiten, aber nordamerikanische Indianer wie auch Schweizer Bergbauern haben Hunde als Zug- und Tragtiere verwendet. Wobei der feine Unterschied darin besteht, daß Sioux, Crows und Apachen ihre kanidischen Mitarbeiter auch als Nahrungsmittel betrachteten, was Schweizer Bergbauern aufgrund des besseren Angebots von Milch, Butter und Käse nie taten. Aber gleichgültig, ein Hund kommt in unserem Märchen vorläufig nicht vor.

Es darf aber doch die Überlegung angestellt werden, daß ein Pferd auch eßbar ist. Johnny Loser reitet also nun auf einem Tool, das gleichzeitig in einem Aspekt auch eine

Ressource ist. Pferdefleisch ist in vielen Kulturen tabu, wird aber andererseits in unseren Breiten von vielen Menschen geschätzt. In Österreich ist der Pferdeleberkäse eine der volkstümlichen Delikatessen. Pferdehaut und Pferdefell ergeben erstklassige Materialien für weiterverarbeitende Gewerbe und Industrie.

Hätte Herr Loser trotz des ungeheuren Mehrwertverlustes nun doch eine Chance, aus dem Statussymbol und Tool Reitpferd eine sich mehrende und zinsbringende Ressource zu machen? Unter dieser kritischen Betrachtung nicht! Denn zur Vermehrung von Pferden gehören mindestens zwei. Und zwar beiderlei Geschlechts. Der Aufstieg zum Pferdezüchter, Pferdehändler, Reitstallbesitzer, Direktor eines eigenen Freizeitzentrums etc. ist unserem Johnny schon deshalb nicht möglich, weil er nur *ein* Pferd besitzt, gleichgültig ob Hengst oder Stute. Wobei ihm, dem Unglücksvogel, zuzumuten ist, daß es sich beim Pferd ohnehin um einen Wallach handelt. Game over. Darüber hinaus kommt das nächste Kriterium zum Tragen. Jedes Tool braucht einen entsprechenden Skill. Jedes Werkzeug muß für die gewinnbringende oder erfolgreiche Anwendung beherrscht werden. In einer Firma die leistungsfähigsten Computer mit den ausgetüfteltsten Programmen einzusetzen, ist völlig sinnlos, wenn kein Schwein (kommt erst im nächsten Geschichtenabschnitt) mit den sogenannten Blechtrotteln umgehen kann. Eben! Wir erkennen daran die hohe Effizienz der öffentlichen Verwaltung.

In unserer Geschichte gehört zum Pferd die Kunst des Reitens. Ein kleiner Einführungskursus durch den nun zum Kapitalisten aufgestiegenen Kleinadeligen ist zwar erfolgt, aber ...?

Hans war heilfroh, als er auf dem Pferd saß und so frank und frei dahinritt. Doch nach einer Weile wollte er schnel-

ler reiten, und er fing an, mit der Zunge zu schnalzen und »hopp, hopp« zu rufen. Das Pferd setzte sich in starken Trab, und ehe sich Hans versah, war er abgeworfen und lag in einem Graben, der die Äcker von der Landstraße trennte. Das Pferd wäre auch durchgegangen, wenn es nicht ein Bauer aufgehalten hätte, der des Weges kam und eine Kuh vor sich her trieb. Hans suchte seine Glieder zusammen und stand wieder auf. Er war aber verstimmt und sprach zu dem Bauern: »Das Reiten ist ein schlechter Spaß, besonders dann, wenn man auf so eine Mähre gerät wie diese, die stößt und einen abwirft, daß man sich den Hals brechen kann; ich setze mich niemals wieder auf dieses Pferd. Da lob ich mir Eure Kuh, da kann man gemächlich hinterhergehen und hat obendrein jeden Tag seine Milch, Butter und Käse!« – »Nun«, sprach der Bauer, »wenn ich Euch so einen großen Gefallen damit erweisen kann, so will ich Euch wohl die Kuh gegen das Pferd eintauschen.« Hans willigte mit tausend Freuden ein. Der Bauer schwang sich aufs Pferd und ritt eilig davon.

Na endlich, wiederum sind wir bei einer Ressource gelandet. Denn die Kuh ist nur in Ausnahmefällen ein Tool, aber dann wäre sie besser ein Ochse und würde Lastkarren oder den Pflug ziehen. Nur die ärmsten Kleinhäusler mußten die einzige Kuh auch für die Kraftarbeiten einsetzen, was zur Folge hatte, daß die Milch versiegte und von Kälbern auch keine Rede mehr sein konnte. Unser Bauer war sicher wohlbestallter und außerdem sehr schlau.

Der Besitz eines Pferdes – oder eines Pferdes mehr – hebt einmal seinen Status. Sagen wir, er steigt dadurch zum Herrenbauern auf. Wie die Geschichte zeigt, fehlt es ihm ja auch nicht an nötigem Skill – er kann reiten. Unser Loser schätzt sich glücklich, aber wertmäßig ist er wieder eine Stufe heruntergesunken. Am Viehmarkt werden gute Milchkühe ungefähr mit halbem Preis von durchschnittlichen Reitpferden notiert. Und gleich zum nächsten Gedanken: Auch die Ressource Kuh braucht ihre Skills. Butter und Käse stellen sich nicht von alleine ein. Dazu braucht man zuerst die Milch und entgegen der Redewendung, daß Kühe diese »geben«, muß man sie ihnen wegnehmen. Hoffentlich wird Hänschen wenigstens melken können. Grundsätzlich ist die Kuh natürlich auch noch eine Fleisch- und Lederressource, wenn sie als Schlachtvieh betrachtet wird. Damit fällt aber die andere »Quelle« wiederum weg. Wie man es dreht und wendet, der Tausch bleibt ein Verlust.

Einige Nachbemerkungen sind dennoch zu tun. Das Pferd haben wir als Tool definiert und nebenbei als Ressource in Möglichkeit gezogen. Bei der Kuh ist es umgekehrt. Nun gelten für Tools und Ressourcen einige grundsätzliche Gesichtspunkte. Ein Tool hält nicht ewig: Hammerstiele brechen, Schneiden werden stumpf, sogar Schlagbohrmaschinen geben einmal den Geist auf. Das gilt auch für Pferd und Kuh. Tiere werden älter, krank, sterben. Aber Tiere brauchen zusätzlich noch Energie für ihre Verwendungsfähigkeit – Futter! Unter dem im Märchen sicher zugrundegelegten Gesichtspunkt der freien Weide im Frühling und im Sommer erledigt sich das von selbst. Aber schon im Winter ist damit Schluß, und Mister Loser würde wohl Hafer und Heu kaufen müssen. Und das kostet eine Menge Heu, sprich: flüssiges Kapital, wie jeder Tierhalter weiß. Die Wertschöpfung aus den Viechern, die Vermehrung des Viehbestands durch natürliche Fortpflanzung muß also gesichert sein, sonst haben weder Tool noch Ressource Tier einen wirtschaftlichen Sinn.

Klaro!

Die Kuh ist, weil sie eine Kuh ist, natürlich reproduktionsfähig. Den nötigen Stier muß Johnny Loser nicht unbedingt dazukaufen. Sondern gegen Entgelt den Gemeindestier zum Einsatz kommen lassen. Das kostet natürlich wieder! Und jetzt lassen wir die Geschichte weiterlaufen.

Hans trieb seine Kuh ruhig vor sich her und freute sich über den glücklichen Handel. »Hab' ich nur ein Stück Brot, und daran wird mir's doch nicht fehlen, so kann ich, sooft ich will, Butter und Käse dazu essen; hab' ich Durst, so melk' ich meine Kuh und trinke Milch. Herz, was verlangst du mehr?« Als er zu einem Wirtshaus kam, machte er halt, aß in der großen Freude alles auf, was er bei sich hatte, und ließ sich für seine letzten paar Heller ein halbes Glas Bier einschenken.

Zwischenbemerkung: Einer der häufigsten Unternehmerfehler! In der Euphorie über ein getätigtes Geschäft werden letzte Ressourcen und letzte Reste flüssigen Kapitals für Feiern und Feste verwendet. Jeder Profi weiß – hinter solchen Partyes lauert der Konkurs. Zwischenruf Ende!

Dann trieb er seine Kuh weiter, immer nach dem Dorf seiner Mutter zu. Die Hitze wurde drückender, je näher der Mittag kam, und Hans befand sich in einer Heide, die wohl noch eine Stunde dauerte. Es wurde ihm schließlich so heiß, daß ihm vor Durst die Zunge am Gaumen klebte. »Dem ist abzuhelfen«, dachte Hans, »jetzt will ich meine Kuh melken und mich an der Milch laben.« Er band sie an einen dürren Baum, und da er keinen Eimer hatte, so stellte er seine Ledermütze unter das Euter. Aber wie er sich auch abmühte, es kam kein Tropfen Milch zum Vorschein. Und weil er sich ungeschickt dabei anstellte, gab ihm das gepeinigte Tier endlich mit einem der Hinterfüße einen solchen Schlag vor den Kopf, daß er zu Boden taumelte und sich eine Zeitlang gar nicht besinnen konnte, wo er war. Glücklicherweise kam gerade ein Metzger des Weges, der auf einem Schub-

karren ein junges Schwein liegen hatte. »*Was sind das für Streiche!*« *rief er und half dem guten Hans auf. Hans erzählte, was vorgefallen war. Der Metzger reichte ihm seine Flasche und sprach:* »*Da trinkt einmal und erholt Euch. Die Kuh wird wohl keine Milch geben, das ist ein altes Tier, das höchstens noch zum Ziehen taugt oder zum Schlachten.*« – »*Ei, Ei*«, *sprach Hans und strich sich die Haare aus der Stirn,* »*wer hätte das gedacht! Es ist freilich gut, wenn man so ein Tier zu Hause abschlachten kann, es gibt eine Menge Fleisch! Aber ich mache mir aus dem Kuhfleisch nicht viel, es ist mir nicht saftig genug. Ja, wer so ein junges Schwein hätte! Das schmeckt anders, dabei noch die Würste.*« – »*Hört, Hans*«, *sprach da der Metzger,* »*Euch zuliebe will ich tauschen und will Euch das Schwein für die Kuh lassen.*« – »*Gott lohn Euch Eure Freundschaft*«, *sprach Hans, übergab ihm die Kuh, ließ sich das Schweinchen vom Karren losmachen und nahm den Strick, an den es gebunden war, in die Hand.*

Ein Blick auf die tagesnotierten Viehpreise läßt uns erneut die Hände über dem Kopf zusammenschlagen. Der Metzger war ein typischer Vertreter des hinterhältigen Kleinbürgertums. Wie er die Kuh dem Hans miesmacht, ist eine Meisterleistung des ausbeuterischen Kleinkapitalisten. Er definiert die Kuh entweder als Tool (Karren ziehen!) oder als reine Fleischquelle. Und der arglose Idiot namens Johnny Loser bezieht den Fleischgenuß auf seine kulinarische Vorliebe anstatt auf die aktuellen Rindfleischpreise. Denn er müßte natürlich das Schlachttier verkaufen und nicht selbst verspachteln. Langsam, aber sicher stellen wir uns die Frage, was dieser Bauernbursch wohl die »sieben Jahre« bei seinem Herrn gedient und gearbeitet hat, was einen Goldklumpen als Lohn rechtfertigt. Wir werden kaum dahinterkommen, auch wenn jetzt schon Zwischenrufe wie Drogenhandel, Prostitution und Waffenschieberei durch die Luft schwirren. Hand aufs Herz – für alle drei höchst gewinnorientierten Gewerbe braucht es auch bei den untergeordneten Mitarbeitern ein gerüttelt Maß an Know-how und Intelligenz.

Beim Schwein stellen sich wieder alle Fragen zum Thema Ressource, und die Probleme bleiben die gleichen. Der hemmungslose Fresser – merke, Schweinefleischesser sind dumm! – denkt nur an Braten und Würste. Daß Schweinsleder auch einen guten Preis hat, weiß er gar nicht, bei ihm wird die Schweinehaut wohl zu Sülze verkocht. Und er würde das arme Vieh, das nette Schweinchen, auch zu Hause sofort in »Lebensmittel« verwandeln, ohne einen Gedanken daran zu verschwenden, durch Zucht zu reproduzieren. Oder durch Investition (Mästen) Fleisch und Speck zumindest zu maximieren. Nein, der Dodel brächte die arme Sau heim und würde sich gleich mit Gabel und Messer und umgebundener Serviette zu Tisch setzen wollen.

Apropos! Die mangelnden Skills – Melken, Buttern, Käsen, Mästen, Schlachten, Braten, Kochen, Selchen, Wursten etc. – hängen bisher sozusagen auch »in der Luft«. Wenn wir nicht die realpolitische Perfidie erkennen würden, nämlich die gedankliche Miteinbeziehung der Arbeitskraft Mutter! Wir wollen uns hier nicht darüber verbreiten, sondern verweisen auf das einschlägige wissenschaftliche Hauptwerk »Know-how und Arbeitskraft ländlicher Frauen im patriarchalischen Bauerntum oder Wertschöpfung durch das Mutter-Prinzip« von Annette Säuerlich und Petra Bitter-Pill, erschienen im Domina-Verlag, Trotzhausen 1993. Und nun weiter.

Hans zog weiter und war mit sich und der Welt zufrieden; begegnete ihm je eine Verdrießlichkeit, so wurde sie doch gleich wiedergutgemacht. Nach kurzer Zeit gesellte sich

John, the Lucky Loser

ein Bursche zu ihm, der trug eine schöne weiße Gans unter dem Arm. Sie grüßten einander, und Hans fing an, von seinem Glück zu erzählen. Der Bursche berichtete ihm, daß er die Gans zu einem Kindstaufschmaus brächte. »Hebt sie einmal«, fuhr er fort und packte sie bei den Flügeln, »wie schwer sie ist, sie ist aber auch acht Wochen lang genudelt worden. Wer in den Braten beißt, muß sich das Fett von beiden Seiten abwischen.« – »Ja«, sprach Hans und wog sie mit einer Hand, »die hat ihr Gewicht, aber mein Schwein ist auch keine Sau.« Inzwischen sah sich der Bursche nach allen Seiten ganz bedenklich um und schüttelte dann seinen Kopf. »Hört«, fing er schließlich an, »mit Eurem Schwein werdet Ihr noch Schwierigkeiten haben. In dem Dorf, durch das ich gekommen bin, ist eben dem Schulzen eins aus dem Stall gestohlen worden. Ich fürchte, ich fürchte, Ihr habt's da in der Hand. Sie haben Leute ausgeschickt, und es wäre ein schlimmer Handel, wenn sie Euch mit dem Schwein erwischten. Das geringste ist, daß Ihr ins finstere Loch gesteckt werdet.« Dem guten Hans wurde bange. »Ach Gott«, sprach er, »helft mir aus der Not, Ihr wißt hier herum besser Bescheid, nehmt mein Schwein da und laßt mir Eure Gans!« – »Ich muß schon etwas aufs Spiel setzen«, antwortete der Bursche, »aber ich will doch nicht schuld sein, wenn Ihr ins Unglück geratet.« Er nahm also das Seil in die Hans und trieb das Schwein schnell auf einem Seitenweg fort; der gute Hans aber ging, seiner Sorgen entledigt, mit der Gans unter dem Arm der Heimat zu.

Keine Angst, die ökonomische Diskussion muß hier nicht fortgesetzt werden, denn die Handlungsweise des Losers spitzt sich langsam zur völligen Dummheit zu. Nur eines sollten wir uns merken: Auch Tauschhandel bedarf der schriftlichen Form als Nachweis der Legalität. Hat sich ja an und für sich durchgesprochen, denn die Aufsetzung eines Ehevertrags vor dem Hochamte im Dom ist ja allgemein Sitte geworden. Weiters beobachten wir im Märchen wunderschön, wie eine Summe von Fehlentscheidungen dann auch dazu führt, daß man ein Opfer von Trickbetrügern oder anderen Anlageberatern wird. Die Erzählung zeigt uns dies nicht zufällig, sondern psychologisch wohlfundiert. Die ständigen Versuche der Tiefenpsychologen, uns die kryptosexuellen Komponenten der Story aufzuschlüsseln und uns nachzuweisen, wie man von triebhaften Schweinsgedanken zur symbolischen Sehnsucht nach einer trieberfüllenden Partnerin (weiße Gans!) kommt, schieben wir energisch als frauenfeindlich beiseite. Wir bleiben strikt ökonomisch.

»Wenn ich's recht überlege«, sprach Hans mit sich selbst, »habe ich noch Vorteile bei dem Tausch: erstens den guten Braten, danach die Menge Fett, die herausträufeln wird, das gibt Gänsefettbrot für ein Vierteljahr; und endlich die schönen weißen Federn, die laß' ich mir in mein Kopfkissen stopfen, und darauf werde ich jeden Abend friedlich einschlafen. Was wird sich meine Mutter freuen!«

Als er durch das letzte Dorf gekommen war, sah er einen Scherenschleifer mit seinem Karren, sein Rad schnurrte, und er sang dazu:

»Ich schleife die Schere und drehe geschwind
Und hänge mein Mäntelchen nach dem Wind.«

Hans blieb stehen und sah ihm zu. Endlich redete er ihn an und sprach: »Euch geht's gut, weil Ihr so lustig bei Eurem Schleifen seid.« – »Ja«, antwortete der Scherenschleifer, »das Handwerk hat einen goldenen Boden. Ein rechter Schleifer ist ein Mann, der, sooft er in die Tasche greift, auch Geld darin findet. Aber wo habt Ihr die schöne Gans gekauft?« – »Die hab' ich nicht gekauft, sondern für mein Schwein eingetauscht.« – »Und das Schwein?« – »Das hab' ich für eine Kuh bekommen.« – »Und die Kuh?« – »Die hab' ich für ein Pferd erhalten.« – »Und das Pferd?« – »Dafür hab' ich einen Klumpen Gold, so groß wie mein Kopf, gegeben.« – »Und das Gold?« – »Ei, das war mein Lohn für sieben Jahre Arbeit.« – »Ihr habt Euch jederzeit zu helfen gewußt«, sprach der Schleifer, »wenn Ihr nun noch erreicht, daß Ihr das Geld in der Tasche springen hört, sobald Ihr aufsteht, so habt Ihr Euer Glück gemacht.« – »Wie soll ich das anfangen?« sprach Hans. »Ihr müßt ein Schleifer werden wie ich, dazu gehört eigentlich nichts als ein Wetzstein, das andere findet sich schon von selbst. Da hab' ich einen, der ist zwar ein wenig schadhaft, dafür sollt Ihr mir aber auch weiter nichts als Eure Gans geben; wollt Ihr das?« – »Wie könnt Ihr noch fragen?«, antwortete Hans. »Ich werde ja zum glücklichsten Menschen auf Erden, habe ich Geld, sooft ich in die Tasche greife, was brauche ich mir da länger Sorgen zu machen?« Er reichte ihm die Gans und nahm den Wetzstein in Empfang. »Nun«, sprach der Schleifer und hob einen gewöhnlichen schweren Feldstein, der neben ihm lag, auf, »da habt Ihr noch einen tüchtigen Stein dazu, auf dem sich's gut schlafen läßt und Ihr Eure alten Nägel geradeklopfen könnt. Nehmt ihn und hebt ihn ordentlich auf.«

Wieder lassen wir uns nicht irritieren. Der Psychoanalytiker Prof. Kautschbert Frostbruch hält im Nebensaal bereits ausufernde Vorträge über die Beziehung zwischen bräutlichen Gänsen und vazierenden Scherenschleifern, die im alten Volkslied bekanntlich als sexuelle Freibeuter beschrieben werden. Auch die Neigung des Hans zu scharfen Klingen und die vorhergehende Phantasie über die Ausbeutung, ja physische Vernichtung der potentiellen Ehefrau, der anschließenden Verschwendung ihrer Mitgift und der satanischen Freude der Mutter, die wahrscheinlich in einem Lebkuchenhaus lebt, wird erschöpfend (sic!) ausgebreitet. Schluß damit, Tür zu!

Wir wissen es besser – der Trickbetrug wird fortgesetzt. Aber Johnny Loser kehrt endlich wieder zu einem reinen Tool zurück. Einem Wetzstein und einem Feldstein, die beide hohe Skills verlangen, aber das schaffen sollen, was Hans ganz am Anfang seines Abstiegs übersehen hat. Kapital in beweglicher (liquider) Form, also Knete, Zaster, Mäuse, Kohle anstelle eines doofen Goldklumpen. Die besten Erkenntnisse, so sagt es auch Altvater Goethe, kommen immer zu spät.

Hans lud den Stein auf und ging vergnügt weiter; seine Augen leuchteten vor Freude. »Ich muß in einer Glückshaut geboren sein«, rief er aus, »alles was ich wünsche, trifft ein wie bei einem Sonntagskind.« Schließlich wurde er müde, weil er seit Tagesanbruch auf den Beinen war, auch plagte ihn der Hunger, da er allen Vorrat auf einmal in der Freude über die erhandelte Kuh aufgegessen hatte. Er konnte nur noch mit Mühe weitergehen und mußte jeden Augenblick haltmachen; dabei drückten ihn die Steine ganz erbärmlich. Da konnte er sich des Gedankens nicht erwehren, wie gut es wäre, wenn er sie gerade jetzt nicht zu tragen brauchte. Wie eine Schnecke schlich er sich bis zu einem Feldbrunnen. Dort wollte er ruhen und sich mit einem frischen Trunk laben, damit er aber die Steine nicht beschädigte, legte er sie bedächtig neben sich auf den Rand des Brunnens. Darauf setzte er sich nieder und wollte sich zum Trinken bücken; doch er stieß versehentlich ein klein wenig an, und beide Steine plumpsten hinab. Hans sah sie in der Tiefe versinken, sprang vor Freude auf, kniete dann nieder und dankte Gott mit Tränen in den Augen, daß er ihm auch diese Gnade noch erwiesen und ihn auf eine so gute Art und ohne daß er sich einen Vorwurf zu machen brauchte, von den schweren Steinen befreit hatte, die ihm nur hinderlich gewesen wären. »So einen Glückspilz wie mich«, rief er aus, »gibt es nicht noch einmal unter der Sonne.« Mit leichtem Herzen und frei von aller Last sprang er nun fort, bis er daheim bei seiner Mutter war.

Ende der Fahnenstange.

Es ist zu hoffen, daß unserem Johnny Loser lieb Mütterlein ein paar hinter die Löffel gibt, daß es nur so raucht. Und daß der vor der Kate angekettete Schäferhund Bodo den jungen Herrn ordentlich ins Sitzfleisch zwickt. Weil, viel mehr wird's bald nicht mehr zu essen geben.

Ökonomisch gesprochen und materialistisch betrachtet, ist Hans jetzt aller Ressourcen und auch der letzten Tools, für die ihm wohl auch die Skills gefehlt haben, entledigt. Er besitzt nichts mehr, so definieren wir marxistisch, als seine unmittelbare rein menschliche Arbeitskraft. Er ist ein Proletarier geworden, somit auch eine Ware, und als Ressource voll ausbeutbar. Es ist eine reine Frage der Zeit und unserer Phantasie, ob er als Industriearbeiter, als Bauernknecht oder als Soldat sein Leben fristen und enden wird. Die mögliche Altersversorgung für Mütterchen hat er ja schon beim Gold-Pferde-Tausch verspielt, somit den Generationenvertrag gebrochen. Hoffen wir, daß die Krankenkassenbeiträge und die Lohnsteuern schon vom seinerzeitigen Meister abgeführt wurden und der Goldklumpen nicht so eine schlampige »Brutto-für-netto-Zahlung« war. Sonst ist der Proletarier Hans auch keine Ware mehr, sondern demnächst im Schuldturm. Man kennt das ja.

Okay, nebenan toben sich noch immer die Tiefenpsychologen aus, und wir wollen auch nicht verhehlen, daß unter uns noch immer Idealisten und Moralisten sitzen. Wie Herr Pfarrer so richtig sagt, kann Geld und Gut auch anders betrachtet werden. In der Volksmythologie verwandelt sich Gold gerne in Dreck, fast hätte ich Scheiße gesagt, oder umgekehrt. Weil Gold und somit Geld Teufelswerk und Teufelsdreck sind. Ein wahrer Christenmensch habe sich davon zu lösen – bravo, Hänschen, denn eher geht ein Kamel durch ein Nadelöhr, als daß ... richtig!

Vielleicht soll das Originalmärchen Kinder und andere Romantiker sogar in diese Richtung beeinflussen. Anzumerken ist allerdings die Tatsache, daß die im Geiste der Armut gegründeten Bettelorden und Mönchsgemeinschaften heute zu den reichsten Unternehmen der Erde zählen. Übrigens, Bettelmönch könnte unser Johnny Loser natürlich auch noch werden. Darüber hinaus leisten wir uns aber abschließend doch einen literarischen Seitenblick. Und zwar auf Ökonomierat Bertolt Brecht, der in seiner Ballade über die belebende Wirkung des Geldes sagt:

Niedrig gilt das Geld auf dieser Erden?
Und doch ist sie, wenn es mangelt, kalt.
Und sie kann sehr gastlich werden,
plötzlich, durch des Gelds Gewalt.

Man sollte es Herrn Johnny Loser, recte Hans im Glück, ins Stammbuch schreiben. Aber er wird wohl keines mehr besitzen. Daher formulieren wir aus obiger Tragödie lieber unsere eigenen Erkenntnisse.

Zusammenfassung der wichtigsten

Merksätze und Lernfelder

für junge Erfolgsstrebende

- **Gold ist auch nur ein Rohstoff!**

Achten Sie bei Bezahlung in Naturalien oder Rohstoffen darauf, daß diese in allgemeingültige Zahlungsmittel – Geldwerte! – umgewandelt werden können, und tun Sie dies möglichst schnell. Nur unbelehrbare Nostalgiker tragen die goldene Uhr, die sie bei der Pensionierung überreicht bekommen haben, nicht umgehend in die nächste Pfandleihe.

- **Auch wenn du ein Schwein sattelst, wird es kein Rennpferd werden!**

Was Herr Hans im Glück alias Johnny Loser immer wieder übersieht und durcheinanderbringt, sind eben die drei definierten Grundelemente des Managements: Ressource, Tool und Skill.

Über Ressourcen haben wir uns soeben verbreitet und kommen mit obigem Merksatz zum Begriff des Tools. Ein »Werkzeug«, sei es mechanisch, elektrisch, elektronisch oder lebendig wie Mensch und Vieh, muß eingesetzt, verwendet werden. Zur Produktion, sei es von Produkten oder Dienstleistungen, selbstverständlich. Diese führen über Mehrwertbildung, der sogenannten Wertschöpfung (siehe oben), zum Gewinn. Hier kann schon ein einfacher Hammer – Tool! – nützlich sein, wenn ihn der Schmied kunstvoll über glühendem Eisen – Ressource Eisen als Material, Ressource Energie, zum Beispiel Schmiedeesse – führt. Das klingt im wahrsten Sinne des Wortes wunderbar. Es ist aber ganz übel, wenn sich der Schmied dabei voll auf den Finger haut. Eben. Jedes Tool erfordert also den entsprechenden Skill – die Fähigkeit und Kunstfertigkeit.

• **Hüten Sie sich vor Schnellsiederkursen!**
Dem Johnny, recte Hans, wird ein Pferd angedreht, Sie erinnern sich. Und der gewinnmaximierende Reitersmann, der anschließend den Goldklumpen wegschleppt, erläutert die Reitkunst mit »hopphopp« und Zungenschnalzen, und vielleicht hat er dem doofen Hans auch noch den Steigbügel gehalten. Aber dann war er verschwunden – aus verständlichen Gründen!

Der Erfolg lag auf der Hand, besser gesagt bald am Boden. Es war vollkommener Nonsens unseres Losers, auf das Tool (Pferd) zu schimpfen, er hätte sich sagen müssen: Ich kann ja gar nicht reiten!

So ist es bei jeder Blitzeinschulung. »Ach, da machen Sie mal das, dann dieses hier, die restlichen Kleinigkeiten kriegen Sie von alleine spitz, und – ansonsten – wird schon schiefgehen! Bei Problemen wenden Sie sich jederzeit gerne an ...« Dazu noch ein ermunterndes Schulterklopfen, soweit es der Social correctness entspricht, und weg ist der Boß. Den Rest kennen Sie, vor allem wenn Sie ihn schon mehrmals durchlitten haben. Und der gute Ratschlag lautet: Hier ist rechtzeitig Widerspruch angesagt.

Daher fliegen in unserer Zeit jede Woche Jungdachse mit ihren Geltungstriebwagen bei 120 km/h aus Kurven, die bestenfalls 70 km/h vertragen. Und landen daher am nächsten Baum oder günstigstenfalls im Acker. Dazu kommen noch jede Menge Altdachse, die mit ihren Autos ebenfalls Tools besitzen, die sie nicht beherrschen. Und wer hat ihnen beigebracht, daß man solche Temposchlitten haben muß? Eben! Die Werbung.

- **Wer eine Kuh melken will, muß sie zuerst füttern!**
Eine der wichtigsten Merkregeln für Firmen- und Personalchefs. Daß Hänschen Loser seine Kuh höchstwahrscheinlich aus mangelnden Kenntnissen und Fähigkeiten (Skills) heraus nicht melken kann, ist anzunehmen. Aber vielleicht hat das gute Tier doch noch nicht ausgiebig genug gefrühstückt, um ein volles Euter zu haben. Beim Tritt mit Volltreffer am Melker lacht uns jedenfalls aus Mitleid wie auch Schadenfreude das Herz.

Nun ein kleiner Exkurs: Einer der ältesten scherzhaften Intelligenztests besteht in der Frage: »Die Kuh gibt Milch? Wie beurteilen Sie diese Aussage?« – »Richtig!« sagen die meisten Menschen darauf und bekommen prompt ein »Falsch« entgegengesetzt. Denn die Kuh gibt natürlich keine Milch, man nimmt sie ihr weg. Scheint nur ein Wortspiel zu sein, beinhaltet aber eine Wahrheit.

Mitarbeiter und Mitarbeiterinnen eines Unternehmens oder einer Organisation sind selbstverständlich auch Tools und Ressourcen für den Boß. Sie werden daher täglich im Sinne ihrer Leistung »gemolken«. Man verwendet in Führungskreisen diese Bezeichnung nicht gerne, nur beim Thema Steuerzahler ist sie üblich. Gleichwie gilt: Erst füttern, dann melken! Selbst Sklaven, denen kein Lohn oder Gehalt gezahlt werden muß, müssen mit ausreichend Wasser und Brot versorgt werden, sonst hilft binnen kurzem die Peitsche auch nicht mehr. Wir sprechen hier über ein breites Thema zwischen Grundversorgung und Motivation. Denn modernen Mitarbeitern/Mitarbeiterinnen muß ja ihre Leistung nicht nur mit (natürlich zuwenig) Knete entlockt werden. Man kann ihnen auch kostengünstiger Titel, Orden, Seminare oder, wie es im amerikanischen Management modern geworden ist, sogenannte Social events als »Futter« anbieten. Die Zoologen würden sagen: Auch dies wird von den Käfiggehaltenen gerne »angenommen«. Wie oft wird das aber in unseren Landen übersehen! Es mangelt an entsprechenden Goodies, und der Boß sollte sich dann auch den Satz gefallen lassen müssen: If you pay peanuts, you'll only get monkeys.

Oder einen Tritt mit dem Hinterhuf vor den Latz.

- **Auch Tauschgeschäfte bedürfen schriftlicher Verträge.**

Sie erinnern sich, wie dem Loser das Schwein abgeluchst wird.

Wir wollen in keiner Art und Weise dem guten alten »Handschlag« und die »Handschlagsqualität« in Abrede stellen. Aber jeder erfahrene Kaufmann oder Betriebsjurist kennt die magische Kraft nachfolgender schriftlicher Bestätigungen. Weil das, was der eine Boß mit dem anderen am Golfplatz aushandelt und vereinbart, ehebaldigst und nach den Normen von ISO 9002 auch auf Papier fixiert werden muß. Bitte nie vergessen.

- **Seien Sie kriterienbewußt!**

Wie wir schon durchgeackert haben, gibt es Ressourcen, Tools und Skills. Für jede dieser drei gibt es mehrere verschiedene Bezeichnungen, die aber alle dasselbe meinen. Es ist dringend anzuempfehlen, sich immer vor Augen zu halten, womit man eigentlich dealt. Und wie uns die Analyse unserer Johnny-Loser-Geschichte schon vor Augen geführt hat, haben viele Dinge als auch Lebewesen nicht nur einen, sondern mehrere dieser Kriterien an sich. Also immer einen scharfen Blick auf die Sache, das Problem, die Ware oder das Gut werfen – was ist es eigentlich!? Und was brauche ich wirklich? Im deutschen Management führte dies zu den weitverbreiteten und schnoddrigen Formulierungen: Was ist das »Ding«? Was kann das Ding? Nicht grade eine schöne Sprache, wenn es um edle Güter, liebe Viecherln oder wertvolle Mitarbeiter/-innen geht, aber es trifft zumindest das »Ding« im Kern.

Trauen Sie sich einen Selbstversuch zu?

Dann analysieren Sie doch im stillen, was Sie in Ihrer Firma, Familie, Pfarre, Ihrem Verein etc. eigentlich sind und wieviel davon Sie sind: Ressource, Tool oder Skillträger. Vorsicht, das kann zu überraschenden Erkenntnissen führen, die nicht immer angenehm sind, weil man die soziale Romantik dabei weglassen muß. Wir nähern uns damit langsam der Erkenntnis, was der amerikanische Managementbegriff Human Capital wirklich meint.

- **Lesen Sie Ihren Kindern keine »Märchen« vor, sondern das »Kapital«?**

Hans im Glück ist offensichtlich zur Volksverblödung geschaffen worden. Um dem Großkapital, dem Adel und der Eliteschicht der Patrizier den Rücken freizuhalten. Weil, sollte das einfache Volk verstehen … Kritik, Revolution, gute Nacht! Ihr Junior, Ihre entzückende Prinzessin werden also Fragen haben. Und Sie sollten sie auch entwicklungsfördernd beantworten können, damit Sie da keine Dumpfbacken hochziehen, die über den Rand der Blödzeitung zukünftig kaum hinausschauen können.

Daher empfehlen wir Ihnen das Studium des Hauptwerks »Das Kapital« von Dr. Karl Marx.

Ui, urdick und sauschwer!!!

Aber, aber, es gibt doch so hübsche, schlanke, vereinfachte Volksausgaben, die jedermann/frau ganz leicht unter die Haarwurzeln bringt. Nebstbei jeder Topmanager, jeder Theologe, eigentlich jeder Dorfpfarrer hat in seinen Eliteschulen die Marxschen Thesen genau und mit großer Aufmerksamkeit gehört. Man will ja den Gegner kennen oder den Freund verstehen. Also tun Sie sich ein Gutes an – und auch diese Lektüre. Sie werden deswegen keineswegs in den »roten Untergrund« absacken, Sie werden mehr vom Leben haben. Und plötzlich auch die Gemeinheit der Werbespots verstehen.

Vielleicht regt es Sie auch an, sich mit weiterer Fachliteratur zu versorgen. Sie erinnern sich, daß Hänschen beim Eintreffen in der mütterlichen Kate verdachtsweise vom erzürnten Hauswächter, dem Schäferhund Bodo, in den Hintern gebissen wurde. Letzterer, nicht der Hintern, sondern der Schäferhund, hat aus seiner Aufregung heraus begonnen, Bücher zu schreiben. Er war es nämlich leid, ständig an alten Knochen zu nagen, und verlangte nach Filet und Kotelett. Schon sein erster Wurf mit dem Titel »Wau, die Kohle stimmt!« wurde ein Heuler. Er soll Seminare zu Spitzenpreisen abhalten und hat die gute alte Hundehütte schon längst mit Nobelhotels getauscht. Das nennen wir eine Karriere – das sollten wir doch nachmachen.

Und daher noch viele andere Märchen lesen.

ALT, ABER GUT!

oder

*Senioren-Synergie
am Beispiel der »Bremer Stadtmusikanten«*

s hatte ein Mann einen Esel, der schon lange Jahre die Säcke unverdrossen zur Mühle getragen hatte, dessen Kräfte aber nun zu Ende gingen, so daß er zur Arbeit immer untauglicher wurde. Da dachte der Herr daran, ihn aus dem Futter zu schaffen; aber der Esel merkte, daß kein guter Wind wehte, lief fort und machte sich auf den Weg nach Bremen; dort meinte er, könnte er ja Stadtmusikant werden.

Ein Märchen, eine phantasievolle Erzählung?

Eine Parabel direkt aus dem heutigen Leben, aus der Welt des Managements!

Da gibt es einen Esel – nein, keine Doofnuß! – der Jahr um Jahr schwere Säcke schleppt und sich dabei langsam, aber sicher verschleißt. Wie eine echte Führungskraft eines erfolgreichen Unternehmens. Säcke voller Verantwortung werden Tag für Tag zu den Mühlen des Geschäfts, des Marktes, des Wettbewerbs getragen. Der »Herr« kann sich die Hände reiben: sein Spitzenmann schleppt sich für ihn ab und hat mit seiner Leistung das ursprünglich kleine Unternehmen erst richtig zur Entwicklung und Entfaltung gebracht. Eines Tages ist dieser unersetzliche Mitarbeiter grau, Mitte Fünfzig und nähert sich dem unvermeidlichen Burnout. Das, so meint der Herr, könne er sich nicht leisten, außerdem warten auf den Platz des »Alten« ja schon ein Dutzend Jungesel, die viel billiger zu haben sind. Den alten Esel müsse er dafür »aus dem Futter nehmen«, also aus der »Gehaltslandschaft«. Nächstes Quartal kriegt er den blauen Brief ...

So weit, so allgemein üblich.

Was zählen alte Verdienste, große Erfahrung und Loyalität, wenn die Knochen oder die Nerven oder beides langsam kaputtgehen. Mitte Fünfzig bist du Schrott, wenn du nicht der Herr selbst bist.

Und weil der »alte Esel« aber kein Trottel ist, geht er rechzeitig von selbst. Das rettet immerhin die Reputation für Dr. Graukopf, wie wir ihn weiter nennen werden. Auch wenn er in Bremen nur Stadtmusikant werden will, braucht er doch einen sauberen Lebenslauf und keinen deutlich erkennbaren Karriereknick.

Über den Wunschjob Stadtmusikant zu Bremen ist noch später nachzudenken.

Als er ein Weilchen fortgegangen war, fand er einen Jagdhund auf dem Weg liegen, der jappste nach Luft wie einer, der sich müde gelaufen hat.

»Nun, was jappst du so, Packan?« fragte der Esel.

»Ach«, sagte der Hund, »weil ich alt bin und jeden Tag schwächer werde, auch auf der Jagd nicht mehr fort kann, hat mich mein Herr totschlagen wollen; da hab ich Reißaus genommen; aber womit soll ich nun mein Brot verdienen?«

»Weißt du was?«, sprach der Esel. »Ich gehe nach Bremen und werde dort Stadtmusikant; geh mit und laß dich auch bei der Musik annehmen. Ich spiele die Laute, und du schlägst die Pauken.«

Der Hund war zufrieden, und sie gingen weiter.

Herrn Fangmann, alias Packan, wäre es in seinem Unternehmen fast an den Kragen gegangen. Das heißt, man

Alt, aber gut!

hätte ihn, den über Jahrzehnte verdienten Vertriebsleiter und Außendienstmann, tatsächlich degradiert und in einer fensterlosen Kammer als Fotokopierassistenten mit reduziertem Gehalt weiterbeschäftigt. Betrieblich gesehen: totgeschlagen! Aber der alte Profi, der seinem Unternehmen bis zur Erschöpfung immer reiche und fette Beute in Form von Aufträgen apportiert hat, begriff, daß er sich rechtzeitig absetzen muß. Das gesetzliche Pensionsalter hat er natürlich noch lange nicht erreicht.

Nun sind schon zwei, demnächst aber drei Mittfünfziger auf dem Weg:

Es dauerte nicht lange, so saß da eine Katze am Weg und machte ein Gesicht wie drei Tage Regenwetter.
»Nun, was ist dir in die Quere gekommen, alter Bartputzer?« sprach der Esel.
»Wer kann da lustig sein, wenn's einem an den Kragen geht«, antwortete die Katze. »Weil ich nun zu Jahren komme, meine Zähne stumpf werden und ich lieber hinter dem Ofen sitze und spinne, als nach Mäusen herumjage, hat mich meine Frau ersäufen wollen. Ich habe mich zwar fortgemacht, aber nun ist guter Rat teuer; wo soll ich hin?«
»Geh mit uns nach Bremen; du verstehst dich doch auf die Nachtmusik, da kannst du ein Stadtmusikant werden.«
Die Katze hielt das für gut und ging mit.

Herr Tatzhuber – die Katze im Märchen ist nämlich ein alter Kater – war für seine Unternehmerin ein unersetzlicher Finanzmanager. »Mäuse machen«, das war seine Meisterschaft und sein Element. Aber wenn die Zähne stumpf werden und daher der richtige Biß fehlt, dann kommst du im Elektroniksalat der Weltbanken zu keinem Kurssprung mehr. Schicksal besiegelt – oder Flucht in den freien Arbeitsmarkt. Jetzt gehen drei, bald vier nach Bremen:

Daraufhin kamen die drei Landesflüchtigen an einem Hof vorbei, da saß auf dem Tore der Haushahn und schrie aus Leibeskräften.

»Du schreist einem durch Mark und Bein«, sprach der Esel, »was hast du vor?«

»Da hab' ich gut Wetter prophezeit«, erwiderte der Hahn, »weil Unserer Lieben Frauen Tag ist, wo sie dem Christkindlein die Hemdchen gewaschen hat und sie trocknen will; aber weil morgen zum Sonntag Gäste kommen, so hat die Hausfrau doch kein Erbarmen und hat der Köchin gesagt, sie wolle mich morgen in der Suppe essen, und da soll ich mir heute abend den Kopf abschneiden lassen. Nun schrei' ich aus vollem Hals, solang ich noch kann.«

Schau an – Magister Morgenruf, der gealterte Leiter der Schreibpools und Chef der Büroorganisation sowie des Personalwesens am »Hühnerhof« seines Unternehmens, hat bereits aufgegeben! Das ist oft zu beobachten: Bevor ein leitender Mitarbeiter den Kopf verliert, den Job verlieren soll, beginnt er noch aus Leibeskräften zu flattern und als Krakeeler aufzufallen. Als würde das die Karriere retten. In unserem Märchen – unserer Fallstudie für reife Semester im Management – sind Gott sei Dank drei Besonnene zugange und zu Rate.

»Ei was, du Rotkopf«, sagte der Esel, »zieh lieber mit uns fort; wir gehen nach Bremen. Etwas Besseres als den Tod findest du überall; du hast eine gute Stimme, und wenn wir zusammen musizieren, so muß es eine Art haben.«

Der Hahn ließ sich den Vorschlag gefallen, und sie gingen alle vier zusammen fort.

Was hat es nun mit diesem merkwürdigen Berufsziel an sich? Stadtmusikant in Bremen klingt für unsere Ohren etwas ungewohnt. Wir denken nur zu schnell an Althippies, verstaubte Achtundsechziger oder antike Folkniks, die, mit Westerngitarren, Mundharmonikas, Tamburins oder einem scheppernden Banjo bewaffnet, Fußgängerzonen, Bahnhofsplätze, U-Bahn-Stationen mit ihren Oldies oder anderen Balladen unsicher machen. Diese Vergleichsbilder sind für unsere vier Senioren nicht zutreffend.

Die Stadt Bremen wird hier konkret als auch symbolisch zum Idealort freien Unternehmertums und weltweiter Geschäftsverbindungen erklärt. Bremen, an der Unterweser vor dem Mündungstrichter zur Nordsee gelegen, ist Deutschlands zweitwichtigster Seehafen. Schon 787 n. Chr. wurde Bremen Bistum, 1260 Mitglied der mächtigen Hanse. 1646 zur freien Reichsstadt erhoben und 1815 als freie Hansestadt in den Deutschen Bund eingegliedert, ist Bremen eine prächtige und mächtige Metropole. Als Einfuhrhafen für Getreide, Baumwolle und Wolle, Tabak und Kaffee ist Bremen reich geworden, und seine prächtigen Bauten aus Gotik und Renaissance beweisen dies bis heute, obwohl es im letzten Weltkrieg schwer getroffen wurde. 115 Kilometer oberhalb des Leuchtturms »Roter Sand« in der Wesermündung zur Nordsee liegt also das Paradies für tüchtige Männer. Für Kaufleute, Schiffskapitäne, Bankiers und Musikanten. Letztere sind keine Strotter oder ausgeflippte Nostalgiker, sondern angesehene Stadtbedienstete mit vollem Pensionsanspruch. Man bedenke die zahllosen Feiern und Feste, die vielen Anlässe für Kirchen- und Tafelmusik, die repräsentativen öffentlichen Events und vor allem die häufigen Schiffsein- und -ausfahrten, die, den Sitten der christlichen Seefahrt entsprechend, immer mit Begrüßungs- und Abschiedsmusik vonstatten gehen müssen. Da hat ein gestandener Musiker nicht nur sein Brot, sondern auch sein Ansehen und alle Saiten, Tröten, Flöten und Pauken zu tun.

Die erste geschichtliche Erwähnung der Bremer Stadtmusik stammt aus dem Jahr 1234 (sic!). Die Stadtchronik erwähnt einen »Haufen Musici«, der beim Stapellauf der Kogge »Umpfmurg« einen gewaltigen Lärm verursacht hätte. Tage später kam diese nicht näher beschriebene Instrumentalband wieder zu einem Auftritt. Nämlich bei der öffentlichen Hinrichtung des Schiffsbaumeisters Diffrid Sinkloth. Dem wurde nämlich die Schuld dafür gegeben, daß die vorhin erwähnte Kogge noch im Hafenbecken absoff. Der hatte sich auszureden versucht, daß die Musiker schuld seien. Denn bei deren »Tuten und Blasen« würden sich, so der wackere Zimmermann, ja alle Balken und Planken hemmungslos biegen. Der Richter, der Legende nach stocktaub, hatte kein Einsehen. Sinkloth wurde am Stadtplatz gehängt, und die Bremer Stadtmusikanten spielten für ihn ein feierliches Ave-Maria, nach dem die Stadtpfarrkirche neu gedeckt werden mußte. Die Stadtchronik vermerkt, daß die musikalische Leitung der Bremer Stadtmusikanten während der folgenden zwei Jahre vom Scharfrichter, dem Freimann Zugbert Würgmayr, ausgeübt wurde. Ihm folgte dann der anerkannte Organist und Dommusikus Dünne Vollpfiff.

Darüber hinaus gibt es heutzutage ungeahnte Chancen für Bremer Stadtmusiker. Denn auslaufende Überseedampfer – oder waren es früher Viermaster? – brauchen für ihre Passagiere auch eine angemessene Bordunterhaltung, ein solides Salonorchester. Der Fall Titanic hat nachdrücklich bewiesen, wie wichtig eine solche Einrichtung sogar beim Sinken des Kahns ist. Wenn der Seelenverkäufer aber nicht absäuft, sondern New York, Valparaiso oder Shanghai tatsächlich erreicht, bieten sich für die Bordkapelle Gastspiel- und Tourneechancen samt internationalem Kulturaustausch und Teilnahme beim Musikantenstadl sowie in der ganzen Welt an. Also ist das im Märchen

Alt, aber gut!

so locker zitierte Altersversorgungsziel in Wahrheit ein zweiter Start in eine steile Topkarriere!

Aber bis Bremen ist es noch ein Stück des Wegs.

Sie konnten aber die Stadt Bremen in einem Tage nicht erreichen und kamen abends in einen Wald, wo sie übernachten wollten. Der Esel und der Hund legten sich unter einen großen Baum, die Katze und der Hahn machten sich in die Äste, der Hahn aber flog bis in die Spitze, wo es am sichersten für ihn war. Ehe er einschlief, sah er sich noch einmal nach allen vier Windrichtungen um. Da schien ihm, er sähe in der Ferne ein Fünkchen brennen, und rief seinen Gesellen zu, es müsse nicht gar weit ein Haus sein, denn es scheine ein Licht.

Sprach der Esel: »So müssen wir uns aufmachen und hingehen, denn hier ist die Herberge schlecht.« Der Hund meinte, ein paar Knochen und etwas Fleisch dran täten ihm auch gut.

Also machten sie sich auf den Weg nach der Gegend, wo das Licht war, und sahen es bald heller schimmern, und es wurde immer größer, bis sie vor ein hell erleuchtetes Räuberhaus kamen. Der Esel, als der Größte, näherte sich dem Fenster und schaute hinein. »Was siehst du, Grauschimmel?« fragte der Hahn. »Was ich sehe?« antwortete der Esel. »Einen gedeckten Tisch mit gutem Essen und Trinken, und Räuber sitzen daran und lassen sich's wohl sein.«– »Das wäre war für uns!« sprach der Hahn. »Jaja, ach, nun wären wir da!« sagte der Esel.

Da berieten die Tiere, wie sie es anfangen müßten, um die Räuber hinauszujagen, und fanden endlich ein Mittel.

Die vier befinden sich mitten in der Planung einer sogenannten »feindlichen Übernahme« eines Unternehmens. Wald und Räuberhaus sind archaische Symbole oder ge-

— 93 —

schickte moderne Tarnbezeichnungen für wirtschaftliche Begriffe. Der dunkle Wald bietet Schutz vor Wind und Wetter, aber auch vor allzu neugierigen Blicken. Anders als das Feld ist er der richtige Ort für Scheinfirmen und »schattige« Geschäfte. Daß es in einem »Räuberhaus« wohlbestallt ist, wundert keinen Wirtschaftsexperten, ohne daß man an eine Filiale der Mafia denken muß. Aber eine Geldwäscherei haben wir zweifellos vor uns. Ob es eine Zentrale ist oder nur eine Filiale zur Umleitung von Schwarzgeldern aus dem Bezirk Bremen und Umgebung, läßt sich anhand der Erzählung kriminologisch nicht genau feststellen. Jedenfalls haben die Räuber bestimmt keine Schlapphüte auf, verfilzte Bärte im Gesicht oder das sogenannte wind- und wettergegerbte Räuberzivil am Leib, sondern es sind sicherlich smarte Boys im Nadelstreif. Offensichtlich werden gerade die Martinis gereicht.

Was unsere vier Freunde betrifft, so zeigt vom ersten Ansatz, vom Beginn des Miteinanderwanderns, die Geschichte in geradezu klassischer Form die Synergie, das sich ergänzende Zusammenwirken der vier Kollegen. Alle ihre Aktionen, seien sie scheinbar Zufall oder wie ab nun geplant, sind so, daß die vier unterschiedlichen Personalprofile aufeinander optimiert sind. So mustergültig, wie es eben nur altgediente Führungs- und Fachkräfte kraft ihrer Erfahrung können.

Der Esel mußte sich mit den Vorderfüßen auf das Fenster stellen; der Hund auf des Esels Rücken springen, die Katze auf den Hund klettern, und endlich flog der Hahn hinauf und setzte sich der Katze auf den Kopf. Wie das geschehen war, fingen sie auf ein Zeichen insgesamt an, ihre Musik zu machen: der Esel schrie, der Hund bellte, die Katze miaute und der Hahn krähte. Dann stürzten sie durch das Fenster in die Stube hinein, daß die Scheiben klirrten. Die Räuber fuhren bei dem entsetzlichen Geschrei in die Höhe, meinten, ein Gespenst käme herein, und flohen in größter Furcht in den Wald hinaus.

Typisch für Yuppies! Große Klappe in Meetings, cooles Styling, smarte Präpotenz von der Sohle des Designertreters bis unters Haargel, lässig beim Renditescheffeln, aber die Hosen voll bei direkten Konfrontationen!

Nun setzten sich die vier Gesellen an den Tisch, nahmen mit dem vorlieb, was übriggeblieben war, und aßen, als ob sie vier Wochen hungern sollten. Als die vier Spielleute fertig waren, löschten sie das Licht aus und suchten sich eine Schlafstätte, jeder nach seiner Natur und Bequemlichkeit. Der Esel legte sich auf den Mist, der Hund hinter die Tür, die Katze auf den Herd bei der warmen Asche, und der Hahn setzte sich auf den Hühnerbalken. Und weil sie müde waren von ihrem langen Weg, schliefen sie auch bald ein.

Die letzte Passage des Märchens zeigt ein Idealbild von Teamarbeit. Fast ist man geneigt, die Herren Graukopf, Fangmann, Tatzhuber und Morgenruf als neues »Alpha-Team«, wie es aus der TV-Serie bekannt ist, zu bezeichnen. Ihr taktisches und strategisches Vorgehen ist wirtschaftlich vorbildlich. »Jeder nach seiner Natur und Bequemlichkeit«, erzählt uns das Märchen über die Nachtruhe der vier. Tatsächlich ist dies die Verteilung der neuen »Firmenleitung« am Standort der Tarnfirma nach strategischen Gesichtspunkten. Dr. Graukopf hütet das flüssige Kapital – mit der Bezeichnung Mist tarnt man seit alters Gold und Geld. Herr Fangmann kontrolliert auch im Schlaf den Firmenzugang, Herr Tatzhuber behält die Haustechnik unter Kontrolle, und Magister Morgenruf besetzt über dem Unternehmen die visuelle Kontrolle. Sind Aufgaben und Positionen richtig verteilt und besetzt, sind Betriebsmittel und Ressourcen gesichert und bereit, dann kann das Management ruhig schlafen. Trotzdem man bei feindlichen Übernahmen immer mit einem massiven Gegenschlag zu rechnen hat:

Als Mitternacht vorbei war und die Räuber von weitem sahen, daß kein Licht mehr im Haus brannte, auch alles ruhig schien, sprach der Hauptmann: »Wir hätten uns doch nicht sollen ins Bockshorn jagen lassen«, und hieß einen hingehen und das Haus untersuchen.

Der Abgeschickte fand alles still, ging in die Küche, ein Licht anzuzünden, und weil er die glühenden, feurigen Augen der Katze für glühende Kohlen ansah, hielt er ein Schwefelhölzchen daran, daß es Feuer fangen sollte. Aber die Katze verstand keinen Spaß, sprang ihm ins Gesicht, spie und kratzte. Da erschrak er gewaltig, lief und wollte zur Haustür hinaus, aber der Hund, der da lag, sprang auf und biß ihn ins Bein; und als er über den Hof am Mist vorbeirannte, gab ihm noch der Esel einen tüchtigen Schlag mit dem Hinterfuß; der Hahn aber, der vom Lärmen aus dem Schlaf geweckt und munter geworden war, rief vom Balken herab: »Kikeriki!«

Zuviel versprochen?

Die Abwehr des feindlichen Invasionsversuchs erfolgt schnell und wirkungsvoll. Und wie gleich weiterzulesen ist, hinterlassen solche hocheffizienten Aktionen bei Gegner und Mitbewerbern Eindrücke, die übersteigert werden. Ein bekanntes Phänomen auf allen Börsenplätzen, in Topetagen und Vorstandsbüros: Stör- oder Mißerfolgsmeldungen werden zuerst einmal hochgekocht und überhitzt bewertet.

Da lief der Räuber, was er konnte, zu seinem Hauptmann zurück und sprach: »Ach, in dem Haus sitzt eine greuliche Hexe, die hat mich angehaucht und mit ihren langen Fingern mir das Gesicht zerkratzt. Und vor der Türe steht ein Mann mit einem Messer, der hat mich ins Bein gestochen, und auf dem Hof liegt ein schwarzes Ungetüm, das hat mit einer Holzkeule auf mich losgeschlagen; und oben auf dem Dach, da sitzt der Richter, der rief: »Bringt mir den Schelm her!« Da machte ich, daß ich fortkam.

Von nun an getrauten sich die Räuber nicht weiter ins Haus; den vier Bremer Stadtmusikanten gefiel's aber so wohl darin, daß sie nicht wieder hinauswollten.

Warum denn auch? Die Karriere als Stadtmusikanten hätte sie vielleicht zu neuem Wohlstand, vielleicht auch zu internationaler Berühmtheit als »Golden Boys« oder »Seniorswingers« geführt. Die schnelle und entschlossene Übernahme der dubiosen Firma inmitten des Wirtschaftsdschungels bietet ihnen mit ihren jahrzehntelangen Erfahrungen und dem angestauten Know-how größere Chancen. Es steht zu vermuten – eigentlich ist es so gut wie sicher! –, daß die vier Seniorbosse aus der vergammelten Zweigstelle ein reputierliches Unternehmen »hochfahren« werden. Denn so perfekt, wie sie bisher kooperiert haben, so werden sie ihre Synergien in der Graumann&Tatzruf GmbH & Co. KG wohl auch weiterhin ausschöpfen.

Zusammenfassung der wichtigsten

Merksätze und Lernfelder

für reifere Semester und Führungskräfte
ab 45 sowie alle, die das noch werden wollen

- **Planen Sie rechtzeitig Ihre zweite Karriere!**

Wer so an die 20 Jährchen im Unternehmen, der Organisation, Kirche, Partei etc. brav geackert hat und Stufe für Stufe die Hühnerleiter namens Karriere hochgeklettert ist, der neigt zur Ansicht: »Ohne mich könnten die gar nicht!« Irrtum, ab 45 wird man zunehmend »verzichtbar«.

Das hängt mit vielerlei Gegebenheiten zusammen. Von unten drängen die »dynamischen Jungakademiker« nach, die Organisationsstrukturen wurden in der Zwischenzeit »verflacht« und allen MitarbeiterInnen damit ein niedriger Plafond eingezogen. Von unten Druck, nach oben Stau, und der unternehmerische Rechenstift sagt, daß der oder die »Alte« auch schon zu teuer geworden ist. Wie man Sie nun loswerden will und los wird, ist eine reine Stilfrage.

Sich darauf vorzubereiten ist eine Aufgabe, die man am besten mit 35 beginnt. Wobei alle weiteren Überlegungen obsolet erscheinen, wenn Ihnen der Laden gehört. Aber gerade da ist Vorsicht geboten, denn die Mitbewerber am Markt werden alles versuchen, Sie »alt aussehen« zu lassen.

- **Testen Sie rechtzeitig Ihre ungenutzten Fähigkeiten!**

Spätestens in der Mitte der Dreißiger sollten Sie sich kritisch fragen oder fachlich beraten lassen, was Sie alles für Talente und Fähigkeiten brachliegen lassen beziehungsweise was

Sie NOCH NICHT können. Sie entdecken dabei bestimmt tolle Chancen und spannende Lernfelder. In unserem Märchen ist Dr. Graukopf offensichtlich ein geübter Lautenspieler, Herr Fangmann ein begabter Rhythmiker und daher Schlagzeuger, Herr Tatzmann als Nachtmusiker Spezialist für Mozart, und Mag. Morgenruf hat eine ausgebildete Tenorstimme. Das bietet ihnen Zukunftsaspekte.

Was können Sie? Taschenspielertricks, Seiltanzen, Feuerschlucken, Messerwerfen? Bitte ausbauen und trainieren! Wenn man Sie feuert oder feuern will, können Sie immer noch zum Varieté gehen.

Früher pflegten Menschen solche oder weniger exotische Hobbys als Freizeitvergnügen und zum Ausgleich von beruflichem Streß. Heute, so wissen Psycholog(en)/-innen, Soziolog(en)/-innen und Arbeitsmarktberater/-innen, sind diese nebenberuflichen »freien Künste« tatsächlich die Chance für einen erfüllten zweiten Berufsweg. Es ist bekannt, daß aus »ausgebrannten« Chirurgen Kabarettisten und aus »ausgewählten« Politikern Clowns oder Taschenspieler werden. Die Ausbildung zur zweiten Karriere muß aber nicht wie in den letztgenannten Beispielen eine logische Weiterentwicklung des ehemaligen Hauptberufs sein. Es kann auch das provokante Gegenteil passen. So soll aus einem gescheiterten Fischgroßhändler ein hochangesehener Bademeister einer öffentlichen Schwimmanstalt geworden sein. Ein gelungener Jobwechsel!

Wenn es Ihnen aber gelingt, den Laden rechtzeitig zu kaufen (Managementbuyout!), dann haben Sie selbstverständlich Narrenfreiheit. Dann können Sie auch Vorstandsdirektor werden.

- **Leisten Sie sich keine Hobbys!**

Steckenpferde und Hobbys, eine Erfindung gelangweilter reicher Adliger, die nichts mit ihrer Zeit anzufangen wußten, sind im letzten Jahrhundert zu einer gigantischen Wirtschaftssparte geworden. Und ein Millionenheer werktätiger Sklaven entspannt sich in der »Freizeit« mit allerlei Kram und schöngeistigen Nebensächlichkeiten: Teppichknüpfen, Bauernmalerei, Bauchtanz, Schnitzkunst, Poesie, Stricken, Sticken, Laubsägearbeiten usw. Vom Schiffsmodellbau und den Modelleisenbahnen gar nicht zu reden. Die guten alten wertschöpfenden Sammlerhobbys – Briefmarken, Münzen, Fayencen, Nippes, Zinnsoldaten etc. – scheinen etwas aus der Mode gekommen zu sein, haben aber ihren Hintergrundswert nach wie vor: Solche Sammlungen können mit ihren Millionenwerten durch Verkauf, Versteigerung oder Verpfändung hervorragend zur Altersversorgung verwendet werden. Alles andere vorgenannte hat aber außer Kosten und Spesen keinen Wert, wenn es nur als L'art pour l'art betrieben wird. Verlorene Zeit, verschenktes Geld.

Viel wichtiger für die Alterskarriere ist das rechtzeitige Erlernen eines konkreten Zweitberufs. Selbstverständlich zuerst als Hobby getarnt. So wurden aus hohen Funktionären staatstragender Parteien, die sich »hobbymäßig« einen Bauernhof fürs Weekend leisteten, in der zweiten Karriere erfolgreiche Schafzüchter. Natürlich haben sie das Schafscheren schon im Erstberuf erlernt. Aus Spitzenbeamten im geheimen Polizeidienst, aus biederen Revierinspektoren wurden erfolgreiche Schriftsteller, sogar Verleger. Aus Bankdirektoren Goldschmiede, und ein österreichischer Spitzenmanager und Exminister, der heute Aufsichtsratspräsident in jedem dritten Großunternehmen ist, liebäugelt schon längst damit, als Dirigent und Chorleiter seine immerhin dritte Karriere zu beginnen. Bis jetzt bekam der gute Mann – fast ein Epigone unserer Bremer Stadtmusikanten! – seine Chance nur bei karitativen Anlässen. Sein tatsächliches musikalisches Können würde aber genügen, um in

Wien, Berlin, London oder Paris ein renommiertes Orchester zu übernehmen und den Titel Präsident mit dem eines Maestros zu tauschen.

Solche Vorbilder machen Sinn.

Leisten Sie sich also kein Hobby zum Vergnügen, sondern gönnen Sie sich eine profunde nebenberufliche Zweitausbildung. Achten Sie dabei auf die Zukunftsträchtigkeit Ihres Zweitberufs. Malerei, Fotografie, Schriftstellerei, Mitgliedschaft im Europaparlament, solche zweiten Karrieren haben zumeist schon gealterte Filmdivas, stimmverlustige Opernsänger oder halbinvalide Extrembergsteiger gepachtet. Große Mangelware besteht aber bei Schreinern, Hafnern, Hufschmieden, Klempnern und Augenärzten. Zugegeben, etwas aufwändige Nebenausbildungen, aber dafür sind sie krisenfest.

Besonders vernünftig ist es, sich schon frühzeitig nebenberuflich zum Millionär ausbilden zu lassen. Dafür gibt es neuerdings sogar selbsternannte Finanzgurus und Spezialseminare. Ohne etwas zu bewerten, sei doch vor einer Meute von gierigen Anlageberatern und anderen Hyänen gewarnt, deren Ratschläge nur dazu dienen, sich selbst zu bereichern. Aber wenn Sie es schaffen, sich heimlich mit Termingeschäften in Schweinebäuchen, Sojabohnen oder Himbeersaft etliche Millionen auf die hohe Kante zu schaufeln, könnten Sie, wenn Sie die Firma abschießt, aus Rache den ganzen Laden kaufen (siehe oben!) und sich jetzt an allen Mieslingen im Verein grausam rächen.

Mein Gott, wie dumm wären Sie da. In so einem Fall lassen Sie den Haufen links liegen und vertschüssen sich mit sicheren Konten in die Karibik oder wo es Ihnen sonst gefällt. Dann können Sie sogar talentlos ein berühmter Maler werden oder CDs besingen. Eine viel schrecklichere Rache.

- **Synergie will gelernt sein – bauen Sie »private Networks«!**

Synergie ist das in den letzten Jahren wohl meistmalträtierte Wort in Wirtschaft und Politik. Als Überbegriff und Argumentationskeule wird es überall dort eingesetzt, wo es zu Bankfusionen, Firmenzusammenschlüssen, internen Organisationsstraffungen und Reorganisationen, also kurz gesagt zu Personalabbau kommt. Aber was sollte Synergie eigentlich bedeuten?

Am Beispiel der Bremer Stadtmusikanten läßt sich dies »mathematisch« definieren. Vier mal eins ist nach Rechenmeister Adam Riese bekanntlich vier. Synergie behauptet und beweist, daß vier mal eins mindestens fünf ist. Esel, Hund, Kater und Hahn sind jeder für sich wenig wert und in der Summe eben wenig mal vier. Durch ihre ideale Zusammenarbeit, durch die Ergänzung ihrer individuellen Fähigkeiten und Stärken ergibt sich aber eine Gesamtperformance, die die reine Summenleistung der vier weit übersteigt. Am Fenster des Räuberhauses erscheinen sie übereinandergestellt als unbesiegbares Monster. Bei der Abwehr des Gegenangriffs als unschlagbare Armee.

In Seminaren und in Lehrbüchern erfahren junge Menschen in der Wirtschaft von den Segnungen der Kooperation, des Teamgeists, des Teammanagements. Das führte in den letzten Jahren zur seuchenartig sich verbreitenden »Teamlüge«. Kaum sperrt man nämlich drei bis acht zusammengewürfelte Menschen in einen Bürokäfig, behaupten diese schon von sich, sie seien ein Team, und abgefeimte Personalisten hängen diesen dann auch ein dementsprechendes Schildchen an die Türe. Alle sind's zufrieden, aber von einem Team könnte erst in Monaten gesprochen werden. Wenn diese Gruppe von Menschen überhaupt eine Chance bekommt, sich zu einem solchen zu entwickeln.

Die beste und kürzeste Beschreibung eines idealen Teams findet sich – wie sollte es anders sein? – in der Literatur. Bei den »Drei Musketieren«, die am Schluß ja vier sind, was zahlenmäßig kein Zufall sein kann. Das Motto, das Alexandre Dumas seinen Helden in den Mund legt, lautet: »Einer für alle, alle für einen!« Erst wenn eine Gruppe von Menschen sich und einander in dieser Qualität versteht und nach diesem Satz kooperiert, haben wir wirklich ein Team vor uns.

Die synergetisch produktive Teambildung funktioniert in der Wirtschaft weit besser, wenn sich Menschen zu »privaten Networks« zusammenschließen. Das ist inoffiziell, übergreift Abteilungen, Organisationen und ganze Unternehmensgruppen. Es ist sehr zu empfehlen, rechtzeitig eine Handvoll Verbündeter, eventuell sogar Gleichgesinnter zu gewinnen beziehungsweise sich diesen anzuschließen. Das riecht jetzt nach Verschwörung, nach Geheimbündelei, Freimaurerei, Kartellverband, Opus Dei, Schlaraffia, Scientology etc.

Nicht doch! Eine Handvoll guter Freunde oder Freundinnen, verteilt auf Schaltstellen und Ebenen in und um Ihr Unternehmen, können wertvollste Synergie leisten. Auf informeller, strategischer und funktioneller Ebene. Dabei muß man einander gar nicht regelmäßig sehen. Richtig, früher nannte man dies »Seilschaften«, und der alpinistische Vergleich für eine Gruppe von Menschen, die einander unterstützend zum Gipfel streben, ist durchaus angebracht. Auch das Wort Clique wurde abschätzend und abschätzig in »besseren Kreisen« dafür verwendet. Ein prominenter Gesellschaftstiger definierte das Wort Clique einmal so: »Eine Clique ist etwas, wo man – leider – nicht drinnen ist.« Also, sehen Sie sich rechtzeitig nach für Sie geeigneten um.

»Grabe einen Brunnen, *bevor* du durstig bist«, sagt ein Sprichwort der Beduinen. »Gehe auf die Jagd, *bevor* dir der Magen knurrt«, sagt ein Sprichwort der Crow-Indianer. »Schaffe dir Freunde, *bevor* du ihre Hilfe brauchst«, sagt

Dale Carnegie. Synergie ist entgegen der Meinung von Bankdirektoren nicht käuflich. Aber sie ist machbar. Wenn man rechtzeitig die richtigen Partner gewinnt. Dann kann vier mal eins durchaus sechs sein.

- **Bären gegen Bullen – altes Eisen gegen junges Blech!**

Die tröstliche, ungeheuer wahre Botschaft der Bremer Stadtmusikanten steckt im liebevoll gepflegten Detail. Daß nämlich vier abgehalfterte Senioren de facto stärker sind als ein knappes Dutzend Finanzyuppies. Wenn auch derzeit die Diktatur der Dreißigjährigen ausgebrochen ist, gibt es dennoch für Menschen über 45 eine Chance. Denn die Jungtürken bringen zwar eindrucksvolle Merkmale mit: coole Sprüche, große Klappe und eine präpotente Keßheit, die aus dem Mangel realer Erfahrungen genährt wird.

Doch gestandene Oldies könnten mit ihrem Know-how den flotten Buddies jederzeit die Luft auslassen. Nur trauen sich jene das nicht. Vor lauter Zittern um den eigenen Job halten die »alten Bären« die »jungen Bullen« doch tatsächlich für tüchtig.

Hier ist Klagen und Jammern und das ständige Umschauen nach taktischen Verteidigungsstellungen durch offensiven Gegenangriff zu ersetzen. Irgendwann wird es auch das System, der marktorientierte und postmoderne Spätkapitalismus, begreifen, daß Schlachten mit alten Haudegen gewonnen werden und nicht mit großkotzigen Kadetten.

Halten Sie noch etwas durch, aber gründen Sie doch rechtzeitig Ihre eigene Firma!

- **Checken Sie regelmäßig Ihren Marktwert!**

Sie sind 35, gesettelt und sehen eine gute Karriere vor sich? Jeden Tag klopft Ihnen der Boß tatsächlich oder moralisch auf die Schulter und meint: »Wenn wir Sie nicht hätten, wüßten wir gar nicht, was wir tun sollten.« Na dann, toi, toi, toi!

Klug ist es, sich ab diesem Zeitpunkt nach einem neuen, natürlich besseren Job, um eine höhere Position umzuschauen. Nicht im eigenen Haus, sondern am gehobenen Arbeitsmarkt. Schauen Sie sich doch die Stellenausschreibungen in den Gazetten an. Leisten Sie sich sozusagen zum Spaß die eine oder andere Bewerbung. Besonders bei Angeboten, von denen Sie meinen, Sie könnten sie noch gar nicht bekommen.

Diskretion ist natürlich Hauptsache – Ihr eigenes Haus darf nichts erfahren, sonst gibt es Ärger. Es soll allerdings schon Fälle gegeben haben, wo solche Testbewerbungen bei der eigenen Firma erfolgten. Mit falschem Bart, geändertem Namen, gezinktem Lebenslauf, aber sonst gleichwertigen Daten. Gerüchten zufolge hat in einem Fall eine solche Bewerbung dazu geführt, daß der »Tester« sein eigener Nachfolger wurde. Er lebt seither mit gefälschten Papieren in einer Vorstandsetage.

Sie brauchen sich nicht davor zu schrecken, plötzlich wirklich Chef in einem anderen Unternehmen zu werden. In einem solchen Fall können Sie in aller Gelassenheit abwiegen. In jedem Fall zeigen Ihnen aber die Erfahrungen, vor allem die Absagen aus den »Testbewerbungen«, wie Sie am Arbeitsmarkt stehen. Dafür verliert man nämlich andernfalls sehr schnell die reale Einschätzung. Und sollten Sie merken, daß Sie karrieremäßig in eine Sackgasse steuern oder gesteuert werden, dann können Sie – siehe oben! – entsprechende Gegenmaßnahmen setzen.

- **»Altern« Sie rechtzeitig!**

Die Jugend, so heißt es ironisch, sei viel zu kostbar, um an junge Menschen verschwendet zu werden. Solche Altersweisheiten von schöngeistigen Literaten können uns aber nicht bedrücken. Das Alter ist nämlich viel zu wichtig, um nicht rechtzeitig angepackt zu werden. Versicherungen und andere Vorsorgeinstitute erinnern uns mit hundsgemeinen und das schlechte Gewissen voll mobilisierenden Werbungen ohnehin tagtäglich daran. Klar, unsere Lebenserwartung ist erfreulich gestiegen, unsere Berufskarriere könnte hoch in den Himmel reichen. Hätten die Landschaftsgärtner der Wirtschaft nicht schon längst alle Kletterbäume beschnitten. Daher ist ein guter »Leiterbau« schon in den aktiven Jugendjahren nötig. Sonst müßten Sie im letzten Moment, wo man Sie aus dem Futter nimmt oder karrieremäßig sonstwie erledigen will, überlegen, ob Sie in Bremen Stadtmusikant werden könnten. Einmal hat es – so unser Märchen – geklappt. Aber wetten, daß Bremen heutzutage von Stadtmusikanten nur so überquillt?

MUTTERHAUS UND TOCHTERFIRMA

oder

*Das Übel des falschen Delegierens
am Beispiel des Märchens vom »Schneewittchen«*

Das Märchen vom Schneewittchen, in der alten Schreibweise noch Snewittchen, gehört zu den grausameren in der Grimmschen Sammlung. Schon deshalb verdient es unsere besondere Aufmerksamkeit, denn das Berufsleben ist ja auch keine ständige Revue von Friede, Freude, Eierkuchen. Selbstverständlich ist schon vom modernen Strafrecht her der Einsatz von gedungenen Killern, Giften aller Art und subversiven Geheimdiensten heutzutage tabuisiert. Zumindest in unseren Breiten und in den meisten Branchen! Es gebietet sich trotzdem, das Märchen kritisch und lernend zu betrachten, denn es ist eine klassische Auseinandersetzung zwischen einem Mutterhaus und einer durch Fehlentscheidungen und falsches operatives Vorgehen erst richtig geförderten Tochterfirma. Königshäuser in den grimmschen Märchenzeiten waren wirtschaftlich gesehen feudale Agrarbetriebe. Hier ist zu lesen, wie sich ein kleiner, aber elitärer Bergbaubetrieb, also die Keimzelle der Industrie, letztendlich doch durchzusetzen weiß. Und nun hinein ins blutige Vergnügen:

Es war einmal mitten im Winter, und die Schneeflocken fielen wie Federn vom Himmel herab, da saß eine Königin an einem Fenster, das einen Rahmen von schwarzem Ebenholz hatte, und nähte.

Grimms Märchen für Manager

Kurzeinwurf: Die Behauptung vom ländlichen Agrarbetrieb findet hier die erste Bestätigung. Eine Königin die näht, deutet auf recht bescheidene Strukturen oder darauf, daß Frau Königin langweilig ist hin. Typisch für bäuerliche Betriebe im Winter, wo das Mannvolk im Wald beim Holzmachen ist. Wahrscheinlich schwingt dort seine Majestät der König höchstpersönlich die Axt.

Und wie sie so nähte und nach dem Schnee aufblickte, stach sie sich mit der Nadel in den Finger, und es fielen drei Tropfen Blut in den Schnee. Und weil das Rote im weißen Schnee so schön aussah, dachte sie bei sich: »Hätt' ich ein Kind so weiß wie Schnee, so rot wie Blut und so schwarz wie das Holz an dem Rahmen!« Bald darauf bekam sie ein Töchterlein, das war so weiß wie Schnee, so rot wie Blut und so schwarzhaarig wie Ebenholz und wurde darum das Schneewittchen genannt. Und wie das Kind geboren war, starb die Königin.

Das ist eine Exposition, eine Vorgeschichte, die so viel Erklärungsbedarf hat, daß es besser ist, auf diesen zu verzichten. Irgendwo ist auch noch ein böser Code hineinchiffriert, denn es ist nicht zu vergessen, daß die Kombination von Weiß, Rot und Schwarz immerhin die deutsche Kriegsflagge ist. Aber vielleicht ist das nur Zufall? Obwohl es doch in Märchen bekanntlich keine Zufälle gibt ...

Über ein Jahr nahm sich der König eine andere Gemahlin. Es war eine schöne Frau, aber sie war stolz und übermütig und konnte nicht leiden, daß sie an Schönheit von jemand übertroffen werden sollte. Sie hatte einen wunderbaren Spiegel; wenn sie vor den trat und sich darin beschaute, sprach sie:
»Spieglein, Spieglein an der Wand,
Wer ist die Schönste im ganzen Land?«

und der Spiegel antwortete:
»Frau Königin, Ihr seid die Schönste im Land.«
Da war sie zufrieden, denn sie wußte, daß der Spiegel die Wahrheit sagte.

Es wäre zu billig zu behaupten, hinter dem antwortenden Zauberspiegel stecke »Der Spiegel« mit regelmäßigen Meinungsumfragen. Das würde keiner historischen Analyse standhalten. Andererseits sind Spiegel in der Welt der Sagen und der Märchen immer schon höchst merkwürdige Geräte gewesen. Auch als Waffen waren – und sind? – sie brauchbar. Perseus tötet bekanntlich die Gorgonin mit einem spiegelnden Schild, wodurch sich die Schlangenhäuptige mit ihrem Blick selbst versteinert. Dasselbe geschieht in den mannigfaltigen Sagen von den Basilisken, die in Brunnen hocken und allerlei Unheil anrichten. Die Wiener Version erzählt ebenfalls von einem mutigen Burschen, hierorts Bäckergeselle, der den Basilisken mit einem Spiegel zum Platzen bringt. Der Spiegel als Informationswaffe ist aus dem Don Quichotte des Cervantes bekannt. Denn der Ritter mit dem Spiegel ist derjenige, der den Mann von La Mancha von seiner wirklichen Identität überzeugt und aus allen Wolken des Rittertums stürzen läßt. Die Wahrheit eines Spiegels kann also eine tödliche Waffe sein. Oder die totale Täuschung, wenn wir an den Knaben Narziß denken, der sich in sein eigenes Spiegelbild im Wasser verliebt. Vieles von diesen alten Geschichten erledigen heutzutage die Medien für uns, womit »Der Spiegel« auch nicht zufällig so heißt.

Auch heutige, angeblich moderne Menschen erleben jeden Morgen beim Rasieren oder anderen Restaurationsarbeiten ihr ganz persönliches Spiegelerlebnis. Was einem oder einer da entgegenguckt, ist auch manchmal eine erschütternde Wahrheit, die man/frau sich nicht so einfach

»hinter den Spiegel steckt«. Aus welcher Ecke auch immer wir den Spiegel von Schneewittchens Stiefmutter betrachten mögen, wird es doch wahrscheinlich nichts anderes sein als ihre eigene innere Stimme, die laut wird, wenn sie sich prüfend im Wandspiegel betrachtet. Wer lange genug im Busineß und Management mit Umfragen, Erhebungen und Marktforschung Erfahrungen gesammelt hat, der weiß, daß diese modernen »sprechenden Spiegel« keine anderen Antworten bringen als die, die man insgeheim im Inneren schon kennt. Aber nicht zuzugeben bereit ist. Schließlich wird die neue Königin – Seine Majestät scheint sich nach dem Trauerjahr offensichtlich mit einer Ex-Miß versorgt zu haben – einen geradezu überkritischen Blick auf ihre Umgebung und sich selbst gehabt und die Schönheitsfrage jederzeit selbst kompetent beantwortet haben. Wie sie auch genau wußte, woher ihr Konkurrenz nachwuchs.

Schneewittchen aber wuchs heran und wurde immer schöner, und als es sieben Jahre alt war, war es so schön wie der klare Tag und schöner als die Königin selbst. Als diese einmal ihren Spiegel fragte:
»Spieglein, Spieglein an der Wand,
Wer ist die Schönste im Land?«
antwortete er:
»Frau Königin, Ihr seid die Schönste hier,
Aber Schneewittchen ist tausendmal schöner als Ihr.«

Die Antwort des Spiegels ist so verblödet, besser gesagt diplomatisch, daß man wirklich den Verdacht haben kann, sie stamme von einem beauftragten Meinungsforschungsinstitut. Entweder ist die eine oder die andere schöner, und was heißt »hier«? Weilt Schneewittchen gerade im kommunalen Kindergarten? Aber wie immer, es wirkt schon …

Da erschrak die Königin und wurde gelb und grün vor Neid. Von nun an, wenn sie Schneewittchen erblickte, kehrte sich ihr das Herz im Leibe um, so haßte sie das Mädchen. Und der Neid und der Hochmut wuchsen wie ein Unkraut in ihrem Herzen immer höher, daß sie Tag und Nacht keine Ruhe mehr hatte. Da rief sie einen Jäger und sprach: »Bring das Kind hinaus in den Wald, ich will's nicht mehr vor meinen Augen sehen. Du sollst es töten und mir Lunge und Leber zum Wahrzeichen mitbringen.«

Klingt alles irgendwie nach Hollywood: Alternde Diva verfolgt nachreifenden Kinderstar mit Mordplänen. So weit, so menschlich. Wobei sich zuerst einmal einige Fragen aufwerfen und zweitens auch schon die strategische Weiche zum Scheitern und zur Katastrophe für die arme Königin gestellt ist.

Wie stellt sie sich vor, das Kind umzubringen, besser gesagt verschwinden zu lassen, ohne daß der Ehemann, König und leibliche Vater der Prinzessin sauer wird? Aber vielleicht weilt der Chef gerade wieder auswärts bei Kriegen, Raub- oder Kreuzzügen und hat die Führung des Hofes und des Landes seiner Frau überlassen. Man kennt das von erfolgreichen Außendienstlern und anderen Globalplayers in Management, Politik und sonst noch wo. Haus und Hof überläßt man gerne der besseren Hälfte, deren Berichte man kurz vor dem Einschlafen nur mehr nebenbei hört.

»Ach, Schneewittchen verschwunden, na so was, wird wohl auswärts übernachten ...«

Die nächste Frage stellt sich nach dem »Jäger«. Wieso nimmt der so einen Befehl entgegen? Da muß doch irgend etwas laufen zwischen den beiden, daß sich ein einfacher Forstmann zu so einer Missetat breitschlagen läßt. Hinter dem Begriff Jäger könnte natürlich auch ein anderer Typus von Berufskiller stecken. Jäger gibt es ja auch in der Armee und der Gendarmerie. Vielleicht ist es ein Offizier der Feldjäger, der da mit der Frau Königin ...

Was oder wer auch immer, der entscheidende Fehler liegt im Geschlecht. Der beauftragte Mörder ist »nur« ein Mann. Das muß schiefgehen.

Der Jäger gehorchte und führte es hinaus. Aber als er den Hirschfänger gezogen hatte und Schneewittchens unschuldiges Herz durchbohren wollte, fing es an zu weinen und sprach: »Ach, lieber Jäger, laß mir mein Leben; ich will in den wilden Wald laufen und nimmermehr wieder heimkommen.« Und weil es so schön war, hatte der Jäger Mitleid und sprach: »So lauf hin, du armes Kind.«

»Die wilden Tiere werden dich bald gefressen haben«, dachte er, und doch war's ihm, als wäre ein Stein von seinem Herzen gewälzt, weil er es nicht zu töten brauchte. Und als gerade ein junger Frischling dahergesprungen kam, stach er ihn ab, nahm Lunge und Leber heraus und brachte sie als Wahrzeichen der Königin mit. Der Koch mußte sie in Salz kochen, und das boshafte Weib aß sie auf und meinte, sie hätte Schneewittchens Lunge und Leber gegessen.

»Ich will seine Leber essen!« ist heute noch ein weitverbreiteter kämpferischer Ausruf, wenn ein Konkurrent, seltener eine Konkurrentin, ausgeschaltet werden soll. Hier wird dies konkret als Ritual vollzogen. Ohne in eine Vorlesung über Kannibalismus als Mythos und Naturreligion auszubrechen, muß doch Erstaunen aufkommen. Logisch wäre es nämlich, wenn die Königin das Herz ihrer Stieftochter verlangt und verzehrt hätte. Aber nein, sie versteift sich auf Lunge und Leber – eine merkwürdige Feinschmeckerin.

Entkleidet man die Geschehnisse vom Moralischen und der Barbarei, so kann nüchtern festgestellt werden: Die

Delegierung der Aktion hat nicht funktioniert, weil die ausführende Person unprofessionelle Schwachstellen hatte. Es gibt eben Dinge im Wirtschaftsleben, die sind und bleiben Chefsache. In bezug auf Mord ist wohl die Mafia am kompetentesten. Gedungene Killer werden nur bei Aktionen auf unterer Ebene eingesetzt. Liquidationen auf höchster Ebene werden vom jeweiligen Capo höchstpersönlich vollzogen. Das Leberessen ist im Lauf der Geschichte verschwunden, geblieben ist der Bacco di morte, der Todeskuß zwischen Täter und Opfer.

Auch im Wirtschaftsleben gibt es den Verzehr innerer Organe, wenn die Konkurrenz erledigt ist. Bekanntlich wird alles, was noch brauchbar ist – an Material, Lagerbestand, Werkzeugen und Personal – nur zu gerne übernommen, also geschluckt. Aus dieser Sicht tut Frau Königin nichts Ungewöhnliches. Daß sie Schweineinnereien verzehrt, kann sie nicht erkennen. Bekanntlich sind innere Organe vom Schwein den menschlichen sehr ähnlich, wie wir heute wissen, sogar kompatibel. Das soll aber nicht heißen, daß die Germanisten und Philologen Grimm hier bereits eine Organtransplantation andeuten wollten. Aber nun zurück in den deutschen Wald.

Nun war das arme Kind in dem großen Wald mutterseelenallein, und es war ihm so angst, daß es alle Blätter an den Bäumen ansah und nicht wußte, wie es sich helfen sollte. Da fing es zu laufen an und lief über die spitzen Steine und durch die Dornen, und die wilden Tiere sprangen an ihm vorbei, aber sie taten ihm nichts. Es lief, solange nur die Füße noch fortkonnten, bis es bald Abend werden wollte; da sah es ein kleines Häuschen und ging hinein, sich auszuruhen.

In dem Häuschen war alles klein, aber so zierlich und reinlich, daß es nicht zu sagen ist. Da stand ein weißgedecktes Tischlein mit sieben kleinen Tellern, jedes Tellerlein mit seinem Löffelein, ferner sieben Messerlein und Gäbelein und sieben Becherlein. An der Wand waren sieben Bettlein nebeneinander aufgestellt und schneeweiße Laken darübergedeckt. Weil Schneewittchen so hungrig und durstig war, aß es von jedem Tellerlein ein wenig Gemüse und Brot und trank aus jedem Becherlein einen Tropfen Wein; denn es wollte nicht einem alles wegnehmen. Hernach legte es sich, weil es so müde war, in ein Bettchen, aber keins paßte; das eine war zu lang, das andere zu kurz, bis endlich das siebente recht war. Und darin blieb es liegen, befahl sich Gott und schlief ein.

Überraschenderweise verhält sich das schöne, aber nur siebenjährige Kind wie ein ausgewachsener Finanzminister. Es nimmt jedem scheinbar wenig weg, in der Hoffnung, daß dies auszuhalten sein werde. Dann legt es sich ins gemachte Bett, das ihm angemessen ist. Ein klar erkennbares politisches Talent.

Als es ganz dunkel geworden war, kamen die Herren von dem Häuslein, das waren sieben Zwerge, die in den Bergen nach Erz hackten und gruben. Sie zündeten ihre sieben Lichtlein an, und wie es nun hell im Häuslein wurde, sahen sie, daß jemand darin gewesen war; denn es stand nicht alles so in der gleichen Ordnung, wie sie es verlassen hatten.

Aha, es handelt sich um freie Bergwerksunternehmer. Unternehmer bemerken sofort, wenn ihnen etwas fehlt und wenn es auch nur eine Kleinigkeit ist.

Der erste sprach: »Wer hat auf meinem Stühlchen gesessen?«
Der zweite: »Wer hat von meinem Tellerchen gegessen?«
Der dritte: »Wer hat von meinem Brötchen genommen?«
Der vierte: »Wer hat von meinem Gemüschen gegessen?«

Der fünfte: »*Wer hat mit meinem Gäbelchen gestochen?*«
Der sechste: »*Wer hat mit meinem Messerchen geschnitten?*«
Der siebente: »*Wer hat aus meinem Becherlein getrunken?*«
Dann sah sich der erste um und bemerkte, daß auf seinem Bett eine kleine Vertiefung war; da sprach er: »*Wer hat in mein Bettchen getreten?*« *Die andern kamen gelaufen und riefen:* »*In meinem hat auch jemand gelegen.*« *Der siebente aber, als er in sein Bett sah, erblickte Schneewittchen, das lag darin und schlief. Nun rief er die anderen, die kamen herbeigelaufen, schrien vor Verwunderung, holten ihre sieben Lichtlein und beleuchteten Schneewittchen.*
»*Ei, du mein Gott! Ei, du mein Gott!*« *riefen sie,* »*was ist das für ein schönes Kind!*«, *und hatten so große Freude, daß sie es nicht aufweckten, sondern im Bettlein fortschlafen ließen. Der siebente Zwerg aber schlief bei seinen Kameraden, bei jedem eine Stunde, dann war die Nacht herum.*

Was ist über die Unternehmerkooperative Zwergenbau & Co. somit bekannt? Die Herren pflegen nur sechs Stunden Nachtruhe einzulegen, sind also typische Frühaufsteher. Ihre Ernährung ist vegetarisch, beim Trinken sind sie aber keine Abstinenzler. Sie sind von unterschiedlicher Größe, die Nummer sieben dürfte genau die Größe des siebenjährigen Kindes haben, mindestens einer ist kleiner, maximal fünf sind größer. Sie sind penible, geradezu pedantische Naturen, was auf eine stockkonservative Einstellung schließen läßt. Und sie erkennen und bewerten als erstes die Schönheit des Kindes, während sie andere Fragestellungen scheinbar übersehen. Das ist ein geradezu klassisches Unternehmerdenken. Ein siebenjähriges Mädchen ist als Arbeitskraft oder Sexualpartner noch nicht voll entwickelt und ausnützbar, als Werbepüppchen, als Covergirl für die Öffentlichkeitsarbeit aber geradezu umwerfend gut.

Apropos Zwerge. Bis heute gelten Zwerge als mythische Erdwesen. Es ist ungewiß, ob sie Geister oder Elfen sind oder doch mehr zu einer versunkenen subterranen humanoiden Lebensform zählen. Es gibt Vorstellungen und Gerüchte, daß die Zwerge als Spezies älter sind als die Menschen. Mit den frühen Hominiden oder den Australopithecinen sind sie aber nicht verwandt. Zwerge sind hilfreich wie die Heinzelmännchen, tückisch wie Alberich oder ausbeuterisch wie die Venedigermännchen, aber auf jeden Fall wohlhabend bis reich. Ihnen gehören die Schätze der Berge, die Erze, die Edelsteine, Gold und Silber, aber auch die unterirdischen Quellen. Die Tradition und Generationen von Illustratoren bis zu Walt Disneys berühmten sieben Zwergen haben sie mit spitzen Hüten, Bärten, Knollennasen usw. als drollige, tolpatschige und beinahe senile Kleinwüchsler verniedlicht. Kein Wort davon ist wahr. Tatsächlich sind sie sehr kräftige, glattrasierte, mit mächtigen Werkzeugen ausgerüstete und ungeheuer hartnäckige Naturen. Mit Leidenschaft hüten sie ihre Schätze und geben davon nur selten etwas ab. Klassische Unternehmer!

Schneewittchen ist in der Metall- und Hüttenwirtschaft gelandet.

Als es Morgen war, erwachte Schneewittchen, und wie es die sieben Zwerge sah, erschrak es. Sie waren aber freundlich und fragten: »Wie heißt du?«

»*Ich heiße Schneewittchen*«, *antwortete es.*

»*Wie bist du in unser Haus gekommen?« sprachen die Zwerge weiter.*

Da erzählte es ihnen, daß seine Stiefmutter es umbringen lassen wollte; der Jäger habe ihm aber das Leben geschenkt, und da sei es gelaufen den ganzen Tag, bis es endlich dies Häuslein gefunden habe. Die Zwerge sprachen: »Willst du unsern Haushalt führen, kochen, Betten machen, waschen,

Mutterhaus und Tochterfirma

nähen und stricken, und willst du alles ordentlich und reinlich halten, so kannst du bei uns bleiben, und es soll dir an nichts fehlen.« – »Ja«, sagte Schneewittchen, »von Herzen gern«, und blieb bei ihnen.

Aus gegebenem Anlaß ist hier ein Einwurf geboten. Schneewittchen ist noch immer nicht älter als sieben Jahre! Trotzdem wird ihm – man beachte das bewußt Versächlichende »es« – die volle Latte von Hausarbeit aufgebürdet. Diese Fülle von sogenannter Subsistenzleistung ist schon für eine erwachsene Frau unter Einsatz aller modernen Haushaltsgeräte tagesfüllend und erschöpfend. Wie soll ein Kind das leisten, wenn es sieben ausgewachsene Burschen zu versorgen hat und weder über Mikrowelle noch über Geschirrspülautomaten, geschweige denn Waschmaschine verfügt. Da die Herren Zwerge tagsüber im Bergwerk arbeiten, kann man sich die Fülle an anfallender Schmutzwäsche vorstellen. Den Einwand, es handle sich ja um Zwerge und alles sei doch viel kleiner als üblich, wische man einfach weg. Ein Haushalt mit sieben Kindern im Größenvergleich führt jede erwachsene Frau im westlichen Abendland in die tägliche Nervenkrise. Aber Zwerge sind eben keine Kinder, sondern nur etwas kleiner gewachsene Erwachsene. Es – das siebenjährige Mädchen! – sagt auch sofort zu, ohne daß ersichtlich wäre, wo die kindliche Prinzessin am königlichen Hof Hauswirtschaft gelernt hätte. Mit einem Wort: Es ist ein Skandal! Jede Organisation für den Schutz von Kindern, jeder feministische Zirkel muß spätestens hier aufheulen und Protest einlegen. Obwohl es wenig helfen wird, denn so sind einmal eiskalte Unternehmertypen ... und daher funktioniert's!

Es hielt ihnen das Haus in Ordnung. Morgens gingen die Zwerge in die Berge und suchten Erz und Gold, abends kamen sie wieder, und da mußte ihr Essen bereit sein. Den Tag über war das Mädchen allein, da warnten es die guten Zwerglein und sprachen: »Hüte dich vor deiner Stiefmutter, die wird bald wissen, daß du hier bist; laß ja niemand herein!«

Ach, die »guten Zwerglein!« Die wollten doch bloß nur, daß niemand vom Jugendamt oder vom Gewerbeinspektorat die Kinderarbeit im Haus spitzkriegt!

Die Königin aber, nachdem sie Schneewittchens Lunge und Leber gegessen zu haben glaubte, dachte, sie sei wieder die Erste und Allerschönste, trat vor ihren Spiegel und sprach:
  »Spieglein, Spieglein an der Wand,
  Wer ist die Schönste im ganzen Land?«
  Da antwortete der Spiegel:
  »Frau Königin, Ihr seid die Schönste hier,
  Aber Schneewittchen über den Bergen
  Bei den sieben Zwergen
  Ist noch tausendmal schöner als Ihr.«
  Da erschrak sie, denn sie wußte, daß der Spiegel keine Unwahrheit sprach, und merkte, daß der Jäger sie betrogen hatte und Schneewittchen noch am Leben war. Und da sann und sann sie aufs neue, wie sie es umbringen könnte; denn solange sie nicht die Schönste war im ganzen Land, ließ ihr der Neid keine Ruhe.

Interessant, daß hier von keinen Konsequenzen gegenüber dem Jäger geredet wird. Aber vielleicht hat dieser schon längst gekündigt und das Königreich fluchtartig verlassen. Oder er wurde von Frau Königin nach Rückkehr und Ablieferung der Schweineinnereien ohnehin schleunigst liquidiert, denn Mitwisser sind bei Freveltaten eine unangenehme Belastung. Das Märchen jedenfalls schweigt sich vornehm aus. Und die Königin ist von ihrem Vorhaben geradezu besessen. Keine gute Einstellung für erfolgreiche Operationen!

Als sie sich endlich etwas ausgedacht hatte, färbte sie sich das Gesicht, kleidete sich wie eine alte Krämerin und war ganz unkenntlich. In dieser Gestalt ging sie über die sieben Berge zu den sieben Zwergen, klopfte an die Tür und rief: »Schöne Ware feil!« Schneewittchen guckte zum Fenster hinaus und rief: »Guten Tag, liebe Frau, was habt Ihr zu verkaufen?« – »Gute Ware, schöne Ware«, antwortete sie, »Schnürriemen in allen Farben«, und holte einen hervor, der aus bunter Seide geflochten war. »Diese ehrliche Frau kann ich hereinlassen«, dachte Schneewittchen, riegelte die Tür auf und kaufte sich den hübschen Schnürriemen. »Kind«, sprach die Alte, »wie du aussiehst! Komm, ich will dich einmal ordentlich schnüren.«

Obwohl noch nicht viel Zeit vergangen ist, muß die Hausarbeit für Schneewittchen bereits schädigende Wirkung gezeigt haben. Neben der üblichen Verblödung durch Hausarbeit – wie kann sie die maskierte Königin denn nicht erkennen, wo diese in ihrer Verstellung kaum über die Laienbühne hinausreicht? – scheint auch ihr Outfit mitgenommen zu sein. Wie du aussiehst, sagt die Verkleidete, und das wird schon stimmen, beim ewigen Bodenaufwaschen. Zur Erläuterung sei gesagt, daß das Schnüren und der Schnürriemen nichts mit Schuhen zu tun haben, sondern daß es das korsettähnliche Zusammenbinden barocker Damenoberbekleidung entlang des Rückgrats beschreibt. In der modischen Hochblüte der Korsetts im 19. Jahrhundert waren Ohnmachtsanfälle wegen zu fest geschnürter Unterkleidung bei Damen an der Tagesordnung. Es galt geradezu als schick. In der Folge ist es aber ein ungeschicktes Attentat.

Schneewittchen hegte keinen Verdacht, stellte sich vor sie und ließ sich mit dem neuen Schnürriemen schnüren; aber die Alte schnürte so fest, daß dem Schneewittchen der Atem verging und es wie tot hinfiel. »Nun bist du die Schönste gewesen«, sprach die böse Königin und eilte hinaus. Nicht lange darauf, zur Abendzeit, kamen die sieben Zwerge nach Haus. Aber wie erschraken sie, als sie ihr liebes Schneewittchen auf der Erde liegen sahen, und es regte und bewegte sich nicht, als wäre es tot. Sie hoben es in die Höhe, und weil sie sahen, daß es zu fest geschnürt war, schnitten sie den Schnürriemen entzwei; da fing es an, ein wenig zu atmen, und wurde nach und nach wieder lebendig. Als die Zwerge hörten, was geschehen war, sprachen sie: »Die alte Krämerfrau war niemand anderer als die gottlose Königin; hüte dich und laß keinen Menschen herein, wenn wir nicht bei dir sind!« Das böse Weib aber, als es nach Hause gekommen war, ging vor den Spiegel und fragte:
»Spieglein, Spieglein an der Wand,
Wer ist die Schönste im ganzen Land?«
Da antwortete er wie sonst:
»Frau Königin, Ihr seid die Schönste hier,
Aber Schneewittchen über den Bergen
Bei den sieben Zwergen
Ist noch tausendmal schöner als Ihr.«
Als sie das hörte, lief ihr alles Blut zum Herzen, so erschrak sie, denn sie wußte jetzt, daß Schneewittchen wieder lebendig geworden war.
»Nun aber«, sprach sie, »will ich etwas aussinnen, das sie zugrunde richten soll«, und mit Hexenkünsten, die sie verstand, machte sie einen giftigen Kamm. Dann verkleidete sie sich und nahm die Gestalt eines andern alten Weibes an. So ging sie über die sieben Berge zu den sieben Zwergen, klopfte an die Tür und rief: »Gute Ware feil!« Schneewitt-

chen schaute hinaus und sprach: »Geht nur weiter, ich darf niemand hereinlassen.«

»Das Ansehen wird dir doch erlaubt sein«, sprach die Alte, zog den giftigen Kamm heraus und hielt ihn in die Höhe. Da gefiel er dem Kind so gut, daß es sich betören ließ und die Türe öffnete. Als sie des Kaufs einig waren, sprach die Alte: »Nun will ich dich einmal ordentlich kämmen.«

Zweiter Versuch! Jetzt unterstellt neben der Verkleidungsklamotte das Märchen der Königin bereits Hexenkünste. Das ist erklärbar, denn der Umgang mit Giften wurde früher immer als Hexerei verteufelt. Ein Kamm als Träger von offensichtlichem Kontaktgift, das Atemlähmung hervorrufen soll, ist nicht ungeschickt gewählt, um das dümmliche Haushaltskind mit seinem mageren Taschengeld aus der Reserve zu locken. Aber wieder ist die Methode grundfalsch. Der erste Versuch, die Schnürung, mußte an der nicht stattgefundenen Nachkontrolle über das Eintreten des Exitus fehlschlagen. Daher kam es zur Reanimation durch die heimkehrenden Montanisten. Hätte Majestät den Schnürriemen dem Kinde um den Hals zugezogen, wäre es effektiver gewesen. Beim Kamm wird's ähnlich sein: Die toxische Wirkung ist langzeitlich, daher geht's wieder schief.

Das arme Schneewittchen dachte an nichts und ließ die Alte gewähren; aber kaum hatte sie den Kamm in die Haare gesteckt, als das Gift darin wirkte und das Mädchen ohne Besinnung niederfiel.

»Du Ausbund von Schönheit«, sprach das boshafte Weib, »jetzt ist's um dich geschehen«, und ging fort. Zum Glück aber war es bald Abend, wo die sieben Zwerglein nach Haus kamen. Als sie Schneewittchen wie tot auf der Erde liegen sahen, hatten sie gleich die Stiefmutter im Verdacht, suchten

nach und fanden den giftigen Kamm. Und kaum hatten sie ihn herausgezogen, so kam Schneewittchen wieder zu sich und erzählte, was vorgegangen war. Da warnten sie es noch einmal, auf seiner Hut zu sein und niemanden die Tür zu öffnen.

Die Königin stellte sich daheim vor den Spiegel und sprach:

»Spieglein, Spieglein an der Wand,
Wer ist die Schönste im ganzen Land?«
Da antwortete er wie vorher:
»Frau Königin, Ihr seid die Schönste hier,
Aber Schneewittchen über den Bergen
Bei den sieben Zwergen
Ist doch noch tausendmal schöner als Ihr.«

Als sie den Spiegel so reden hörte, zitterte und bebte sie vor Zorn. »Schneewittchen soll sterben«, rief sie, »und wenn es mein eigenes Leben kostet!«

Klassischer Managementfehler! Fixation auf ein Ziel, Manie und Besessenheit, Obsession, wie immer es genannt wird, ist der »Tod« jeder operativen Handlungsweise. Denn es kostet die klare Vernunft, die Ratio des Vorgehens. Solch unsinnigen Einstellungen finden sich auch verbreitet bei Spitzensportlern in der Abteilung Gewalttätigkeit. »Den schlage ich k. o., auch wenn ich selber draufgehe!« Soll man von Weltmeistern oder Herausforderern schon gehört haben. Man studiere vergleichend die Karrieren von Max Schmeling und Cassius Clay, heute als Muhammed Ali berühmt.

Darauf ging sie in eine ganz verborgene einsame Kammer, wo niemand hinkam, und machte da einen giftigen Apfel. Äußerlich sah er schön aus, weiß mit roten Backen, daß jeder, der ihn erblickte, Lust danach bekam; aber wer ein Stück davon aß, der mußte sterben.

Mutterhaus und Tochterfirma

Als der Apfel fertig war, färbte sie sich das Gesicht und verkleidete sich in eine Bauersfrau; so ging sie über die sieben Berge zu den sieben Zwergen. Sie klopfte an, Schneewittchen steckte den Kopf zum Fenster hinaus und sprach: »Ich darf keinen Menschen einlassen, die sieben Zwerge haben mir's verboten.«

»Mir auch recht«, antwortete die Bäuerin, »meine Äpfel will ich schon loswerden! Da, einen will ich dir schenken.« – »Nein«, sprach Schneewittchen, »ich darf nichts annehmen.« – »Fürchtest du dich vor Gift?« sprach die Alte; »siehst du, da schneide ich den Apfel in zwei Teile; den roten Backen iß du, den weißen will ich essen.« Der Apfel aber war so kunstvoll gemacht, daß der rote Backen allein vergiftet war. Schneewittchen schaute den schönen Apfel an, und als es sah, daß die Bäuerin davon aß, konnte es nicht länger widerstehen, streckte die Hand hinaus und nahm die giftige Hälfte.

Wieder nicht unschlau eingefädelt. Denn es ist allgemein bekannt, daß in Bergbaugegenden Obst- und Vitaminmangel herrscht. Ein Apfel ist da eine ungeheure Verlockung für ein ausgepowertes Sklavenkind. Aber auch hier wird sich zeigen, daß letzlich die Giftwirkung auf Langzeit gebaut ist. Die Giftmischerei, die Hexenkunst der Königin, wird sich letztlich als dilettantisch herausstellen. Wie vorhin schon erwähnt, typisch für Besessenheit.

Kaum aber hatte Schneewittchen einen Bissen davon im Mund, so fiel sie tot zur Erde nieder. Da betrachtete die Königin das Mägdlein mit grausigen Blicken, lachte überlaut und sprach: »Weiß wie Schnee, rot wie Blut, schwarz wie Ebenholz. Diesmal können dich die Zwerge nicht wieder erwecken.«

Und als sie daheim den Spiegel befragte:
»Spieglein, Spieglein an der Wand,
Wer ist die Schönste im ganzen Land?«,
antwortete er endlich:
»Frau Königin, Ihr seid die Schönste im Land.«

Klassische Fehleinschätzung! Auch die besten Meinungsforschungsinstitute, auch die besten Marktanalytiker irren manchmal. Und wenn, dann total!

Da hatte ihr neidisches Herz Ruhe, so gut ein neidisches Herz Ruhe haben kann.
Als die Zwerglein abends nach Hause kamen, fanden sie Schneewittchen auf der Erde liegen, und es ging kein Atem mehr aus seinem Mund, denn es war tot. Sie hoben es auf, suchten, ob sie etwas Giftiges fänden, schnürten es auf, kämmten ihm die Haare, wuschen es mit Wasser und Wein, aber es half alles nicht; das liebe Kind war tot und blieb tot. Sie legten es auf eine Bahre und setzten sich alle sieben daran und beweinten es und weinten drei Tage lang. Da wollten sie es begraben, aber es sah noch so frisch aus wie ein lebender Mensch und hatte noch seine schönen roten Backen.

Jetzt verlieren die Zwergunternehmer etwas an Konturen. Drei Tage Trauer? Sind Betriebsferien angesagt? Aber viel interessanter ist, daß sie nicht den Widerspruch erkennen, denn ein toter Mensch sieht nach drei Tagen nicht lebendig und frisch aus. Bei Erzen und Gold mögen sie Profis sein, die Zwerglein, in Physiologie und Pathologie würden sie glatt durchfallen. Trotzdem dämmert ihnen jetzt wieder, daß sie das Kind ja nicht als Haustier für den täglichen Putz nutzen wollten, sondern als Beauty für die PR. Also schreiten sie zur letzten Form der Ausbeutung – die Zurschaustellung einer Kindfrau. Wahrscheinlich gegen Eintrittsgeld ...

Sie sprachen: »Das können wir nicht in die schwarze Erde versenken«, und ließen einen durchsichtigen Sarg von Glas machen, daß man das Mädchen von allen Seiten sehen konnte, legten es hinein und schrieben mit goldenen Buchstaben seinen Namen darauf und daß es eine Königstochter sei. Dann trugen sie den Sarg hinaus auf den Berg. Einer von ihnen blieb immer dabei und bewachte den Sarg. Und die Tiere kamen auch und beweinten Schneewittchen, erst eine Eule, dann ein Rabe, zuletzt ein Täubchen.

Ungeachtet der mehrschichtigen Symbolik der zitierten drei Vögel ist doch der Kostenaufwand für die öffentliche Aufbahrung bemerkenswert. Die Glaspreise waren in der Renaissance noch ungeheuer hoch, goldene Lettern waren bestimmt aus Massivgold, und der gesamte Material- und Personalaufwand geht in die Zigtausende. Welch ein Widerspruch im Verhalten! Die offensichtlich stinkreichen Zwerge, die vorher der im Haushalt Tätigen kaum ein Taschengeld spendiert haben und sie ohne Entlohnung schuften ließen, können sich jetzt nach ihrem scheinbaren Ableben in Werbeaufwänden gar nicht mehr bremsen. Schlechtes Gewissen? Keineswegs, die Herren warten offensichtlich auf einen weiteren großen Nutzen und Gewinn. Wie schon öfter gesagt – typische Unternehmernaturen!

Nun lag Schneewittchen lange, lange Zeit in dem Sarg und verfiel nicht, sondern sah aus, als ob es schliefe; denn es war noch weiß wie Schnee, so rot wie Blut und so schwarzhaarig wie Ebenholz.
Es geschah aber, daß ein Königssohn in den Wald geriet und zu dem Zwergenhaus kam, da zu übernachten. Er sah

auf dem Berg den Sarg und das schöne Schneewittchen darin und las, was mit goldenen Buchstaben darauf geschrieben war. Da sprach er zu den Zwergen: »Laßt mir den Sarg, ich will euch geben, was ihr dafür haben wollt.«

Aber die Zwerge antworteten: »Wir geben ihn nicht um alles Gold in der Welt.«

Da sprach er: »So schenkt ihn mir, denn ich kann nicht leben, ohne Schneewittchen zu sehen! Ich will es ehren und hochachten wie mein Liebstes.«

Wie er so sprach, empfanden die guten Zwerglein Mitleid mit ihm und gaben ihm den Sarg.

Zweifellos ein dubioses Gegengeschäft, über das hier nichts Näheres verlautet wird. Aber das ist immer so, wenn Unverkäufliches plötzlich »geschenkt« wird.

Der Königssohn ließ ihn nun von seinen Dienern auf den Schultern forttragen. Da geschah es, daß sie über eine Wurzel stolperten, und von der Erschütterung fuhr das giftige Apfelstück, das Schneewittchen abgebissen hatte, aus dem Hals. Und nicht lange darauf öffnete es die Augen, hob den Deckel vom Sarg in die Höhe, richtete sich auf und war wieder lebendig.

»Ach Gott, wo bin ich?« rief es.

Zwischenzeitlich wurde diese Frage zum Standard jeder romantischen Story. So naiv, um nicht zu sagen geistlos sie ist, so platt sind auch die entsprechenden Antworten.

Der Königssohn sagte voll Freude »Du bist bei mir«, und erzählte, was sich zugetragen hatte, und sprach: »Ich habe dich lieber als alles auf der Welt; komm mit mir in meines Vaters Schloß, du sollst meine Gemahlin werden.« Da war ihm Schneewittchen gut und ging mit ihm, und ihre

Hochzeit wurde mit großer Pracht und Herrlichkeit angeordnet.

Auch bei kühnster Zeitkalkulation ist das gute Schneewittchen, das »das« wird hier bewußt verwendet, immer noch kaum älter als acht Jahre, weil sie mit sieben zu den Unternehmerzwergen kam. Es gibt keine Angaben, ob nicht auch der Herr Königssohn, alias Kuno Prinz, noch ein Volksschulknabe oder schon ein Teenie ist. Die üblichen Märchenillustrationen lügen ohnehin am Text vorbei. Sie zeigen das Traumpaar immer im undefinierbaren Bereich von 17 bis 20. Jetzt kann eingewendet werden, daß Schneewittchen »lange, lange Zeit« in der Vitrine gelegen habe. Das kann aber in Wirklichkeit auch nur in Monatsfrist gewesen sein, denn über Jahre wären der Scheintoten Haare und Fingernägel gewaltig gewachsen und außerdem paßten keine Kleider mehr. Nein, nein, das Märchen beschreibt Schneewittchen im Glassarg so gleichbleibend wie die berühmte »Sleeping Beauty« in Madame Tussauds Wachsfigurenkabinett zu London. Die Hochzeit der beiden Happy-Endler kann also nur aus heutiger Sicht eine verbotene Kinderhochzeit gewesen sein. Wieder ein Hinweis, daß, wie es in früheren Zeiten ja faktisch war, hinter solchen Verbindungen große Geschäfte standen.

Zu dem Fest wurde aber auch Schneewittchens gottlose ...

Meine Güte, wie penetrant sich die Kirche in Moral und Geschäftsleben doch hier einmischt ...

... gottlose Stiefmutter eingeladen. Sobald sie nun schöne Kleider angezogen hatte, trat sie vor den Spiegel und sprach:
»Spieglein, Spieglein an der Wand,
Wer ist die Schönste im ganzen Land?«

Der Spiegel antwortete:
»Frau Königin, Ihr seid die Schönste hier,
Aber die junge Königin ist tausendmal schöner als Ihr.«
Da stieß das böse Weib einen Fluch aus, und es wurde ihr so angst, so angst, daß sie sich nicht zu fassen wußte. Sie wollte zuerst gar nicht auf die Hochzeit kommen; doch ließ es ihr keine Ruhe, sie mußte fort und die junge Königin sehen.

Bis jetzt ist ungeklärt, wo sich denn der König herumtreibt. Ihn nicht einzuladen, wäre ja eine grobe Verletzung der Etikette. Aber wie schon überlegt, ist er vielleicht in Auslandsgeschäften oder Kriegen unterwegs. Oder nach Abgabe der Geschäftsführung an seine Frau schlicht und einfach verblichen. Die in Rede stehende Schönheitsfixierte macht ihren letzten Managementfehler: Sie muß zwanghaft am falschen Ort persönlich anwesend sein, wo sie besser eine Delegation entsendet hätte.

Und wie sie in den Saal trat, erkannte sie Schneewittchen, und vor Angst und Schrecken stand sie da und konnte sich nicht regen. Aber es waren schon eiserne Pantoffel über Kohlenfeuer gestellt, und diese wurden mit Zangen herbeigetragen und vor sie hingestellt. Da mußte sie in die rotglühenden Schuhe treten und so lange tanzen, bis sie tot zur Erde fiel.

Wie zuletzt erzählt wird, ist ja auch das neuvermählte Kinderglück nicht gerade ein Ausbund von Liebenswürdigkeit. Aber wahrscheinlich waren die eisernen Pantoffeln ein Hochzeitsgeschenk der sieben Zwerge mit Gravur und Widmung »Von den sieben Bergen«, mit dem man sonst nichts anzufangen wußte.

Der grausame Königinnentod findet sich aber heute in anderer Form weitverbreitet wieder. In Privatveranstaltungen, bei Events renommiertester Firmen oder Unternehmen wird zum Nervenkitzel, zum Gaudium, aber vor allem zur Motivation von Hinz und Kunz und Führungskräften zahlendes Publikum über glühende Kohlen gejagt. Dieses Feuerlaufen muß man einfach einmal mit rauchenden Hufen überstanden haben, wenn man ins Topmanagement will. Gut, niemand fällt dabei schlußendlich tot um, aber ansonsten ist die Ähnlichkeit verblüffend.

Abschließend noch einige wirtschaftspolitische Überlegungen zum Fall Schneewittchen. Ohne die Kriminalität und Grausamkeit der Vorgangsweisen von allen Seiten zu beschönigen, muß doch das Prinzip gesehen werden. Königreiche dieser Zeit waren vor allem agrarischer Großgrundbesitz. Das feudalistische System verpachtete an Ritter, Junker, Bauern und lebte von den Abgaben und Zehenten, die meist in Naturalien bezahlt wurden. In den noch kleinen Städten, manchmal auch in Dörfern, gab es bescheidenes Handwerk und einfaches Gewerbe. Nicht einmal das Zunftwesen der Handwerker war noch richtig entwickelt, die Bildung von Kapital, Banken und Börsen steckten noch in den Kinderschuhen. Die Mehrung von Besitz und Gütern erfolgte noch traditionell durch Überfall, Raub-, Kriegs- und Kreuzzüge.

Die Stiefkönigin mit ihrem Schönheitstick ist offensichtlich zur Alleinverwalterin eines solchen Königsreichs geworden. Nichts im Märchen deutet darauf hin, daß sie selbst mit dem verschwundenen König Kinder gehabt hätte. Nur die dreifarbige Stieftochter tanzt vor ihren Augen herum. Ob die nun schön ist oder nicht, in jedem Fall ist sie die rechtmäßige Erbin und kostet damit bei Vermählung an irgendeinen anderen König oder Prinzen mindestens das halbe Königreich als Mitgift. Der Stiefmutter bleibt also nur ein bescheidener Altenteil, wenn die Göre agrarisch vermarktet, pardon, standesgemäß verehelicht wird. Es braucht keinen Schönheitsneid, um hier ein Mordmotiv zu sehen. Das »Mutterhaus« steht jederzeit in der Gefahr, geteilt zu werden.

Nach seiner Flucht gerät Schneewittchen an eine nicht agrarische, sondern montanistische Unternehmergesellschaft, von der sie aufgenommen wird. Selbstverständlich nicht nur aus Freundlichkeit, sondern auch aus Gewinnüberlegungen, aber das braucht die Königin nicht zu kratzen. Vielmehr ist es diese hinter den sieben Bergen – nach allen Indizien müßte es die Schweiz, weil Zwergenstaat, sein – mit Erz und Gold immer stärker werdende vorindustrielle Wirtschaftmacht, die unausbleiblich eines Tages die Agrarwirtschaft überrollen wird. Es ist nur eine Frage der Zeit, bis solche ausgeschlafenen Unternehmertypen wie diese »gütigen Zwerglein« als kapitalschwere Industrieriesen die Macht im Lande übernehmen. Frau Königin hatte also nicht nur ihre kosmetischen Probleme im Kopf. Sie sah sicherlich die Gefahr einer heranreifenden »Tochterfirma«, die eines Tages ihre königliche Position mit einer Scheckunterschrift wegwischen konnte. So sind auch die weiteren Mordanschläge vom Motiv her verständlich.

Über zwergisches Geschäftsdenken wurde bereits spekuliert. Am Schluß geht das Manöver ja auch auf. Die »verschenkte Prinzessin« wird als Gemahlin von Kuno Prinz einmal Königin, nach dessen Ableben somit Chefin von Königreich II und Königreich I, das ihr nach dem Tottanzen der eher dummen als bösen Stiefmutter ohnehin als Erbe zugefallen ist. Der Absatzmarkt für Metall, Edelmetall, Kohle, Salz – für Erdöl ist es noch zu früh – ist für die »Sieben-Zwerge-Montanunion« gesichert. Zweifellos werden die cleveren Burschen als ewigen Dank, daß Frau Königin bei ihnen im Exil den Boden aufwaschen durfte, entsprechende Monopole erhalten. Hätten sie das Kind im

Sarg dem lechzenden Prinzen gegen Bares verkauft, wäre die Dankbarkeit bestimmt geringer. Wie ein altes Sprichwort sagt, erhalten kleine Geschenke eben die Freundschaft. Doch letztlich besteht ja jedes erfolgreiche Management nur aus der strikten, strategisch klugen und taktisch geschickten Befolgung von alten Sprichwörtern. Aber das ist eine völlig andere Geschichte …

Zusammenfassung der wichtigsten

Merksätze und Lernfelder

für Schönheitsköniginnen,
Direktoren/Direktorinnen von Mutterhäusern und
für andere Machterhalter/-innen

Es mag verblüffen, daß die vorigen Analysen und die folgenden Ratschläge sich um die Position der »bösen Königin« drehen. Aber die Rolle Schneewittchens einer Karriereanalyse zu unterlegen, wäre sicher verfehlt. Denn »Management by Opfergang« als produktive Entwicklungschance zu postulieren, wäre falsch. Leidenswege und Nachstellungen zu überleben und daraus als Sieger hervorzugehen, unterliegt entweder dem Zufall, oder der Unfähigkeit der Gegner. Beides ist aus der Sicht des Opfers nicht beeinflußbar.

Ohne die im Märchen vorkommenden Schandtaten moralisch zu rechtfertigen, ohne sie in unser heutiges Wirtschaftsleben als Methoden der Wahl auch nur anzudenken, ist es daher trotzdem nötig, Lehren aus der königlichen Handlungsweise und dem entsprechenden Mißmanagement zu ziehen.

- **Do what to do – and do it yourself!**

Es gibt zwei klassische Fehlhaltungen im Management. Die eine besteht darin, daß in der Chefebene, insbesondere von dem Topmanager/der Topmanagerin alles selbst erledigt werden soll und nichts an Mitarbeiter nach unten delegiert wird. Auch nicht an Stabsstellen oder an externe Auftragnehmer (Agenturen, Institute, Ingenieurbüros) zur Erledigung weitergegeben wird. Das führt zu einem Aufgabenstau, der nicht bewältigt werden kann und dementsprechend zum Breakdown der Führungsfunktion und der Führungsperson führt.

Demgegenüber ist aber auch oft zu beobachten, daß Maßnahmen, Planungen, Aktivitäten delegiert werden, die aus mehreren Gründen – nicht nur der Kompetenz – in der Chefebene bleiben müssen. Das Hauptmotiv für diese Fehlhandlungen liegt meist im persönlichen Ressentiment, im Widerwillen. Weil zum Beispiel die Erledigung unangenehmer Arbeiten (Berichte, Strukturanalyse, Bilanzfälschungen, Personalentscheidungen u. v. a. m.) »stinkt«, gibt man sie gerne an Assistenten, Sekretäre oder Firmensprecher weiter. Man kann aber die Verantwortung nicht wegschieben, die muß man selbst tragen, und außerdem züchtet man damit gefährliche Mitwisser. Darüber hinaus ist jeder »Handlanger« auch eine potentielle Fehlerquelle, sowohl absichtlich wie auch unabsichtlich. Also müssen solche Mitarbeiter strengstens überwacht und kontrolliert werden, was wieder eine Zusatzarbeitsquelle bedeutet.

Daher ist die erste Frage verantwortlichen und vor allem machterhaltenden Managements und der Manager/-innen diese: Ist »das« mein Job, oder kann/muß/darf ich das delegieren? Die nächste Frage: Ist der/die von mir Delegierte auch kompetent und loyal genug, um die Sache richtig zu tun?

Der angeordnete, also delegierte Prinzessinnenmord durch einen zwar fachlich kompetenten Töter (Jäger), aber über die Mitleidsebene nicht loyalen Dienstnehmer, der dann auch noch eine betrügerische Vollzugsmeldung abliefert, das ist ein Musterbeispiel für falsches Delegieren. In unserer humanen, aber nach höchster Effektivität ringenden Zivilwirtschaft ist das Erlernen der Kunst des Delegierens geradezu die Königsdisziplin im wahrsten Sinne des Wortes. Zugegeben – es verlangt viel praktische Erfahrung und kann nicht nur akademisch erlernt werden. Und es beinhaltet immer die Gefahr des Irrtums und des Fehlers. Daher ist Delegierungskunst sowohl theoretisch (Seminare!) als auch praktisch (on the job!) schon von der mittleren Führungsebene her zu lernen und zu trainieren.

- **Taktik und Strategie statt blindem Eifer!**

Eines der hervorstechendsten Merkmale im Märchen vom Schneewittchen ist die blinde Besessenheit der königlichen Stiefmutter. Ohne weiterhin über Sinn und hintergründige Bedeutung der Schönheitsauseinandersetzung nachzudenken oder sie umzudeuten, geschehen doch ähnliche Situationen im Wirtschaftsleben immer wieder. Im Verdrängungswettbewerb auf den Welt- und Binnenmärkten ist oft genug zu beobachten, daß eine Auseinandersetzung, ein Machtkampf, eine Kampagne um ihrer selber willen geführt wird. Da geht es nicht mehr um vernünftige Ziele, sondern um persönlichen Ehrgeiz, um Rachegelüste oder ähnliche Anwandlungen. »Den/die machen wir fertig!« hört man es durch Chefetagen heulen, und zivilisierte Menschen in urbanem Outfit gebärden sich an Konferenztischen wie Steinzeitjäger beim Kriegstanz. Rollende Augen, zuckende Glieder, heisere Kehllaute, das alles sind Zeichen, daß die Ratio, die Vernunft, das Kalkül verantwortlichen Managements, nicht mehr im Spiel ist.

Der Einsatz eines »Nachrichtendienstes« – natürlich ziviler Art – wie der des berühmten Spiegleins an der Wand ist im Prinzip vernünftig. Die Fixation und der konditionierte Reflex auf seine an und für sich dürftigen Aussagen sind aber das Grundübel jeder Informationsarbeit. Die sogenannte böse Königin hätte in humaner Art wesentlich bessere Chancen gehabt, wenn sie die stereotypen Aussagen ihres Informationsspiegels hinterfragt, ergänzt, analysiert und bewertet hätte. Zumindest wäre ihr das Ende in den heißen Pantoffeln erspart geblieben.

Mutterhaus und Tochterfirma

Ein altes deutsches Sprichwort möge daher in den Chefetagen, aber auch darunter, mit ehernen, je nach Budget auch goldenen Lettern an die Wände geschlagen werden: »Blinder Eifer schadet nur!«

- **Speed kills – oder Machiavelli lebt!**

Niccolò Machiavelli, der Sekretär der Florentiner Medici, gilt als anrüchiger und unsympathischer Theoretiker der Macht. Das ist objektiv gesehen falsch. Er hat nur zu seiner Zeit für seine Bosse und für deren Bildung und Wissen alles an Hausverstand zusammengetragen und niedergeschrieben, was man braucht, um eine Würstchenbude zu leiten oder ein Königreich oder eine Republik.

Speed kills, das heutige Mode-Motto aus Politik und Wirtschaft, klingt ja auch nicht gerade anheimelnd und lieblich. Keineswegs ist es eine Warnung von Verkehrskuratoren gegenüber erhöhter Geschwindigkeit auf den Autobahnen, sondern die konkrete Aufforderung, alles, was zu tun ist, möglichst schnell zu tun. Wer Zeit verliert, verliert Macht und Einfluß. Wer nichts tut, der könne auch nichts falsch tun, meint der Volksmund. Aber wer nichts tut, der beeinflußt auch nicht die Dinge, die von alleine geschehen. Und die geschehen im Management nie zum Guten, sondern zum Schlechten. Und dann schlägt Vater Murphy zu: Da immer irgend etwas schiefgehen kann, geht es dann auch daneben. »Wer gut bleiben will, muß ständig besser werden«, heißt ein interessanter Werbespruch einer Großbäckerei. Wie richtig muß das erst sein, will man in einem Königreich oder einem anderen Wirtschaftsunternehmen ständig die richtigen Brötchen backen. Wer stark bleiben will, muß ständig stärker werden, oder, wer schön bleiben will, muß sich ständig liften lassen. Oder noch besser seine Wertvorstellungen korrigieren. Schönheit ist eben kein an sich konservierender Wert, sondern eine sich wandelnde Dimension. Darüber können nicht nur Kosmetiker/-innen Auskunft geben. Nebstbei könnte die Königin auf späte Rache hoffen. Niemand wird es – leider! – erfahren, aber man kann sich gut vorstellen, wie Schneewittchen mit 60 aussieht.

Ohne auf die moralischen Komponenten einzugehen, muß zum Fall der Königin doch gesagt werden, daß sie außerdem Jahre versäumt hat. Das herzige Schneewittchen wird doch nicht erst mit sieben zur Schönheitskonkurrenz geworden sein, die war doch mit vier auch schon topgirlverdächtig. Vielleicht hätte es genügt, das schneeweiße Kind im zarten Alter von vier aufs Land zu schicken, damit sie eine gesunde Farbe abbekommt. Der Mordversuch mit sieben ist nicht nur unappetitlich, er ist schlichtweg zu spät.

»Wenn du eine Stadt erobern willst, so handle rasch und grausam. Denn, mein Fürst, du wirst die folgenden Jahre brauchen, um dem Volk Gutes zu tun, damit es dich liebt und ehrt und dir später Denkmäler setzt.« So riet Machiavelli dem Medici. Das ist die Renaissanceform vom »Speed kills«. Lässt man die Leichen weg und denkt an eine Firmenübernahme – gäbe es einen besseren Rat?

Jede Zögerlichkeit, jedes Verpassen von Gelegenheit, jedes Verschleppen von Terminen bringt in der späteren Folge unwegbare Konsequenzen. Nur wer Probleme rechtzeitig erkennt, sie mit klarem Verstand betrachtet und konsequent bewältigt, wird bleiben, was er möglicherweise schon ist.

- **Und nochmals Machiavelli ...**

»Wenn du einen Gegner nicht besiegen kannst, dann mußt du dich mit ihm verbünden...«, sagt und schreibt im Hauptwerk »Il principe« der brave Sekretär Niccolò Machiavelli. Hätte doch die so unglücklich verbissene Stiefkönigin das Buch gelesen und vielleicht sogar verstanden! Es ist sinnlos, sich mit Kommandoaktionen – mit oder ohne Hexenkunst –

Mutterhaus und Tochterfirma

in ein gegnerisches Machtgefüge einzuschmuggeln und Anschläge zu verüben. Es wäre nur sinnvoll, einen Generalschlag zur endgültigen Beseitigung – nicht des Schneewittchens, sondern der Zwergenfirma! – zu unternehmen. Da aus dem Märchen zu erfahren ist, daß dies nicht möglich ist, weil die Zwerge tagsüber sicher in ihren Bergwerksstollen sitzen und die Angriffslogistik für eine Königin alleine nicht funktioniert – die Anmarschwege sind zu lang! –, wäre nur Bündnispolitik produktiv. Sie hätte den Zwergen von sich aus einige Monopole, Stiftungen, Regalitäten antragen sollen, damit Absatzmärkte garantiert und – wetten, die Zwerge selbst hätten Schneewittchen nicht aufkommen lassen.

Aber wie schon gesagt, geht es immer schief, wenn jemand nur auf »Schönheit« aus ist, Machiavelli nicht kennt oder glaubt, in Märchen wären nur Kindergeschichten erhalten ...

FIRMA RAST & RUH

oder

*Vormittags geschlossen – nachmittags zu!
Über Investitionen in schlafende Firmen*

Das Märchen vom Dornröschen gehört zu den romantischsten in der Grimmschen Sammlung. Zumindest wird es von einer breiten Öffentlichkeit so empfunden, weil es mit einem der schönsten Küsse der Weltliteratur endet. Das hätte auch schiefgehen können, wie ein berühmter Sketch von John Cleese, dem Superhirn der Monty-Python-Truppe einmal zeigte. Davon aber später. Grundsätzlich beginnt dieses Märchen aber als anscheinend nicht enden wollende Kette von Unfähigkeiten und Mißmanagement.

Vor Zeiten war ein König und eine Königin, die sprachen jeden Tag: »Ach, wenn wir doch ein Kind hätten!«, und kriegten immer keins. Da geschah es, als die Königin einmal im Bad saß, daß ein Frosch aus dem Wasser ans Land kroch und zu ihr sprach: »Dein Wunsch wird erfüllt werden; ehe ein Jahr vergeht, wirst du eine Tochter haben.«

Was der Frosch gesagt hatte, das geschah, und die Königin gebar ein Mädchen, das war so schön, daß der König vor Freude sich nicht zu fassen wußte und ein großes Fest anstellte.

Es ist immer anrüchig, wenn man ein Märchen mit Häme betrachtet. Es macht den Kommentator nicht sympathisch, aber es läßt sich hier nicht umgehen. Zu viele Psycholog(en)/-innen, Eheberater/-innen, Scheidungsanwält(e)/-innen und Gynäkolog(en)/-innen sowie Sprachwissenschaftler/-innen und Ethnolog(en)/-innen haben die Sache mit dem Frosch kommentiert. Es ist richtig, daß die Bezeichnung Frosch eine mittelalterliche Chiffre für einen armen jungen Mann aus dem Volke ist. Wie immer dieser sogenannte Frosch der Königin beim Bad im Teich das Kind prophezeite, er wird wohl auch gewußt haben, was zu tun ist, um die Prophezeiung zu erfüllen. Und Herr König muß doch ziemlich grenzsenil gewesen sein, um das schöne Kind auch noch für seines zu halten. Aber wie man so im Bade sagt: Schwamm drüber!

Er lud nicht bloß seine Verwandten, Freunde und Bekannten, sondern auch die weisen Frauen dazu ein, damit sie dem Kind hold und gewogen wären.

Richtig! Die königliche Protzerei übersah wenigstens nicht die entscheidenden Kräfte des Landes – die guten Feen. Selbstverständlich kommt die Vorstellung von solchen weiblichen Mächten aus der keltischen und späteren germanischen Mythologie und könnte belächelt werden. Aber tatsächlich würde zum Beispiel in den USA niemand eine repräsentative Staatsfete veranstalten, ohne die führenden Repräsentantinnen der allmächtigen Frauenvereine einzuladen. So wird es wohl vor Zeiten auch in diesem Königreich gewesen sein. Daß es sich um altkeltische Feenfürstinnen handelte, zeigt auch die in der Folge genannte Zahl 13. Eine magische keltische Ziffer!

Es waren ihrer dreizehn in seinem Reiche; weil er aber nur zwölf goldene Teller hatte, von denen sie essen sollten, so mußte eine von ihnen daheim bleiben. Das Fest wurde mit aller Pracht gefeiert, und als es zu Ende war, beschenkten die weisen Frauen das Kind mit ihren Wundergaben, die eine mit Tugend, die andere mit Schönheit, die dritte mit Reichtum, und so mit allem, was auf der Welt zu wünschen ist.

Als elf ihre Sprüche eben getan hatten, trat plötzlich die dreizehnte herein. Sie wollte sich dafür rächen, daß sie nicht eingeladen war, und ohne jemand zu grüßen oder nur anzusehen, rief sie mit lauter Stimme: »Die Königstochter soll sich in ihrem fünfzehnten Jahr an einer Spindel stechen und tot hinfallen.« Und ohne ein Wort weiterzusprechen, kehrte sie sich um und verließ den Saal.

Auch hier schalten sich gerne die Tiefenpsychologen ein und verweisen auf die sexuelle Entwicklung junger Mädchen, die Deflorationsphobie, die kryptophallische Spindel und lauter so anzügliches Zeugs. So was läßt sich natürlich auch gut denken, weil ja das erste Feengeschenk Tugend war und erst das zweite Sex-Appeal. Eine kontraproduktive Geschenksliste.

Doch ist das Wichtigste nicht zu übersehen: die geradezu dämliche Repräsentation. Wer sich nicht 13 oder mehr goldene Teller leisten kann, der soll keine Staatsrepräsentation oder andere Angebereien veranstalten. Das ist so, als würde ein internationaler Konzern eine Pressekonferenz veranstalten und der Journalistenmeute statt eines edlen Buffets Lunchpakete mit Käsestullen überreichen. Die Presse wäre dementsprechend, die Wut über die Zurücksetzung der dreizehnten Fee ist nachvollziehbar. Die Grauslichkeit ihres Fluchs wiederum ist typisch keltisch. Aber Familie König mit ihrer Knausrigkeit schrammt gerade noch am Schlimmsten vorbei …

Alle waren erschrocken; da trat die zwölfte hervor, die ihren Wunsch noch übrig hatte, und weil sie den bösen Spruch nicht aufheben, sondern ihn nur mildern konnte, so sagte sie: »Es soll aber kein Tod sein, sondern ein hundertjähriger tiefer Schlaf, in den die Königstochter fällt.«

Physiologisch problematisch – denn wer 100 Jahre schläft,

ist auch binnen kurzem tot, wenn er nicht mit Infusionen künstlich ernährt und gleichzeitig tiefgefroren aufbewahrt wird, um die Alterung hintanzuhalten. Aber bitte – ist ja nur ein Märchen, und bei Feen ist bekanntlich alles möglich.

Der König, der sein liebes Kind vor dem Unglück gern bewahren wollte, ließ den Befehl ausgeben, daß alle Spindeln im ganzen Königreich verbrannt werden sollten. An dem Mädchen aber wurden die Gaben der weisen Frauen sämtlich erfüllt; denn es war so schön, sittsam, freundlich und verständig, daß es jedermann, der es ansah, liebhaben mußte.

Armes Kind! Nebenbei ist zu überlegen, wie sich wohl im Königreich unter dem Befehl des alten Dodels die Textilwirtschaft entwickelt hatte. Wo doch während der 15 Jahre jedes Spinnen unmöglich gemacht wurde. Was das wohl für eine negative Import-Export-Bilanz gebracht haben muß. Denn bekleidet werden die Untertanen doch weiterhin herumgelaufen sein.

Es geschah, daß an dem Tage, wo es gerade fünfzehn Jahre alt wurde, der König und die Königin nicht zu Hause waren und das Mädchen ganz allein im Schloß zurückblieb.

Wahrlich eine öde Geburtstagsparty. Aber der alte Zinsgeier von Monarch muß wohl immer schrulliger und geiziger geworden sein. Übrigens hat Prinzeßchen offensichtlich ein Gnadenjahr dazubekommen. Das 15. Lebensjahr beginnt bekanntlich mit dem 14. Geburtstag, der 15. beendet es. Oder haben sich die Grimms verzählt? Die folgende Verhaltensweise der schönen Maid deutet wieder darauf hin, daß sie bis zu diesem Geburtstag offensichtlich im Kinderzimmer eingesperrt gewesen war und nur zu Repräsentationszwecken ab und zu im Thronsaal vorgeführt wurde. Endlich – sturmfreie Bude!

Da ging es allerorten herum, besah Stuben und Kammern, wie es Lust hatte, und kam endlich auch an einen alten Turm. Es stieg die enge Wendeltreppe hinauf und gelangte zu einer kleinen Tür. In dem Schloß steckte ein verrosteter Schlüssel, und als es ihn umdrehte, sprang die Tür auf, und da saß in einem kleinen Stübchen eine alte Frau mit einer Spindel und spann emsig ihren Flachs.

»Guten Tag, du altes Mütterchen«, sprach die Königstochter, »was machst du da?«

»Ich spinne«, sagte die Alte und nickte mit dem Kopf. »Was ist das für ein Ding, das so lustig herumspringt?« fragte das Mädchen, nahm die Spindel und wollte auch spinnen.

Kaum hatte sie aber die Spindel angerührt, so ging der Zauberspruch in Erfüllung, und sie stach sich damit in den Finger. In dem Augenblick aber, wo sie den Stich empfand, fiel sie auf das Bett nieder, das da stand, und lag in einem tiefen Schlaf. Und dieser Schlaf verbreitete sich über das ganze Schloß: der König und die Königin, die eben heimgekommen und in den Saal getreten waren, fingen an einzuschlafen und der ganze Hofstaat mit ihnen. Da schliefen auch die Pferde im Stall, die Hunde im Hof, die Tauben auf dem Dach, die Fliegen an der Wand, ja, das Feuer, das auf dem Herd flackerte, wurde still und schlief ein, und der Braten hörte auf zu brutzeln, und der Koch, der den Küchenjungen, weil er etwas versehen hatte, an den Haaren ziehen wollte, ließ ihn los und schlief. Und der Wind legte sich, und auf den Bäumen vor dem Schloß regte sich kein Blättchen mehr.

Der Romantik des Märchens folgend, kommen modernen Menschen trotzdem immer wieder sachliche Fragen hoch. Wieso steht ausgerechnet ein Bett in der Turmstube? Dumme Frage, würden die Märchenologen antworten, das hat doch die böse Fee mitgebracht, damit Dornröschen nicht am Boden schlafen muß. Andere Wissenschaftler und schlitzohrige Praktiker würden wieder meinen, daß das Bett sowieso immer dort gestanden habe, weil ...

Bett hin, Bett her, jetzt liegt das Unternehmen König & Co. einmal endgültig im Tiefschlaf. Der königliche Chef und seine Gemahlin sind ja gerade rechtzeitig zum Einschlafen heimgekehrt. Wären sie weggeblieben, hätte es auch nichts genützt. Man muß es einmal klar aussprechen: dieses Tiefschlafschloß ist keine abstruse Phantasie. Es gibt genügend Firmen, Organisationen, Vereine, Amtsstuben etc., die man beim Betreten ebenso empfindet. Obwohl sich die Insassen augenscheinlich bewegen, hat man doch nie den Eindruck, daß hier irgend etwas geschieht. Das in Rede stehende Königsschloß ist sicher nicht aus der Hyperaktivität heraus in Tiefschlaf verfallen. Der Einschlafvorgang wird sich wohl schon über die letzten Monate und Jahre gezogen haben.

Wieso das keiner bemerkt hat?

Das ist ja in der Wirtschaft das Besondere: die Einschlafenden und Wegtretenden merken das am allerwenigsten. Die glauben sogar noch im Tiefschlaf – der sogenannten REM-Phase, in der man am heftigsten träumt –, daß sie wach seien. Science Fiction Fans würden es so definieren, daß die Schläfer in ihrem Biotop in ein anderes Zeit-Raum-Kontinuum versetzt worden wären. Welches Bild auch immer – die Firma ist weg vom Fenster!

Rings um das Schloß aber begann eine Dornenhecke zu wachsen, die jedes Jahr höher wurde und endlich das ganze Schloß umzog und darüber hinauswuchs, daß gar nichts mehr davon zu sehen war, selbst nicht die Fahne auf dem Dach.

Ein herrlich reales Bild. In jedem Großunternehmen gibt es solche Abteilungen. Die sind zugewachsen, da weiß keiner mehr, wozu es sie einmal gegeben hat, daß es sie noch immer gibt und wozu man sie überhaupt braucht. In diesen Bereichen leben die Schläfer, die aufgrund ihrer Träume – siehe oben – sich aber für hellwach halten. Mit allen Sozialleistungen, Urlauben, Krankenständen und Ruhestandsantritten. Dort fällt auch nicht auf, daß niemand, der abgeht, je ersetzt würde. Vergleichbar würde jeder im Schlaf Sterbende im Dornröschenschloß wohl kaum nachbesetzt werden.

Bleibt eine gemeinsame Erkenntnis: Zugewachsene Organisationen bleiben unter allen Bedingungen stabil und erhalten. Auf jeden Fall bilden sie die Grundlage für Mythen.

Es ging aber die Sage in dem Land von dem schönen schlafenden Dornröschen, denn so wurde die Königstochter genannt, so daß von Zeit zu Zeit Königssöhne kamen und durch die Hecke in das Schloß dringen wollten. Es war ihnen aber nicht möglich, denn die Dornen hielten fest zusammen als hätten sie Hände, und die Jünglinge blieben darin hängen, konnten sich nicht wieder losmachen und starben eines jämmerlichen Todes.

Jeder, der einmal versucht hat oder beauftragt wurde, eine »tote Abteilung«, eine eingeschlafene Organisation auf kurzem Wege wieder in Schwung zu bringen, kann das bestätigen. Es muß nicht immer der physische Tod sein, den solche Jünglinge erleben, aber es sind auf jeden Fall sehr schnelle Pleiten.

Nach langen, langen Jahren kam wieder einmal ein Königssohn in das Land und hörte, wie ein alter Mann von der Dornenhecke erzählte, es solle ein Schloß dahinter stehen, in dem eine wunderschöne Königstochter, Dornröschen genannt, schon seit hundert Jahren schliefe, und mit ihr schliefe der König und die Königin und der ganze Hofstaat. Der Alte wußte auch von seinem Großvater, daß schon viele Königssöhne gekommen seien und versucht hätten, durch die Dornenhecke zu dringen, aber sie wären darin hängengeblieben und eines traurigen Todes gestorben. Da sprach der Jüngling: »Ich fürchte mich nicht, ich will hinaus und das schöne Dornröschen sehen.« Der gute Alte mochte ihm abraten, wie er wollte, er hörte nicht auf seine Worte.

Wieder taucht eine konkrete Frage auf. 100 Jahre ist das Schloß samt Regierung und Nachwuchs verschwunden, von wem wird das Land regiert? Von kommissarischen Verwaltern, von Kirchenfürsten, von sowjetischen Rotgardisten? Man wird uns doch nicht weismachen wollen, das Königreich hätte sich basisdemokratisch zu autonomer Selbstverwaltung entwickelt! Und wo sind die Steuergelder hingeflossen, die seit 100 Jahren nicht mehr an den Königshof abgeliefert werden mußten? Wurden diese treuhändisch von einem Schweizer Bankenkonsortium verwaltet und angelegt?

Da gibt uns keiner Antwort, da werden wir allein gelassen. Aber eines wird wunderbar erzählt: die Geschichte vom guten Alten, der alles weiß und von allem abrät. Das sind die Typen, die erfolgreiche Prinzen suchen müssen. Denn die Erfolgschancen sind um so höher, je heftiger diese Miesmacher zetern. Wie sich gleich zeigt:

Nun waren aber gerade die hundert Jahre verflossen, und der Tag war gekommen, wo Dornröschen wieder erwachen sollte. Als der Königssohn sich der Dornenhecke näherte, waren es lauter schöne, große Blumen, die taten sich von selbst auseinander und ließen ihn unbeschädigt hindurch, und hinter ihm taten sie sich wieder als eine Hecke zusammen. Im Schloßhof sah er die Pferde und scheckigen Jagdhunde liegen und schlafen, auf dem Dach saßen die Tauben und hatten das Köpfchen unter den Flügel gesteckt. Und als er ins Haus kam, schliefen die Fliegen an der Wand, der Koch in der Küche hielt noch die Hand, als wolle er den Jungen packen, und die Magd saß vor dem schwarzen

Huhn, das gerupft werden sollte. Da ging er weiter und sah im Saal den ganzen Hofstaat liegen und schlafen, und oben bei dem Thron lagen der König und die Königin. Da ging er noch weiter; alles war so still, daß einer seinen Atem hören konnte; und endlich kam er zu dem Turm und öffnete die Tür zu der kleinen Stube, in der Dornröschen schlief.

Da lag es und war so schön, daß er die Augen nicht abwenden konnte, und er bückte sich und gab ihm einen Kuß. Wie er es mit dem Kuß berührt hatte, schlug Dornröschen die Augen auf, erwachte und blickte ihn ganz freundlich an. Da gingen sie zusammen hinab, und der König erwachte und die Königin und der ganze Hofstaat und sahen einander mit großen Augen an.

Es ist eine Situation, die an die Vertreibung aus dem Paradies erinnert. Vor die Türe geworfen sahen sich ja bekanntlich Adam und Eva auch mit großen Augen an und stellten nebstbei fest, daß sie nackt waren. Das ist hier zweifellos nicht das Problem. Aber es darf doch laut darüber nachgedacht werden, daß sich in 100 Jahren bekanntlich die Mode ändert, die Technologie, der Lebensstandard und die Sozialgesetze. Dem kühnen Prinzen muß das ja unmittelbar vor Augen stehen, und wir bewundern nachträglich noch seinen Mut, eine gesellschaftlich gesehen Einhundertfünfzehnjährige wachzuküssen. Für die Vollbeschäftigung von Eheberatern, Scheidungsanwälten und Klatschjournalisten ist in mittlerer Zukunft jedenfalls gesorgt. Die Situation des Wachküssens hat, wenn man sie realistisch durchdenkt, selbstverständlich auch noch andere komische Facetten. Der schon erwähnte John Cleese kämpft sich als Prinz in dieser Szene durch ein Zimmer, das zwei Finger breit hoch mit Staub bedeckt ist und mit Spinnweben durchzogen, die die Konsistenz von Zuckerwatte haben. Die Prinzessin war natürlich nicht von der ätherischen Schönheit der Sleeping Beauty wie sie bei Madame Tussaud im Wachsfigurenkabinett zu London bewundert werden kann. Nein, das war eine stämmige Mittdreißigerin von irischer Üppigkeit. Als letztere vom hundertjährigen Knockout hochkam, machte sie auch große Augen. Und dann ein dementsprechendes Geschrei wegen des Drecks. Den Prinzen herrschte sie an, er möge sofort die Säuberungsmaßnahmen einleiten. Bei dem wilden Gefuchtel stach sie sich erneut an der Spindel und fiel wieder schlafend aufs Lager zurück. »Thank's God for that!« sprach der gerettete Prinz John Cleese und entschwand. Nun denn, irgendwer wird wohl auch in unserer romantischen Erzählung zum wochenlangen Putzen vergattert worden sein.

Und die Pferde im Hof standen auf und schüttelten sich, die Jagdhunde sprangen und wedelten, die Tauben auf dem Dach zogen das Köpfchen unterm Flügel hervor, sahen umher und flogen ins Feld, die Fliegen an den Wänden krochen weiter, das Feuer in der Küche erhob sich, flackerte und kochte das Essen, der Braten fing wieder an zu brutzeln, und der Koch gab dem Jungen eine Ohrfeige, daß er schrie ...

Wie schon angedeutet: die in der Zwischenzeit eingeführten Jugendschutzbestimmungen und das neue Lehrlingsrecht sind eben noch nicht erkannt!

... und die Magd rupfte das Huhn fertig. Und da wurde die Hochzeit des Königssohnes mit dem Dornröschen in aller Pracht gefeiert, und sie lebten vergnügt bis an ihr Ende.

Wohltuend mild verschweigen uns die Märchenerzähler, wann und wie dieses Ende wohl gekommen ist. Aber Hauptsache – vergnügt! Was uns zu den klaren Lehren und Erkenntnissen aus dieser wunderschönen Märchengeschichte führt.

Zusammenfassung der wichtigsten

Merksätze und Lernfelder

für Prinzen und andere Wachküsser

Eine schöne Maid wachzuküssen, um mit ihr vergnügt im Sinne von ehelich zumindest im nächsten Lebensabschnitt das Dasein zu teilen, ist, wenn alles gutgeht, eine Erfolgsstory für sich. Daß an der Teenagerbraut allerdings ein komplettes Schloß im Sinne einer mittelgroßen Firma mit angeschlossenem landwirtschaftlichem Großbetrieb – Königreich! – mit Forstwirtschaft sowie Steueraufkommen aus Gewerbe und Handel hängt, ist management- und karrieremäßig durchaus noch interessanter. Der Herr Prinz, woher er auch immer stammen mag, hat sich durch die Erweckungsinitiative ein fettes Stück am Erbe beziehungsweise an der Mitgift der Braut an Land gezogen. Wir gratulieren!

- **Merke – Schlafende Schlösser gibt's überall!**
Was in den Zwischeneinwürfen schon gesagt wurde, gehört hier noch einmal bestätigt. Je größer wertschöpfende oder administrative Organisationen und Körperschaften sind, desto mehr befinden sich in ihnen völlig »zugewachsene Bereiche«. Besonders Süddeutschland und Österreich sind von Rosenhecken geradezu durchwachsen, aber auch in Preußen können jederzeit florale Verstecke gefunden werden. Es braucht gar nicht soviel Mühe, um sie auszumachen.

Ein historisches Beispiel aus Österreich sei hier angeführt: In der Monarchie gab es in der Exekutive eine höchst geheime Abteilung. Die Geheimhaltung war so groß, daß alle Mitarbeiter außer- wie auch innerhalb über Zweck und Aufgabe der Geheimabteilung nichts wissen durften. Aus Geheimhaltungsgründen konnten die internen Mitarbeiter auch nichts tun und mit nichts beschäftigt werden. Sonst wäre die Geheimhaltung ja gefährdet gewesen. Als um 1900 ein junger Spund von einem Kriminalbeamten dorthin strafversetzt wurde, flog die Sache auf. Denn der begann zu fragen, was aber aus Geheimhaltungsgründen verboten war. Bald stellte er fest, daß diese riesige geheime Abteilung aus Geheimhaltungsgründen de facto nichts tat, und das schon länger als 100 Jahre. Bedenkt man, daß die Habsburgermonarchie in Österreich über 500 Jahre dauerte, so ist der Dornröschenmythos dagegen geradezu marginal.

Dieser junge Kriminalinspektor mit dem legendären Namen Pinagel hatte einen strategischen Fehler gemacht. Er hatte das Problem erkannt, aber dummerweise aufgedeckt. Er hätte letzteres nicht tun sollen, sondern völlig geheim die Abteilung übernehmen müssen. Der Posten eines Hofrats, vielleicht sogar eines Polizeiministers, wäre damit in greifbare Nähe gerückt.

So ist also auch heute für junge Karrieresüchtige das Ausmachen und Suchen von Dornröschenschlössern einer der besten Ansätze.

• Mythen haben einen harten Kern!
Über viele Firmen, Organisationen, Kirchen usw. gibt es sogenannte legendäre Aussagen. Zuerst einmal die offiziellen – Bilanzen, Jahresberichte, Weltkatechismen etc. –, dann die inoffiziellen – Gerüchte, Legenden, Mythen und Sagen. Letztere, so sagen seriöse Kommentatoren, stimmen natürlich nicht. Kann schon sein, aber darum geht's nicht.

Wichtig ist nur, daß sie von allen geglaubt werden. Daher sind sie real. Und wenn, wie im Märchen, die Alten und Weisen mit flehender Stimme und erhobenen Händen warnen, so einer Sache nachzugehen, dann tun Sie es. Dann ist die Sache heiß. Dann gibt es etwas zum Wachküssen. Es sei denn ...

• Jede Hecke hat ihre Zeit!

Um zum Erfolg vorzudringen, um Barrieren zu überwinden und Legenden zu küssen, Frauenherzen zu erobern, Budgets lockerzumachen, Kampagnen zu starten usw., gibt es einen richtigen Zeitpunkt. Im Märchen sind es die berühmten 100 Jahre, aber das ist nur ein Symbol für ein gerüttelt Maß an Zeit, wie auch für einen konkreten richtigen Zeitpunkt.

Die zu frühen Prinzen konnten nur kläglich scheitern, zu späte Karrierejünglinge wären möglicherweise in die baufällige Bude gar nicht mehr hineingekommen oder vom morschen Dach des Turmzimmers erschlagen worden. Alte Volksweisheiten wie »Der frühe Vogel fängt den Wurm« sind nicht immer dienlich beim Dornröschenküssen.

Wer eine Firma oder ähnliches schnell, aber in freundlicher Übernahme in die Hand bekommen will, wer Investitionen wagt und daher auch riskiert, der sollte die Kunst des Abwartens beherrschen. Nur Anfänger knallen mit Zuversicht und Kapital in halbmarode Unternehmen, mit denen sie dann gemeinsam untergehen. Profisanierer lassen die angepeilte und ins Auge gefaßte Klitsche erst so richtig zusammenrumpeln. Um so besser kann man dann festes und bewegliches Mobiliar sortieren und aus verschlafenen Knappen und Mägden durch impulsgebende Motivationsseminare wieder leistungsstarke Mitarbeiter/-innen machen. Vorher würden die nur kreuz und quer durcheinanderlaufen und nach Abfertigungen und Sozialplänen kreischen. Eiser-

ne Richtregel: Nur kaputte Firmen sind wieder gut aufzubauen, solche die noch auf einem Bein stehen können, müssen erst zum Fallen gebracht werden.
Grausam?
Alle Märchen sind grausam.

- **Nur wer schnell küßt, küßt doppelt!**

Unser Märchenprinz kann mit unterschiedlichen Augen gesehen werden. Lobenswert an ihm ist der rasche Entschluß und die durchgezogene Initiative. Hätte er – siehe John Cleese! – zuerst mit Kübel und Besen, Staubsauger und Druckreiniger das Schloß auf Vordermann zu bringen versucht, hätte er sich im Burghof verirrt und nicht gleich zum Turmzimmer gefunden, hätte er stundenlang Dornröschen angeglotzt, anstatt ihr eins aufzuschmatzen, wären die schlafenden Fliegen wohl von der Wand gefallen. Jede Übernahme, jede Besitzergreifung, jede gute Tat – an böse wollen wir nicht denken – braucht nicht nur den richtigen Zeitpunkt, es braucht auch die entsprechende Geschwindigkeit. Diese neumodische Managerphrase »Speed kills« ist eine unglückliche negative Formulierung. Aber sie sagt im Wesen das, was hier gemeint ist. Bei Dornröschen oder in der Stahlindustrie, im Einzelhandel oder im Kulturmanagement wollen wir uns die positive Phrase für den Erfolg merken: Only quick kisses are kisses to success!

Und wenn Sie dem Märchen und obigen Erkenntnissen nicht glauben und trauen wollen, dann besuchen Sie doch eines dieser topaktuellen Flirtseminare. Sie werden staunen!

AUF TREU UND GLAUBEN

oder

*Die Ehre der Frösche
Über Vertragstreue und Handschlagqualität
am Beispiel des Märchens vom Froschkönig*

Viele, fast alle Märchen beginnen mit der schönen Redewendung »Es war einmal …«.
Das soll die Leser – besser gesagt die Hörer, denn Märchen wurden früher ausschließlich erzählt – bewußt in die Irre führen. Nämlich in vergangene Zeiten verweisen, anstelle klar zu sagen, daß das natürlich auch in der Jetztzeit geschehen könnte. Dieser Trick wird gerne mit dem Schlußsatz »Und wenn sie nicht gestorben sind, dann leben sie noch heute« gemildert. Das deutet nämlich das genaue Gegenteil an: Die Prinzen, die Könige, die Prinzessinnen, die Hexen, die Schneiderleins, die Wölfe, die Frösche usw. sind ja alle noch unter uns.

Das Märchen vom Froschkönig beginnt mit einer besonders merkwürdigen Phrase: »In alten Zeiten, wo das Wünschen noch geholfen hat …«

Was soll das heißen? Was ist mit Wünschen gemeint?

Also zweifellos nicht das einfache Wunschdenken, das es ja auch heute noch anstelle von gutem Management gibt und das auch heute noch immer nichts hilft. Nein, in alten Zeiten meinte man mit Wünschen das, was wir heute Magie nennen. Zaubern und Hexen wurde immer mit Segens- oder Fluchformeln verbunden, die meist aus dem Griechischen und Lateinischen stammten. Der scherzhafte Zauberspruch Abrakadabra läßt das noch erahnen.

Wenn jetzt der Schluß daraus gezogen wird, daß diese Geschichte eben wirklich sehr alt ist, weil damals noch gezaubert wurde, ist es der falsche Schluß. Denn gezaubert wird auch heute noch. In jeder zweiten Amtsstube, in jedem besseren Comptoir, in jedem dritten supermodernen Office hängt doch das berühmte Poster: »Unmögliches wird sofort erledigt – Wunder dauern etwas länger – auf Wunsch wird auch gehext.« Und – so ist es auch! Im Zeitalter der Mikroelektronik und des Internets soll es ja sogar in offiziösen Amtsstuben der Verwaltung und Behörde möglich sein, innerhalb von 30 Minuten ein Formular für die Einreichung eines Dokuments zu erhalten. Geradezu behördliche Überschallgeschwindigkeit!

Darüber hinaus beschäftigen sich Führungskräfte bis zur obersten Etage in Wirtschaft und Politik nur allzugern mit esoterischen Techniken. Das ist Insiderwissen, denn niemand derjenigen würde dies offen zugeben. Aber ab und zu gibt es schon erstaunte Mitarbeiter/-innen, die im Büro des Prokuristen zarten Weihrauchduft verspüren und sich über in den Teppich gewebte Drudenfüße erstaunen. Auch gibt es Seminare wie »Schwarze Magie im Marketing« und ähnliches, aber diese werden auch strengstens geheimgehalten. Mit einem Wort – die alte Zeit der Märchen, wo das Wünschen noch geholfen hat, ist topaktuell.

In alten Zeiten, wo das Wünschen noch geholfen hat, lebte ein König, dessen Töchter waren alle schön, aber die jüngste war so schön, daß die Sonne selber, die doch so vieles gesehen hat, sich wunderte, sooft sie ihr ins Gesicht schien. Nahe bei dem Schloß des Königs lag ein großer, dunkler Wald, und in dem Wald unter einer alten Linde war ein Brunnen. Wenn nun der Tag sehr heiß war, ging das Königskind hinaus in den Wald und setzte sich an den Rand des kühlen Brunnens. Und wenn die Kleine Langeweile hatte, nahm sie eine goldene Kugel, warf sie in die Höhe und fing sie wieder auf; und das war ihr liebstes Spielwerk.

Was sich da schon wieder alles zusammensammelt: ein schönes Kind, ein dunkler Wald, ein Linde, ein kühler Brunnen, eine goldene Kugel ... Die heiligen Freud und Jung stehen uns bei! Nur nicht nachdenken, sonst landen wir wieder voll in Erotik und Sexualität. Nebstbei ist die Linde aber auch der mythische Baum für den germanischen, also altdeutschen Versammlungsort. »Wenn wir uns finden wohl unter Linden«, tönt es im malträtierten Volkslied, und das bedeutet strenggenommen den alten Dorfplatz, wo am Abend die Zuchtwahlrituale – das Balzen – zwischen der Dorfjugend abliefen. Wir werden demnächst im Märchen auf weitere Verdachtsmomente in Richtung Volksbräuche stoßen.

Nun trug es sich einmal zu, daß die goldene Kugel der Königstochter nicht in ihr Händchen fiel, ...

Wie alt ist das Gör denn nun ...?

... Händchen fiel, das sie in die Höhe gehalten hatte, sondern vorbei auf die Erde schlug und geradezu ins Wasser hineinrollte. Die Königstochter folgte ihr mit den Augen nach, aber die Kugel verschwand, und der Brunnen war tief, so tief, daß man keinen Grund sah. Da fing sie an zu weinen und weinte immer lauter und konnte sich gar nicht trösten.

Ungeachtet der Tatsache, daß hier ein erstklassiger Torwart der Champions League fehlt, der mit gehechteter Parade die Goldkugel natürlich aus dem Kreuzeck gefischt hätte, stellt sich die weitere Frage, wieso das sonnenblendende wunderhübsche Mägdelein aus bestem Hause ohne Begleitung im Wald herummurkst. Nur weil sie, pardon, ihr heiß ist?

Und wie sie so klagte, rief ihr jemand zu: »Was hast du, Königstochter? Du schreist ja, daß sich ein Stein erbarmen möchte.« Sie sah sich um, woher die Stimme käme, da sah sie einen Frosch, der seinen dicken, häßlichen Kopf aus dem Wasser streckte. »Ach du bist's, alter Wasserpatscher«, sagte sie, »ich weine über meine goldene Kugel, die mir in den Brunnen hinabgefallen ist.«

»Sei still und weine nicht«, antwortete der Frosch, »ich kann dir wohl helfen. Aber was gibst du mir, wenn ich dein Spielwerk wieder heraufhole?«

»Was du haben willst, lieber Frosch«, sagte sie, »meine Kleider, meine Perlen und Edelsteine, auch noch die goldene Krone, die ich trage.«

Der Frosch antwortete: »Deine Kleider, deine Perlen und Edelsteine und deine goldene Krone, die mag ich nicht; aber wenn du mich liebhaben willst und ich soll dein Geselle und Spielkamerad sein, an deinem Tischlein neben dir sitzen, von deinem goldenen Tellerlein essen, aus deinem Becherlein trinken, in deinem Bettlein schlafen; wenn du mir das versprichst, so will ich hinuntersteigen und dir die goldene Kugel wieder heraufholen.«

»Ach ja«, sagte sie, »ich verspreche dir alles, was du willst, wenn du mir nur die Kugel wiederbringst!« Sie dachte aber: »Was der einfältige Frosch schwätzt! Der sitzt im Wasser bei seinesgleichen und quakt und kann keines Menschen Kamerad sein.«

Man beachte: Die Königstochter kennt den Herrn Frosch schon länger. Das ist aus der Anrede zu entnehmen, und die Erzählforscher und Sprachkundigen wissen ja auch, daß das Wort Frosch eine alte Chiffre für einen Mann, besonders einen jungen Mann aus dem einfachen Volke, ist. Daher sind dessen Wünsche erst richtig verständlich. Was er fordert, ist nicht materielle Abgeltung, sondern gesellschaftlichen Aufstieg in den Hochadel. Dementsprechend die Chuzpe – ungeheure Frechheit! – der niedlichen Hauptdarstellerin. Die traut dem Frosch wohl allerhand zu, aber nicht, daß er es wagt oder gar die Manieren hätte, sich in ihren Kreisen zu bewegen. Cineastisch eine perfekte Vorlage für einen Hollywoodfilm im Südstaatenmilieu. Wie sich später herausstellt, ist der Frosch nicht nur ein Frosch, sondern auch ein Froschkönig – siehe Titel! Gesellschaftlich haben wir uns also nicht nur einen jungen Mann vorzustellen, sondern auch den Dorfkaiser unter den Adoleszenten. Einen coolen Gangführer wie in der Westside Story, einen hochgewachsenen und breitschultrigen James Dean mit Bomberjacke, auf der über dem Rücken die Aufschrift prangt: Leader of the pack. Aus der Sicht des Prinzeßleins wohl aufregend im Schatten des Waldes, aber undenkbar unter den livrierten des Königsschlosses. Nun, mal sehen …

Der Frosch, als er die Zusage erhalten hatte, tauchte seinen Kopf unter, sank hinab, und bald kam er wieder heraufgerudert, hatte die Kugel im Maul und warf sie ins Gras. Die Königstochter war voll Freude, als sie ihr schönes Spielwerk wieder erblickte, hob es auf und sprang damit fort. »Warte, warte«, rief der Frosch, »nimm mich mit, ich kann nicht so laufen wie du!« Aber was half es ihm, daß er ihr sein »Quak, quak« so laut nachschrie, als er konnte! Sie hörte nicht darauf, eilte nach Hause und hatte bald den armen Frosch vergessen, der wieder in seinen Brunnen hinabsteigen mußte.

Tragisch, tragisch! Warum der Frosch, unserer These folgend, nicht nachkonnte, dürfte wahrscheinlich daran liegen, daß er nackt war und die gute Prinzessin seine bäuerlichen Kleider im Buschwerk versteckt hat. Damit war der Jüngling zuerst einmal tatsächlich wieder im Brunnen …

Am andern Tag, als sie mit dem König und allen Hofleuten sich zur Tafel gesetzt hatte und von ihrem goldenen Tellerlein aß, da kam, plitsch, platsch – plitsch, platsch, etwas die

Marmortreppe heraufgekrochen. Als es oben angelangt war, klopfte es an der Tür und rief: »Königstochter, jüngste, mach mir auf!« Sie lief und wollte sehen, wer draußen wäre; als sie aber aufmachte, saß der Frosch davor. Da warf sie die Tür rasch zu, setzte sich wieder an den Tisch, und es war ihr ganz angst. Der König sah wohl, daß ihr das Herz gewaltig klopfte, und sprach: »Mein Kind, was fürchtest du dich? Steht etwa ein Riese vor der Tür und will dich holen?«

Hier wird offensichtlich, daß der König für seine jüngste Tochter auf passende Brautwerber bereits wartete. Wahrscheinlich hatte er die älteren Töchter schon unter der Haube und gewinnbringend an Nebenreiche verscherbelt und die jüngste war überständig, obwohl sie uns hier als Kind gezeigt wird. Aber bei Königs heiratet man jung, und wir dürfen sie uns mit einem Alter von zwölf vorstellen. Wenn auch trotz höchstwahrscheinlicher sexueller Erfahrungen und Phantasien noch reichlich infantil.

»Ach nein«, antwortete sie, »es ist kein Riese, sondern ein garstiger Frosch.«

Also kein Heros, kein Kriegsheld, wie der Vater sich für seine sonnenschöne Tochter wünscht, sondern nur ein Mann aus dem Volk ...

»Was will der Frosch von dir?«
»Ach lieber Vater, als ich gestern im Wald bei dem Brunnen saß und spielte, da fiel meine goldene Kugel ins Wasser. Weil ich so weinte, hat sie der Frosch wieder heraufgeholt, und weil er es durchaus verlangte, so versprach ich ihm, er sollte mein Kamerad werden. Ich dachte aber, daß er aus seinem Wasser nimmermehr herauskönnte. Nun ist er draußen und will zu mir herein.« Indessen klopfte es zum zweitenmal und rief:
    »Königstochter, jüngste,
    Mach mir auf!

*Weißt du nicht, was gestern
Du zu mir gesagt
Bei dem kühlen Brunnenwasser?
Königstochter, jüngste,
Mach mir auf!«*

Beachtenswerte lyrische Ergüsse für einen einfachen Landjüngling. Aber, wie Erich Kästner so richtig sagt: Wenn ein Mann verliebt ist, sondert er Lyrik ab.

Da sagte der König: »Was du versprochen hast, das mußt du auch halten; geh nur und mach ihm auf!«

Wow – ein König ohne Standesdünkel! Ein Adliger von Stolz und Ehre? Es ist stark zu vermuten, daß Herr König einen sozialen Background hat, der ebenfalls tief ins Volk hineinreicht ...

Sie ging und öffnete die Türe; da hüpfte der Frosch herein, ihr immer auf dem Fuße nach, bis zu ihrem Stuhl. Da saß er und rief: »Heb mich hinauf zu dir!« Sie zauderte, bis es endlich der König befahl.
Als der Frosch auf dem Stuhl war, wollte er auf den Tisch, und als er da saß, sprach er: »Nun schieb mir dein goldenes Tellerlein näher, damit wir zusammen essen!« Das tat die Königstochter zwar, aber man sah wohl, daß sie's nicht gerne tat. Der Frosch ließ sich's gut schmecken, aber ihr blieb fast jedes Bißlein im Halse stecken.

Ach, so geht es oft beim ersten entscheidenden Date zu ...

Endlich sprach er: »Ich habe mich satt gegessen und bin müde, nun trage mich in dein Kämmerlein und mache dein seiden Bettlein zurecht, da wollen wir uns schlafen legen.«

Nun denn, siehe oben ...

Die Königstochter fing an zu weinen und fürchtete sich vor

dem kalten Frosch, den sie sich nicht anzurühren getraute und der nun in ihrem schönen, reinen Bettlein schlafen sollte. Der König aber wurde zornig und sprach:
   »Wer dir geholfen hat, als du in der Not warst, den sollst du hernach nicht verachten.«

Der Typ wird ja immer sympathischer!

Da packte sie den Frosch mit zwei Fingern, trug ihn hinauf und setzte ihn in eine Ecke. Als sie aber im Bett lag, kam er gekrochen ...

Auffällig in dieser Erzählung ist, daß der Frosch immer »kriecht«. Das entspricht nicht der wahren Natur des Frosches in seinem Biotop. Das Wort kriechen ist also ein Relikt aus dem Wunschdenken und soll Untertanengeist andeuten.

... kam er gekrochen und sprach: »Ich bin müde, ich will schlafen, so gut wie du; heb mich hinauf, oder ich sag's deinem Vater!« Da ward sie erst bitterböse, holte ihn herauf und warf ihn aus allen Kräften gegen die Wand: »Nun wirst du Ruhe geben, du garstiger Frosch!«
   Als er aber herabfiel, war er kein Frosch mehr, sondern ein Königssohn mit schönen, freundlichen Augen.

Tatatata! Eine höchst merkwürdige und seltsame Symbolik. Läßt sich die umkehren? Man werfe also nicht einen Frosch an die Wand und bekäme dafür einen prinzlichen Liebhaber, sondern es besteht doch offensichtlich die Gefahr, daß, wenn man einen Königssohn an die Wand wirft, nur ein Frosch überbleibt. Ein Sexualproblem, mit dem sich wahrlich die Regenbogenpresse zu beschäftigen hat. In dieser Geschichte bewirkt also nicht ein Kuß oder ähnliches die Wandlung zum Höheren, sondern eine brachiale Gewalttat. Sozusagen eine Adelung durch Backpfeifen. Höchst merkwürdig und nicht ganz logisch. Jedenfalls bekommt der Vater jetzt einen nicht nur potenten, sondern auch gesellschaftlich adaptierten Schwiegersohn.

Der war nun nach ihres Vaters Willen ihr lieber Kamerad und Gemahl. Sogleich erzählte er ihr, er wäre von einer bösen Hexe verwünscht worden, und niemand hätte ihn aus dem Brunnen erlösen können als sie allein, und morgen wollten sie zusammen in sein Reich gehen. Dann schliefen beide ein, und am anderen Morgen, als die Sonne sie aufweckte, kam ein Wagen herangefahren, mit sechs weißen Pferden bespannt, die hatten weiße Straußenfedern auf dem Kopf und gingen in goldenen Ketten; hinten stand der Diener des Königssohnes, das war der treue Heinrich.

Bei soviel Worttreue und Handschlagqualität des Königs, nicht zu verwechseln mit der Wandwurfqualität der Prinzessin, muß die Qualität der Treue in diesem Märchen geradezu zwanghaft noch einmal überhöht werden. Der treue Heinrich ist ja sprichwörtlich geworden. Und wenn wir der Anfangsthese nachgehen, daß der sogenannte Frosch und Königssohn, der Froschkönig, nichts anderes als »the leader of the pack« des nächsten Bauerndorfes ist, so steckt hinter dem treuen Heinrich niemand anderer als dessen erster Leutnant, wie man in Unterweltskreisen so sagt.

Der treue Heinrich war so betrübt, als sein Herr in einen Frosch verwandelt worden war, daß er sich drei eiserne Reifen hatte um sein Herz legen lassen, damit es ihm nicht vor Weh und Traurigkeit zerspränge.

Eine nette Umformung eines unter der Kleidung getragenen Schutzpanzers, wie es heute die kugelsicheren Westen sind. Damit wird die hintergründige Rolle des Heinrich Bodyguard noch einmal hervorgehoben.

Der Wagen aber sollte den Königssohn in sein Reich abho-

len; der treue Heinrich hob beide hinein, stellte sich wieder hinten auf und war voller Freude über die Erlösung.

Als sie ein Stück Wegs gefahren waren, hörte der Königssohn, daß es hinter ihnen krachte, als wäre etwas gebrochen. Da drehte er sich um und rief:
»Heinrich, der Wagen bricht!« –
»Nein, Herr, der Wagen nicht,
Es ist ein Band von meinem Herzen,
Das da lag in großen Schmerzen,
Als Ihr in dem Brunnen gelegen,
Und noch ein Frosch gewesen.«
Noch einmal und noch einmal krachte es auf dem Weg, und der Königssohn meinte immer, der Wagen bräche, und es waren doch nur die Bande, die vom Herzen des treuen Heinrich absprangen, weil nunmehr sein Herr erlöst und glücklich war.

Vor allem war der moralstrenge und sittentreue König von seiner jüngsten Tochter erlöst, die in Zukunft wohl unter den strengen Augen des Heinrich Bodyguard auch kein leichtes Leben haben wird. Ähnlich wie Jacky Kennedy, spätere Onassis, die in ihrer gesellschaftlichen Stellung und in der Öffentlichkeit natürlich höchsten Rang besaß, in ihrer Entfaltungsmöglichkeit – Partys, Empfänge, und anderes Vergnügliches – vom CIA und der Verwaltung des Weißen Hauses ganz schön kujoniert wurde. Treue Heinriche gibt es eben überall, seien sie Protokollchefs, Securitybeauftragte oder die Gefährlichsten der Gefährlichen – Oberbuchhalter und Finanzberater. Prinzeßchen, nun selbst Königin, wird mit ihrem Exfrosch und in dessen Reich wohl noch einiges mitmachen. Wäre Daddy bloß nicht so von Treu und Anstand gewesen!

Aber da das Märchen vom Froschkönig als ein solches mit Happy-End gilt, hält sich unser Mitleid in Grenzen.

Zusammenfassung der wichtigsten

Merksätze und Lernfelder

für Frösche, Könige und andere Froschhalter

- **Seien Sie (k)ein Frosch!**

In jedem Tornister steckt ein Marschallstab, aus jedem Kürbis kann eine Kutsche werden, wenn auch ein Schwein nie ein Rennpferd sein wird, aber in jedem Frosch steckt ein Prinz. Was soll das heißen? Frösche, wenn wir es geschichtlich und symbolisch ernst nehmen, sind doch nur ...

Eben! Jeder Unternehmer weiß, daß sein Human Capital aus Fröschinnen und Fröschen besteht. Mitarbeiter/-innen verschiedener Bildungs- und Rangstufen, die den ganzen Pool am Leben erhalten. Ihre Quakkonzerte sind in den Betriebskantinen, bei Firmenfesten oder Belegschaftsversammlungen weithin zu hören. Und es wäre ein großer Fehler, dies einfach so wie ein natürliches Biotop abzutun. Die große Kunst der Froschhalter ist es gerade, aus diesem Teich jene herauszuschöpfen, die besonders befähigt sind. Das ist nicht leicht und erfordert konkrete Methoden der Personalbeobachtung und -förderung, denn die besten Frösche werden oft genug von einer Horde mittelqualifizierter Kaulquappen unter Wasser gedrückt. Wie immer, die besten werden doch an die Wasseroberfläche durchdringen oder mit dem Netz des Personalchefs herausgehoben.

Eine gute Karriere beginnt immer von unten. Die Thesen und Moden vom erfolgreichen Quereinsteiger auf höherer Ebene haben sich in Wirtschaft, Politik, sogar in der Wissenschaft längst überholt. Die besten Leute kommen »von der Basis«, also vom Teichgrund.

Seien Sie also in Ihrem Arbeitsfeld *kein* Frosch, sondern ein besonders toller Frosch. Und wenn Ihnen die goldene Kugel vor die Füße rollt, dann heben Sie sie gefälligst auf und schwimmen damit nach oben! Es wird selten eine sonnenschöne Siebzehnjährige auf Sie warten, aber es gibt zunehmend – wenn auch zuwenige – Unternehmerinnen und weibliche Bosse von höchst attraktivem Aussehen. Alles weitere – siehe obiges Märchen!

Für Fröschinnen bieten sich natürlich noch mehr Chancen, weil die Zahl smarter Bosse in den letzten zehn Jahren deutlich gestiegen ist.

- **Pflegen Sie Worttreue!**

Ob es nun ohnehin ein Rechtsgrundsatz ist, ob es in den Bereich von Moral und Anstand gezählt wird, ob es auch noch so altmodisch klingt, ein Mann/eine Frau – ein Wort –, das zählt noch immer. Diese sogenannte Handschlagqualität, die ja nicht brachial geübt werden muß, ist stark aus der Mode gekommen, weil angeblich moderne Managementmethoden auf der Haltung von MIESNIKS aufgebaut waren und leider noch sind. Kurzfristig können Schufte, Ekel und Ungeheuer schon erfolgreich sein, langfristig setzen sich aber doch die echten Prinzen durch.

Worttreue, gemeinhin das Halten von Versprechen bedeutend, muß aber gegenseitig geübt werden. Im Märchen vom Froschkönig ist das der Knackpunkt, denn die schöne Teenie hat hier einen Ehrencodex wie Butter in der Sonne. Grimms sei Dank, hat sie aber einen Vater vom alten Schlag, der ihr vernünftig Mores beibringt. So kommt der Frosch ins seidene Bettchen.

Apropos – solche Versprechungs- und Zumutungskataloge werden heutzutage nicht nur in der Wirtschaft leichtfertig aufgestellt, genauso verantwortungslos verhalten sich hier auch die oft privaten Partnerschaften. Ist es sinnvoll, sich ewige Treue zu schwören, wenn man nur einen zehnjährigen Lebensabschnittspakt plant? Im Sinne des MBO (Management by Objectives) wären auch Ehen auf klare Ziele und Planungsstrecken hin zu vereinbaren. Denn wie Schiller richtig schreibt: »*Mit dem Gürtel und dem Schleier reißt der schöne Wahn entzwei ...*« ist bei jeder Partnerschaft neben dem Turteln, Küssen und Kosen auch das reale Leben mit einzubeziehen. Die treulich Liebenden, welchen Geschlechts auch immer, sollten, statt langfristige Versprechen abzugeben, kurz- bis mittelfristige Lebensplanungen für ihre Partnerschaft aufstellen. Diese dann einzuhalten, also auch planmäßig auseinanderzugehen, das wäre fair und korrekt. Echte Treue, die die klassischen Familientragödien ersatzlos streicht.

- **Lassen Sie sich ruhig an die Wand werfen!**

Die Metamorphose der Märchenerzählung, die Wandlung vom Frosch zum Königssohn, wird ja nicht durch Küsse oder Zaubersprüche ausgelöst, sondern durch die nackte (!) Randale einer höheren Tochter. Werden die tiefenpsychologischen Aspekte hier weggelassen, ergibt sich ein einfacher Merksatz fürs Management: Auf die wichtigsten Dinge im Leben muß man gestoßen werden. Es ist jedem zu danken, der nach Erfolg strebende Menschen zumindest einmal im Jahr mit dem Kopf auf die Tischplatte, mit dem Rücken gegen die Wand oder mit gekonntem Judogriff ganzkörperlich auf die Matte knallt. Der international bekannte Managementkonsulent Bud Spencer – in Wahrheit ein neapolitanischer Rechtsanwalt mit höchsten Meriten – äußert dazu in seinen öffentlichen Darstellungen gerne: »Leichte Schläge auf den Hinterkopf regen das Denkvermögen an.« Diesem Rat ist natürlich nur soweit nachzugehen, als für den Probanden Überlebensfähigkeit besteht. Frosch an der Wand geht, Frosch unter der Straßenwalze wäre schiefgelaufen. Zumindest hätte das königliche Ehebett sehr lang sein müssen.

Jedenfalls geschehen entscheidende Lebensänderungen, insbesondere Karrieresprünge, immer impulsiv und schockartig. Übrigens haben auch viele Menschen in der Wirtschaft oder der Politik erst dadurch Karriere gemacht, weil sie in ihrem Unternehmen nicht an die Wand, sondern gleich durch die Tür auf die Straße geworfen wurden. Solche Situationen sind erst die wahren und richtigen Chancen!

- **Schaffen Sie sich Heinriche!**

Ob nun wirklich Heinrich oder Willi, ob Magda, Jenny oder Kevin, das ist natürlich gleichgültig. Aber das Wichtige an der bedeutungsschwangeren Nebenfigur im Märchen, das Entscheidende am treuen Heinrich, ist eben dessen unverbrüchliche Loyalität. Solche Menschen als persönliche Assistenten/Assistentinnen, Leutnants, Ordonnanzen um sich zu haben, ist eine Kostbarkeit. In kleineren Gruppen zusammengebündelt, kann man sie als Thinktanks oder Actiongroups in jeder kritischen oder schwierigen Situation für sich nutzen. Aber Vorsicht! Menschen mit solcher Qualität fallen nicht vom Himmel, sie müssen dazu erzogen, herangezogen und immer wieder motiviert werden. Treue kann man nicht einseitig konsumieren, sie muß zurückgegeben werden. Wer sich »Heinriche« hält, der braucht auch viel Zeit und Hingabe, um sie zu pflegen. Mit Geld allein ist da nichts zu machen. Der Richtsatz für Heinriche lautet: Wie du mir, so ich dir!

Es scheint ein Frevel zu sein, in diesem Zusammenhang auf die funktionierenden Strukturen eines der weltweitesten und erfolgreichsten Unternehmen zu verweisen: auf die Mafia. Ist es aber nicht, wenn wir feststellen, daß in dieses undurchdringliche Machtnetz immer wieder schwere Breschen geschlagen werden, weil die Capi, die Bosse, ihre

»Enricos« nicht mehr pflegen und daher schnell verlieren. Nämlich an die Gegenseite. An »law and order«. So geht es auch mit den Treuesten der Treuen in Firmen, Parteien und Organisationen: Bei Liebesdefizit oder -verlust hauen sie nicht einfach ab, nein die gehen zur Konkurrenz. Die Konsequenzen sind vorstellbar ...

Lernfeld: Lieber ein oder zwei Heinrichs oder Henrietten als ein Rudel von Assistenten/Assistentinnen, die gruppendynamisch dann unter sich auch noch Rambazamba spielen.

COACH AS COACH CAN!

oder

*Die Kunst des Karriereberaters am Beispiel
des Märchens »Der gestiefelte Kater«*

Die märchenhafte Karriere, die in der folgenden Geschichte ein gewisser Jürgen Müllersohn machen wird, diesen atemberaubenden Aufstieg vom offensichtlich enterbten Kleingewerbetreibenden zum königlichen Generaldirektor und Alleinherrscher über ein ganzes Firmenimperium, verdankt er einer der populärsten Gestalten in der Grimmschen Märchenwelt – Herrn Dr. Schnurrhaar Bartputzer, dem genialen Coach und Managementtrainer. Daß dieser unter dem Künstlernamen »Gestiefelter Kater« in die Erzählung aufgenommen wurde, ist verständlich. Denn schon die alten Märchenerzählerinnen schnitten den Lehrinhalt des Märchens auf kindgerechte Verständnisebenen zu. Etwas, mit dem wir uns nicht aufzuhalten brauchen, wir können die Dinge gleich beim Namen nennen. Die Märchenerzählung beginnt auch gleich mit der im kleinbürgerlichen Unternehmertum weitverbreiteten Erbschaftskatastrophe nach Abgang des alleinigen Geschäftsführers und Kapitalinhabers.

Es war einmal ein Müller. Der besaß eine Windmühle und drei Söhne, weiters einen Esel und einen Kater. Die drei Söhne arbeiteten von klein auf, mußten Getreide mahlen, der Esel Mehl forttragen und die Katze die Mäuse wegfangen.

Als der Müller starb, teilten sich die drei Söhne das Erbe. Der älteste bekam die Windmühle, der zweite den Esel und der dritte den Kater, weil sonst nichts mehr übrig war. Da war der Jüngste gar traurig und meinte zu sich selbst: »Ich bin am allerschlechtesten weggekommen. Mein ältester Bruder kann mahlen, der andere auf dem Esel reiten – aber was kann ich mit dem Kater anfangen? Lasse ich mir aus seinem Fell ein Paar Pelzhandschuhe machen, das wäre alles, was ich dann besitze!«

So geht's zu, wenn sich autoritäre Strukturen nach letalem Abgang des Chefs auflösen. Der Verteilungskampf zwischen den drei Söhnen, die zeit ihres Lebens ausgebeutet wurden, muß wohl dramatisch gewesen sein. Und die seelische Verrohung, die mit dem wirtschaftlichen Desaster in klassischer Kombination auftritt, führt dazu, daß ein langjährig verdienter Mitarbeiter schlicht und einfach als liquidationsfähige Materialressource gesehen wird. Den Kater zu Pelzhandschuhen zu verarbeiten – das ist der Niedergang des Kleinkapitalismus!

Gott sei Dank setzt hier bereits Beratung ein.

»Hör zu«, begann der Kater zu flüstern, »du brauchst mich nicht zu töten. Bekommst nur ein Paar schlechter Handschuhe aus meinem Fell! Aber laß mir schöne, hohe Stiefel machen, daß ich ausgehen und mich unter den Leuten sehen lassen kann, dann wird auch dir geholfen werden!«

Der Müllersohn wunderte sich, daß der Kater so verständlich redete.

Ein herrliches Beispiel dafür, daß ein langjähriger Mitarbeiter eben keinen materiellen Rohstoff darstellt, sondern ein hohes Potential an Dienstleistungsfähigkeit besitzt. Im vorliegenden Fall erweist sich der Kater sogar noch als hochspezialisiert für Beratung und Coaching. Denn das erste, was er fordert, ist die Investition in sein persönliches Ansehen. Die Stiefel sind ein deutliches Symbol, wie auch die deutsche Sprache zeigt. Die Redewendung »gestiefelt und gespornt« steht bekanntlich für »bereit und einsatzfähig, tüchtig und erfolgreich«. In der Computertechnik, also im Englischen, haben sich die Stiefel auch zu einem Fachbegriff gewandelt: Booting nennt man die Arbeitsphase, in der der Rechner sein Programm hochfährt. Der Computer zieht sich sinnbildlich also »die Stiefel an«, um einsatzfähig zu sein.

Aus dem scheinbar schäbigen Mühlenkater, dessen Pelz offensichtlich nicht sehr wertvoll ist, wird daher durch richtiges Booting ein gewiefter Agent. Schnurrhaar Bartputzer, promovierter Absolvent des Mausoleums für Adelskunde und Aufstiegstechnik, weiß, daß er niemanden pushen kann, wenn er selbst als Underdog, pardon, Undercat, auftreten muß. Kleider machen Leute, und Stiefel machen Kater!

Da der Müllersohn aber gerade an einem Schusterladen vorüberging, rief er den Kater herbei und ließ ihm ein Paar prächtiger, neuer Stiefel anfertigen. Es dauerte nicht lange. Als sie fertig waren, zog sie der Kater an, nahm einen Sack über die Schulter, nachdem er zuvor darin etwas Korn gegeben hatte, und ging auf zwei Beinen, wie ein Mann, zur Tür hinaus.

Die meisten Illustrationen zeigen in den Märchenbüchern Herrn Dr. Bartputzer nicht nur in Stiefeln, sondern auch mit einem prächtigen, federngeschmückten Barett. Nirgends steht, wie er dazu gekommen ist, aber ein Besuch bei einem nahegelegenen Hutmacher wird wohl auch stattgefunden haben. Schließlich spielt die Geschichte in einer Monarchie. Und in solchen Gesellschaften gehört es zum feinen Auftreten, daß man auch im richtigen Moment mit eleganter Verbeugung und artistischem Geschick den Hut ziehen kann. Kennen wir doch aus den diversen Historienfilmen ...

In diesem Lande regierte zu jenen Zeiten ein König, der allzu gerne Rebhühner aß. Obgleich zwischen den Ackerfurchen recht viele liefen, waren die Vögel so scheu, daß die Jäger keine erlegen konnten. Dies wußte der Kater und überlegte, wie er die Sache besser anstellen könnte. Als er an die Waldgrenze kam, machte er den Sack auf, streute Korn umher und legte die Schnur, mit der er den Sack zugebunden hatte, in das Gras. Das andere Schnurende führte er hinter eine Hecke. Dort versteckte sich der Kater und lauerte auf seine Opfer. Die Rebhühner kamen gar bald aus dem Acker gelaufen, fanden das Korn und hüpften in ihrer Gefräßigkeit eins nach dem andern in den Sack. Als eine stattliche Anzahl drin war, zog der Kater mit der Schnur den Sack zu, lief dann hervor, schulterte die schwere Last und eilte geradeaus nach des Königs Schloß.

Gelernt ist gelernt – ein intelligenter Fallensteller mit Geduld und List ist jedem durch die Flur dahintrampelnden schießwütigen und nur zu oft alkoholisierten Jagdburschen überlegen. Mit Hirn macht man Mäuse, pardon, fängt man Rebhühner, nicht mit Schrot und Korn aus der Feldflasche. Die Taktik des gesamten und weiteren Vorgehens wird etwas später zu bewerten sein.

Vor dem Tore des gewaltigen Königssitzes angelangt, rief sofort der Wachposten: »Halt, wohin?«
»Zu dem König«, antwortete der Kater kurzwegs. »Bist du verrückt?« Ein Kater will den König sprechen?« – »Laß ihn doch gehen«, meinte der andre Posten, »ein König hat

gewiß oft Langeweile.« – »Vielleicht macht ihm dieser Kater ein Vergnügen.« Als der Kater dann vor den König hintrat, machte er eine tiefe Verbeugung und begann mit kräftiger Stimme: »Mein Herr, der Graf«, dabei nannte er einen langen und vornehmen Namen, »läßt sich seinem König und Landesherrn ergebenst empfehlen und schickt durch mich diese Rebhühner.«
Der König war über diese fetten Hühner ganz besonders erfreut und gewährte dem Kater, soviel Gold aus seiner Schatzkammer in den Sack zu tun, als drin Platz wäre und er tragen könne.
»Das bring deinem Herrn und bestelle ihm meinen Dank für sein Geschenk!«*

Nun eben zur Taktik! Dr. Bartputzer stützt sich in seiner Vorgehensweise zwar auf sogenannte Binsenweisheiten – aber gibt es bessere? Liebe geht durch den Magen, heißt es, und einem Feinschmecker oder Vielfraß – im königlichen Fall wahrscheinlich beides – ist nichts so wichtig wie seine ihm mangelnde Leibkost. Damit ist eine wichtige Beziehungsebene geschaffen. Bei jedem schmatzenden Bissen wird Majestät an den Spender denken. Diesem hat der Kater auch eine neue Identität gegeben. Jürgen Müllersohn klingt brav und bieder und treu und deutsch, aber eben nur völkisch. Ein Graf mit einem ellenlangen unverständlichen Namen – wahrscheinlich voll von französischen und italienischen Silben –, das ist schon was, auch wenn man ihn bisher noch nie gehört hat. Gerade weil man ihn bisher noch nie gehört hat!

In einigen Fassungen dieses Märchens wird der erfundene Name des Grafen sogar zitiert. Er lautet dann Marquis von Carabas. Das ist nicht mehr ellenlang und unverständlich, aber es klingt immer noch gut. So ein bißchen spanisch, etwas französisch, vielleicht sogar sizilianisch, also angenehm exotisch. Im Fall Carabas ist auch der Vorteil gegeben, daß Seine Einfalt I. und seine Hofschranzen diesen nachsprechen und sich merken können. Nebstbei haben Generationen von Heraldikern und Adelsforschern nach dem Stammsitz oder dem mysteriösen Hintergrund des Namen Carabas geforscht. Das Thema kam auch auf der letzten diesbezüglichen Fachtagung (1999, Klunkershausen bei Sülzheim) auf die Tafel. Doch sogar Professor Freiherr Edler von und zu Ritzensproß, der mit seinen 102 Jahren zu den profundesten Kennern der Vergangenheit zählt, schüttelte verzweifelt das edle Haupt. Langsam setzt sich in der Fachwissenschaft die kühne These durch, der Name Carabas sei reine Erfindung. Denn der einzige festmachbare Stammbaum von Carabassen ist der einer Hausmeistersfamilie aus Prag. Wenn man den sogenannten Hajek, das Häkchen über dem s, wegläßt. Nein, die sind's wirklich nicht!

Zurück zum coachenden Kater. Das Passieren der Torwache ertrug er mit Zielstrebigkeit und konsolidiertem Auftreten. Es wäre ein katastrophaler taktischer Fehler gewesen, hätte er den Sack mit den Rebhühnern vom Tor weg weiterleiten lassen. Zugegeben, bei den heutigen Sicherheitsvorschriften ist das ein kompliziertes Unterfangen geworden. Heutige Staatspolizisten und die Geheimpolizei hätten den Sack nicht nur mehrfach auf den Inhalt, sondern den Inhalt auch noch auf versteckte Waffen und Sprengstoffe untersucht. Der Herr König hätte dann wohl nur mehr Rebhuhnragout bekommen. Aber damals gings noch gemütlicher zu, weil wir erfahren, daß die Torwache auch weiß, daß Seine Majestät sich langweilen. Damals Insiderwissen, heute dank »Yellow Press« der gesamten Öffentlichkeit bekannt.

Bartputzer überreicht also face to face die Visitenkarte seines Mandanten beziehungsweise Klienten und setzt

Coach as coach can!

einen kulinarischen Merkpunkt. Daß der König wirklich eine Nulpe ist, merkt man daran, daß er die Hühner zu gleichem Volumen mit Gold gegenschenkt, also deutlich überzahlt. Und so hat unser Coach Dr. Bartputzer auch das Gelände erforscht, wie von Clausewitz sagen würde. Es handelt sich um einen oralfixierten, lustabhängigen und werteunkundigen bis grenzdebilen König. Ein weitverbreitetes Modell im Spitzenmanagement. Von Monarchien selbstverständlich ...

Der arme Müllersohn aber saß daheim an seinem Fenster, stützte den Kopf auf die Hand und trauerte, daß er sein allerletztes Geld für die Stiefel ausgegeben habe. Was werde ihm denn der Kater schon dafür bringen? Im selben Augenblick knarrte die Tür, der Kater trat ein und warf den Sack von seinem Rücken. Dann schnürte der Kater ihn auf und schüttete das Gold vor den armen Müllersohn, während er hinzufügte: »Hier – für die Stiefel, die du mir machen ließest. Der König läßt dich grüßen und dir Dank sagen!« Der Sohn war glücklich über diesen Schatz, obgleich er sich nicht erklären konnte, wie das Ganze zugegangen sei. Und während der Kater seine prächtigen Stiefel auszog, erzählte er dem Jungen alles, meinte aber schließlich: »Du hast jetzt zwar sehr viel Geld bekommen – aber dabei soll es nicht bleiben! Morgen ziehe ich wieder meine Stiefel an. Übrigens erklärte ich dem König, du seist ein Graf!«

Am nächsten Morgen ging der Kater in aller Morgenfrühe wohlgestiefelt wieder auf die Jagd. Und wieder brachte er dem König einen reichen Fang. So ging es mehrere Tage fort, immer brachte er reiche Goldschätze heim, um am nächsten Tage wieder im Schloß aufzukreuzen. Bald war der Kater im königlichen Schloß so beliebt, daß er im Schloß ein und aus und herumgehen konnte, wie er mochte.

Never change a winning team! Never change a successful method! So ziemlich die wichtigsten Regeln für Trainer und Coaches ...

Eines Tages stand der Kater wohlbestiefelt in des Königs Küche und wärmte sich am lodernden Feuer. Da kam plötzlich der alte Kutscher fluchend bei der Tür herein: »Den König mit seiner Prinzessin wünsch' ich dem Henker! Gerade als ich ins Wirtshaus gehen wollte, um etwas zu trinken und Karten zu spielen, schickte der König um mich, und ich muß die beiden um den See spazierenfahren!«

Als der Kater diesen Fluch hörte, schlich er leise aus der Küche und eilte mit seinen Stiefeln zu seinem Müller und rief schon von weitem: »Willst du ein Graf werden, dann komm mit schnell hinaus in den See und bade dort!«

Wir merken, Dr. Bartputzer ist ein Mann, der den Augenblick zu nutzen weiß und im entscheidenden Moment auch immer einen Plan parat hat. Wenn auch sein einfältiger Klient mit den Genieblitzen seines Promotors nicht so recht mithalten kann.

Der Müller wußte nicht recht, was er dazu sagen sollte. Jedenfalls folgte er sogleich dem Kater, zog sich am Seeufer splitternackt aus und sprang in das Wasser. Der Kater erfaßte sogleich die Kleider, um sie zu verstecken.

Kaum war er damit fertig, als die königliche Karosse anrollte. Der Kater hielt den Wagen an und begann sogleich zu klagen: »Mein allergnädigster König! Ach, mein Herr, der dort im See badet, hatte seine Kleider ans Ufer gelegt. Da kam ein Dieb, nahm ihm die Kleider weg. Jetzt kann er nicht heraus, und wenn er länger drin bleibt, wird er sich erkälten, ja es besteht sogar Lebensgefahr!«

Coach as coach can!

Wie der König dies hörte, mußte einer der Gefolgschaft sofort zurückjagen und von des Königs Kleidern holen. Dann hüllte sich der Müller in die schönsten Königskleider. Der König, der in ihm den Grafen erblickte, dem er für die prächtigen Hühner zu tiefstem Dank verpflichtet war, bat ihn, in der Kutsche Platz zu nehmen. Die Prinzessin war über dieses Anerbieten auch nicht böse, denn er war jung und als Graf in den königlichen Gewändern besonders schön. Er gefiel ihr recht gut.

Was dem Kater die Stiefel, sind dem Jürgen Müllersohn die prächtigen Gewänder. Sagte doch irgendein römischer Kaiser, Senator oder Philosoph einmal: »Die Welt will betrogen werden. Also betrügen wir sie!« Wie schon gesagt, Kleider machen Leute. Und einen intelligenten Hof haben wir bestimmt nicht vor uns. Unter diesen Bedingungen und Voraussetzungen wäre eine korrekte Vorgangsweise wohl als Sünde zu betrachten. Wer so leicht wie König und Prinzessin zu bluffen ist, der muß geblufft werden. Dr. Bartputzer zögert keine Sekunde!

Der Kater war indessen der Kutsche vorausgeeilt und kam zu einer großen Wiese, wo viele Leute mit dem Hereinbringen von Heu beschäftigt waren.
»Wessen Besitz ist diese Wiese?« fragte der Kater die Landleute.
»Dem bösen Zauberer gehören die Gründe«, erwiderten sie. »Hört, Freunde«, setzte der Kater fort, »in wenigen Augenblicken wird euer König hier vorbeifahren, und wenn er fragt, wie euer Herr heißt, dann sagt nur: Dem Grafen gehören die Äcker. Tut ihr mir aber das nicht – dann werdet ihr alle Böses zu ertragen haben!«
Dann lief der Kater weiter und gelangte an ein großes Kornfeld. »Wessen Besitz ist dieser Acker?« fragte der

Kater die zahlreichen Landleute. »Dem bösen Zauberer gehören die Gründe«, erwiderten sie. Und wieder befahl der Kater den Leuten, den gräflichen Besitz zu bestätigen. Auf seinem weiteren Weg kam der Kater an einem hochstämmigen Eichenwald vorbei, wo zahllose Holzarbeiter mit dem Fällen prächtiger Bäume beschäftigt waren.

»Wessen Besitz ist dieser Wald?« fragte der Kater die Holzarbeiter. »Dem bösen Zauberer gehören diese Gründe«, erwiderten sie. Und ein drittes Mal begehrte der Kater, die Leute müßten dem König den gräflichen Besitz bestätigen. Dann zog der Kater weiter seiner Wege. Alle Leute sahen ihm nach, weil er so stattlich in den prächtigen Stiefeln aussah und wie ein Mensch einherschritt.

Fast möchte man meinen, die Geschichte spiele in der Zeit der großen russischen Katharina und ihrem Ministerpräsidenten Potemkin, der die nach ihm benannten Dörfer erbaut hat. Hier bestehen die Kulissen aber aus Aussagen und Behauptungen, die Dr. Bartputzer unter merkwürdigen Androhungen aus dem Landvolk herausmanipuliert, das noch einfältiger zu sein scheint als ihr rebhuhnessender Monarch.

Was uns ernsthaft die Frage aufzwingt, wer hinter der geheimnisvollen Chiffre des »bösen Zauberers« steckt.

Märchen fußen auf alten Wurzeln, deswegen sind sie ja so modern. Eine Monarchie von solch gezeigter Einfalt getragen, von solcher Schlamperei, Disziplinlosigkeit und solchem Schlendrian erfüllt, kann sich nur in einer starken Hand befinden – in der der Kirche. Es muß ein höchst katholisches Königreich sein, vergleichbar Spanien, Sizilien oder Bayern.

Wo immer, eine machtausübende Kirche braucht einen angemessenen Gegner, sonst würde sie die Menschen ja nicht mehr interessieren. Gott sei Dank (sic!) wurde ja vor

Zeiten parallel zum Monotheismus der böse Bube, der gestürzte Engel, der Satan, der Diabolos, also der Teufel, erfunden. Der Apostel Paulus nennt ihn den Fürsten der Welt, den Herrn der Materie, daher auch der sichtbaren Natur. Ihm gehören die Wiesen, die Felder, die Wälder und vor allem der Gewinn – das Gold und das Geld. Was also nicht seiner katholischen Majestät gehört, kann daher nur dem »Gott sei bei uns« gehören.

Selbstverständlich ist der zitierte »böse Zauberer« kein leibhaftiger Teufel oder Dämon, er wurde nur zu so einem »gemacht«. Höchstwahrscheinlich handelt es sich nur um einen biederen und sehr wohlbestallten Landjunker und Großgrundbesitzer, der sich der Gegenreformation verweigert hat und immer noch protestantisch ist. Andererseits drängt sich auch eine zweite Vermutung auf: Da er zaubern kann, könnte es sich auch um den Sproß einer alten druidischen Keltensippe handeln. Die konnten nämlich zaubern. Mit Zaubertränken, goldenen Sicheln und Mistelzweigen, wie wir dies aus einschlägiger Fachliteratur (Asterix & Co.) wissen. Das weitere Studium unserer Geschichte wird erst zeigen, ob sich diese Indizien verstärken.

Bald war der Kater an der Burg des Zauberers angelangt. Unerschrocken marschierte er durch das gewaltige Tor und begab sich in die Wohnräume. Als er den Schloßherrn erspähte, machte der Kater seine förmlichste Verbeugung und begrüßte ihn: »Großer Zauberer und Künstler! Es geht die Kunde, daß du dich in jedes Tier nach deinem Wunsche – ausgenommen Elefanten – jederzeit verwandeln kannst. »Was«, sagte der Zauberer und ward schon ein Elefant. »Großartig«, meinte der Kater, »aber wie wär's mit einem Löwen?« – »Bitte, eine Kleinigkeit«, und ein Löwe lefzte den Kater an. Der Kater stellte sich unerschrocken vor diesen König aller Tiere und bat mit etwas zittriger Stimme:

»Großartig – aber noch mehr als alles andere wäre es, wenn du dich in ein so kleines Tier verwandeln könntest, wie eine Maus ist. Dies würde dich zum Meisterzauberer der Erde machen!« Der Zauberer war ganz stolz auf die süßen Worte und sagte: »Liebes Kätzchen, dies kann ich auch!« Und schon lief er als Maus im Saal umher.

Hier muß zwischenbemerkt werden, daß Herr Dr. Bartputzer das Metier wechselt. Um zum Erfolg zu kommen – er muß ja die Hochstapeleien seines Mandanten und Klienten Jürgen Müllersohn nachträglich und schleunigst realisieren –, benutzt er das Handwerk des Unternehmensberaters. Schnell hat er erkannt, daß der Zauberer an seinem Firmensitz offensichtlich kein Personal besitzt, weil entweder die anstehenden Außenarbeiten in Wiese, Feld, Wald alle Arbeitskräfte binden oder weil er sich als effizienter Verwalter und Grundherr mit so nebensächlichen Verwaltungsaufgaben wie Lohnbuchhaltung und Werkschutz besser beschäftigt. Seine Achillesferse ist aber die Eitelkeit, die Manie zu beweisen, daß er alles selber könne. So führt ihn der Kater geradezu klassisch aufs Eis. »Machen Sie sich groß und unbesiegbar! Machen Sie sich zum König der Branche! Teilen Sie Ihr Unternehmen in kleine bewegliche Einheiten!« Solche Ratschläge kennen wir doch! Und es gibt nur wenige Unternehmer, die den »süßen Worten« von gestiefelten Spezialisten nicht verfallen. Die Folgen sind bekannt:

Der Kater stürzte sofort dem Mäuschen nach, fing es mit einem Sprung und fraß es allsogleich mit Wohlbehagen.

Eine durchaus logische Entwicklung. Wer sich zur Maus machen läßt, um nicht zu sagen zur Schnecke, der findet schon seinen Feinschmecker, der ihn verspachtelt. Naive könnten einwenden, daß der Zauberer sich doch in der Sekunde der Gefahr sofort wieder auf Normalgröße hochhexen hätte können. Profis in Wirtschaft und Politik können da nur müde lächeln. Wer unter eine gewisse Prozentgrenze am Markt oder bei den Wählern gefallen ist, dem hilft auch keine Magie mehr. Jedenfalls hat der tüchtige Coach Dr. Schnurrhaar Bartputzer das Problem der Verwirklichung vorgetäuschter Tatsachen mit wenigen Bissen erledigt. Und kann beruhigt der weiteren Entwicklung entgegensehen.

Auf seiner Spazierfahrt gelangte indessen der König mit der Prinzessin und dem Grafen zu der großen Wiese, wo er die Leute fragte: »Wem gehört diese prächtige Wiese?« – »Dem Herrn Grafen«, erklang es im Chor, wie der Kater es befahl. Danach kamen sie zu dem großen Kornfeld, und wieder fragte der König: »Wem gehört dieser Acker?« – »Dem Herrn Grafen!« – »Ei, welch schöne Ländereien besitzt der Graf«, sagte der König vor sich hin. Und im Wald fragte er: »Wem gehört dieser Wald?« – »Dem Herrn Grafen.« Da wendete sich der König an den Grafen und meinte: »Ihr müßt ein sehr reicher Graf sein. Ich glaube keinen so schönen, hochstämmigen Wald zu besitzen.« Schließlich gelangte die Kutsche an das Schloß. Der Kater stand auf der Treppe. Als die königliche Karosse vorfuhr, sprang der Kater herab, öffnete den Wagenschlag und begrüßte den König mit den Worten: »Mein König! Willkommen die Herrschaften im Schloß meines Herrn Grafen, den dieser Besuch sein Leben lang glücklich machen wird.« Der König verließ den Wagen und war über das ihm bis jetzt nicht bekannte Schloß sehr erstaunt – war es doch zumindest so groß wie das königliche Schloß. Der Graf führte die Prinzessin über die Treppe in den Empfangssaal des Schlosses, der ganz von Gold und Edelsteinen flimmerte.

Seine Majestät samt Töchterchen muß schon von besonders bescheidener Belichtung gewesen sein. Offensichtlich waren ihnen Grundbücher, Karten, nicht einmal die eigenen Besitztümer und deren Grenzen bekannt. Vom unerläßlichen Adelsverzeichnis, dem Gotha, gar nicht zu reden. Man muß also mehr als nur ländliche Einfalt unterstellen. Aber ist es nicht grundsätzlich so, blendet Glanz und Glitter, Getöse und Gloria auch heute noch die Mächtigen, wenn sie sich mit Delikatessen ausreichend vollgestopft haben? Nehmen sie nicht auch heute noch jeden Müllersohn als Adelsproß an, wenn nur die Kasse stimmt? Jedenfalls wird in unserem Märchen alles sehr schnell legalisiert.

Festliche Zeiten folgten den Tagen der Not des Müllers. Aus dem armen Müller wurde zunächst ein reicher Müller, dann ein Graf.

Nun wurde bald Hochzeit gefeiert. Der Graf und die Prinzessin gaben ein schönes Paar. Der gestiefelte Kater ging voraus und streute Blumen. Und als nach Jahren der König dahinsiechte und starb, wurde der Graf zum Landesherrn und König erkoren, der in Treue seinen gestiefelten Kater zum Haus- und Hofmarschall ernannte.

Womit der gecoachte und zum Superboß aufgestiegene Jürgen Müllersohn seinem Agenten und Karrieremacher zu angemessenen fetten Pfründen verhalf. Es wird doch niemand glauben, daß ein gestiefelter Kater in dieser allmächtigen Position nicht auch weiterhin für sich selbst jede Menge Mäuse gemacht hat!?

Zusammenfassung der wichtigsten

Merksätze und Lernfelder

für Karriereberater und -macher

- **Lügen Sie wie gedruckt!**
Moralisten würden ohnehin fordern, daß das Märchen vom gestiefelten Kater aus den Büchern, den Filmen, von CDs und Kassetten für Kinder entfernt wird. Es läßt sich wirklich nicht von der Hand weisen, daß diese Geschichte geradezu eine Orgie von Lüge, Hochstapelei, Nötigung, Betrug und gewaltsamer Aneignung ist. Pädagogisch einfach nicht vertretbar.

Entgegen den sauertöpfischen Moralpädagogen der 70er Jahre des vorigen Jahrhunderts ist es aber so gut wie gesichert, daß Kinder die Illegalitäten der alten Märchen sowieso auf einer anderen Ebene verarbeiten. Und daher vom kuscheligen Kinderzimmer nicht direkt in die Jugendstrafanstalten wandern. Auch die Adepten der großen Karrierekunst und die Trainer und Coaches im Busineß verstehen – hoffentlich! – solche »Kriminalgeschichten« produktiv. Nicht als Schablone, sondern als Prinzip.

Stellen wir uns vor, der Kater hätte seinen höchst einfältigen und phantasielosen, geradezu rohen Klienten vom mittellosen Müllersohn zum, sagen wir, Kommandanten der königlichen Leibwache machen wollen. Auch kein schlechter Aufstieg, aber dazu braucht es Fachkenntnisse als Militär und Offizier. Solch ein Schwindel wäre also umgehend entdeckt worden. Die Lüge wäre zu klein gewesen. Er machte ihn gleich zum Grafen, wohlwissend, daß erstens ein Graf keine Fachkenntnisse braucht und zweitens sich in »gehobenen Kreisen« niemand einfallen ließe, solche zu hinterfragen oder gar zu prüfen. Fachmann will gelernt sein, Graf sein kann jeder.

Fazit: Ein Schwindel, ein Bluff, eine Hochstapelei muß groß genug sein, um durchzugehen. Und muß auch so angelegt sein, daß es geradezu eine positive Erwartungshaltung gibt, daß die völlig erfundenen Angaben stimmen. Sogar stimmen müssen, denn sonst würde ja die Welt zusammenstürzen. Das Wortspiel von der »gedruckten Lüge« kann hier deshalb herangezogen werden, weil die Mehrzahl der Menschen tatsächlich immer noch glaubt, daß das, was sie in Büchern, Magazinen, Zeitungen, Illustrierten etc. liest, auch wirklich stimmt. Heutzutage sind solche »überzeugenden« Medien aber schon vom Fernsehen und vom Internet überholt. Strenggenommen heißt jetzt die Forderung: Lügen Sie wie getalkt, hochstapeln Sie wie eine Homepage.

Und bitte nicht zu knapp!

- **Aufschneiden ist gut – umsetzen besser!**

Eines zeigt das Märchen neben der ungehemmten »Aufschneiderei«, dem Hochstapeln, aber ebenso klar: Was immer zuerst vorgetäuscht wird, muß nachher verwirklicht werden. Auch wenn die dafür eingesetzten Methoden nicht von der feinen englischen Art sind.

»Beg, steal or borough«, sagt ein englisches Sprichwort, wenn es darum geht, sich mit dem Nötigen zu versorgen. Wenn Sie auf einer Party damit angeben, Sie wären ein begeisterter Ferrarifahrer oder ein stolzer Rolls-Royce-Besitzer, dann können Sie nicht abschließend vor aller Augen mit dem Fahrrad oder dem Mofa vom Hof reiten. Wo Sie aber in der Schnelle den Nobelschlitten herbekommen, das erfordert eben ihre ganze Kreativität und Phantasie. Und manchen Trick. Sie können ja den Hotelportier bestechen, daß er Ihnen »irrtümlich« die Wagenschlüssel eines solchen geparkten Gefährts »leiht«. Nein, nicht wirklich stehlen – Sie fahren den Geltungstriebwagen möglichst auffällig durch die abdriftende Meute und anschließend in die nächste Waschanlage. Kehren dann eiligst zurück und kassieren vom verblüfften wirklichen Wagenbesitzer auch noch ein Trinkgeld.

Eine Lustspielfilm-Szene? Genau – so ist das Leben.

Jedenfalls ist bei allen Vorgaben, Angaben und noch so kleinen Wichtigmachereien oder noch so großen Hochstapeleien der Moment einzukalkulieren in dem es heißt: Hic rodhos hic salta! Und das heißt auf gut Deutsch: Jetzt zeig, was du kannst! Herr Dr. Bartputzer zeigt sich im Märchen als einer der übelsten Blender und Täuscher und dennoch als einer der besten Realisierer. Letztlich bedeutet aber nur dies den Erfolg für seinen Klienten.

- **Suchen Sie zu Gönnern und Förderern sinnliche Zugänge!**

Im Märchen ist der Knackpunkt nicht nur die Verfressenheit, sondern auch die Fixation des königlichen Landesherrn auf Rebhühner. Daraus ist nicht zu schließen, daß es immer Wildbret sein muß ...

Es ist in jedem Fall sorgsam zu erforschen, was Herrn Vorstandsdirektor, Frau Minister, dem Herrn Bürgermeister, seiner Exzellenz dem Bischof so schmeckt und vor allem wie. Beluga mit dem Löffel, Austern mit Dom Perignon umspült? Arrangement heißt hier das Zauberwort, nicht plumpe Bestechung mit Geld oder Realitäten. Und achten Sie darauf, daß mit diesen Serviceleistungen keine Forderung nach Entgelt verbunden ist. So ein Fehler wäre parvenühaft. Wenn Ihnen ein Säckchen Gold entgegenwächst, dann freiwillig.

Welche Chance hat man aber dann bei Vegetariern und anderen Asketen?

Jede! Es kostet nur einfach mehr Mühe, die sinnlichen Anknüpfpunkte bei solchen Menschen zu finden und dort auch festzuhaken. Aber es gibt sie, mögen sie intellektuell, sozial oder rein mental sein. Jeder Mensch hat seinen Zugang, seine Schwachstelle, seine Wünsche, Sehnsüchte und Träume. Da gibt es viel mehr Möglichkeiten als die rein oralen Interessen.

Ein guter Coach findet so etwas heraus.

• **Schaffen Sie sich einen passenden Namen!**
Namen, seien es Vor- oder Familiennamen, Beinamen oder Spitznamen, erzeugen immer Wirkung. Denn sie haben für sich und im sozialen Kontext eine tiefere Bedeutungsebene. Der Kater im Märchen hält seinen Namen bedeckt, schließlich ist nur sein »nome de guerre«, sein Markenname als »Der gestiefelte Kater« überliefert worden und übriggeblieben. Seinem Klienten hat er aber sehr rasch einen neuen Namen, eine neue Präsentation, gegeben. Im Märchen heißt es, daß der gräfliche Name lang und schwer auszusprechen gewesen sei. Das war bei dem beschriebenen Dumpfbacken am königlichen Hof auch die beste Methode. In unserer Welt wäre es kontraproduktiv. Nicht die Namensgebung, sondern die Unaussprechlichkeit. Heute müssen gute Namen nicht nur klingen, sondern auch nachhallen, also erinnerbar sein. Und vor allem müssen sie passen. Zur Person, zur Funktion, zum Stand, zum Ruf und zum Image, das man haben will.

Man wird sich wohl leicht an einen Grafen Prepke von Dumpfheim erinnern können, aber für den Mann klingt das nicht gut. Ein deutscher Graf sollte nach heutigem Standard nicht nur elegant, sondern auch ein bißchen international klingen. Graf Euro Kohleberg-Zastersfeld wäre für einen Bankmanager passend, Gräfin Lilly Liebfeldt-Lazzaroni ist für eine Journalistin und Buchautorin gut klingend. Hans Peter Knauser und Lieschen Kritzelmeier, wie die beiden vielleicht bürgerlich wirklich heißen oder hießen, das hilft in keine Topposition.

Beispiele aus Kunst, Showbiz und Big Business sind Legion. Sie würden sich wundern, wie alte und neue Stars wirklich heißen. Aber wir kennen natürlich nur mehr ihre so genannten Künstlernamen. Einen gut passenden und auszusprechenden Namen zu entwickeln, erfordert einige Überlegungen und viel Fingerspitzengefühl. Er sollte, wie schon gesagt, zur Branche passen, er sollte positiv und erfolgreich klingen und jede ungewollte Komik vermeiden. Ein Metzgermeister kann zum Beispiel ohne weiteres Schwingshackel heißen, ein Chirurg nicht. Darüber hinaus ist darauf zu achten, daß der oder die Namen auch für englische, französische, italienische Zungen bewältigbar sind. Die Finnen haben es da besonders schwer. Aber seit man sich international geeinigt hat, Hakkinen englisch auszusprechen, geht's wieder besser. Erinnern wir uns, wie lange es gedauert hat, bis Moderatoren und Sprecherinnen den polnischen Gewerkschaftsführer und späteren Präsidenten Lech Walesa richtig aussprechen konnten, und auch das war noch falsch. Gott sei Dank hat der Mann heute keine große politische Bedeutung mehr, und so ist das Problem gelöst.

Jetzt aber Schluß mit lustig und hin zur ernsten Frage »Wie legt man sich so ein edles Produkt von Namen zu«? Genügt es, sich einfach Visitenkarten drucken zu lassen und die Wahrheit in Form von Dokumenten im heimischen Tresor zu verschließen?

Grundsätzlich schon. Es gibt einige bekannte Fälle, bei denen Vornamen dazukomponiert wurden, Familiennamen nur leicht umgebaut oder geglättet wurden oder ein Spitzname zum Offiziellen erklärt wurde. Die kleinen Momente der Wahrheit liegen dann im Kontakt mit Paßkontrollen,

Zeugenaussagen vor Gericht oder beim Ausfüllen amtlicher Dokumente. Das kratzt die Öffentlichkeit meist aber nicht. Udo Jürgens wird immer Udo Jürgens bleiben, auch wenn man ihn vor Gericht mit Herrn Bockelmann anreden mußte. Franz Josef Strauß ist eben so in die Geschichte Deutschlands eingegangen, obwohl der zweite Vorname Josef von seinem Berater – es hätte der gestiefelte Kater sein können – dazugebaut wurde. Franz Strauß klingt für einen jungen Altphilologen und Politaufsteiger ein wenig öde, bei Franz Josef tritt unterbewußt die Wittelsbacher Kaiserinmutter Sophie, gefolgt von der noch legendäreren Kaiserin Sisi aus den Kulissen. Das hat denn auch funktioniert.

Noch besser ist es allerdings, wenn man sich den neuen Namen wirklich rechtens aneignen kann. Wenn er sozusagen dokumentenecht wird. Das geht durch Kauf, Einheirat, oder über gesetzlichen Antrag. Mag manchmal mühevoll sein, ist aber nur eine Sache von Spesen, Fleiß und Geduld. Ein Jungtürke der österreichischen Politszene hieß einmal Hojac. Das gefiel ihm nicht, weil er als strammer Rechter und Einwanderungsgegner nicht selbst einen slawischen Namen als Gegenbeweis für seine deutschen Ansichten tragen konnte. Also ließ er sich behördlich über einige Familienverbindungen hinweg zu einem Westenthaler machen. So wurde er Clubchef im Parlament. Ostengruber hätte er bestimmt nicht angenommen, da wäre er wohl nur Hilfsfotokopierer in der Parteizentrale geworden.

Früher konnte man auch akademische Titel kaufen. Über Konsulate armer Dritte-Welt-Zwergstaaten war für saftige Förderungsgelder einschließlich Bestechungssummen von völlig unbedeutenden Universitäten ein Doktortitel oder ein Dozent durchaus zu haben. Auch den Titel Konsul konnte man so erwerben. Aber dieser Handel blüht nicht mehr, denn wir sind ja am Weg zur neuen Bescheidenheit. Seit es Usus geworden ist, die akademischen Titel wegzulassen, gibt es Überbescheidene, die sich solche nicht einmal mehr auf die Visitenkarten oder aufs Briefpapier drucken. Und da zahlen sich die Beschaffungsspesen dafür überhaupt nicht mehr aus. Der Rest aber muß klingen. Machen wir aus einem Jürgen Müllersohn einen Klausjürgen Filius de Moulin, dann gibt das schon mehr her, auch wenn es im ersten Moment überzogen klingt. Aber wetten, daß sich das auf Briefkopf und Visitenkarte bei guter Performance, also wenn der Dämlack nicht allzuoft dümmlich grinst, durchaus einschleift. Vor allem wenn er einen so kühnen Berater und Coach wie Dr. Bartputzer hat.

Kleider machen Leute, das ist bewiesen. Namen geben Chancen, das ist noch zuwenig bekannt.

- **Der richtige Umgang mit »Zauberern«!**

Zauberer, Magier, Hexen usw. mögen in den Märchengeschichten Einzelpersönlichkeiten sein, nur singuläre Gestalten. Heute findet man sie in Politik und Wirtschaft dutzendweise in allen Etagen. Das hat nichts mit der Esoterikwelle zu tun, die für viele Menschen ein prickelnder Ausgleich in der Einöde einer hochtechnologisierten Gesellschaft geworden ist. Das meint auch nicht die kleine, aber erlesene Schar von Hobbymagiern, die in Clubs und Vereinen Zauberkunststücke trainieren und vorführen, die von der einfachen Fingermanipulation bis zu mehrfach zersägten Jungfrauen reichen. Der Großmagier und Profiillusionist David Copperfield allerdings paßt schon besser in unseren Vergleich. Nicht als Showstar, sondern als Veranstalter und Demonstrator atemberaubender Sinnestäuschungen. Die kommen in der Wirtschaft sehr häufig vor. Dort zum Beispiel nennt man sie Bilanzen.

Auch Wirtschaft und Politik unterscheiden fein zwischen guten und bösen Zauberern. Die Bösen sind bei der Konkurrenz tätig. Zauberer – weibliche nennt man ungerechterweise nicht Zauberinnen, sondern vereinfachend Hexen – sind also legendäre, mystische Gestalten, denen außergewöhnliche Kräfte und Fähigkeiten nachgesagt werden. Oder die sie sich selbst nachsagen.

»Der hat doch damals höchstpersönlich ... die hat binnen einer viertel Stunde ... das hätten wir vorher nicht für möglich gehalten ... etc., bla, bla!«

Überprüft man diese Geschichten, liegen sie einerseits immer schon lange zurück, andererseits haben sie anders oder darüber hinaus gar nicht so stattgefunden. Aber man hüte sich, allzu genau zu überprüfen und zu recherchieren. Denn das mögen Zauberer nicht, da werden sie böse im persönlichen Sinn. Wenn einem Zauberer im Wege stehen, empfiehlt sich Management by Kater. Das erste, worauf alle diese Typen hereinfallen, ist das Kitzeln mit dem Ehrgeiz.

»Also, so was schaffen sogar Sie nicht ... Wem sollte ich solch eine Aufgabe zumuten außer Ihnen, mit Ihren überragenden Fähigkeiten ... Jetzt sind wir alle auf Sie angewiesen ... etc., bla, bla!«

Solche Schmeicheleien wirken immer, und der oder die Betroffene läßt sich mit Aufgaben zuschütten, in denen er oder sie dann leicht verschluckt wird.

Die zweite Methode ist gröber. Im Märchen wird sie gar nicht kommentiert, obwohl sie mit Händen zu greifen ist. Der arme Zauberer wird provoziert, ohne ein Publikum zu haben. Außer dem felidischen Provokateur ist ja niemand da, der klatschen oder dem Stiefelkater schlichtweg in den Hintern treten hätte können. Zauberer und verwandte Wundertäter sind völlig hilflos, wenn sie kein Publikum vor sich haben. Das wußten schon die legendären Zaddiken, die Wunderrabbis. Die sorgten immer dafür, daß mindestens ein Tzetzer um sie war: Schüler und junge Kollegen, die genau wußten, wann man auf ein Wort oder eine Tat des Meisters ein bewunderndes »Tz-tz-tz ...« ausrief. Auch die Bibel beschreibt es genau: Jedes Wunder, jede Heilung funktioniert nur in der Öffentlichkeit. Auch profane Zauberkunststücke haben ohne Bewunderer, ohne Publikum keinen Sinn, beziehungsweise sie können ohne dieses auch gar nicht funktionieren. Sich selber kann man nämlich mit einer Illusion nicht täuschen, nicht einmal als Bilanzbuchhalter. Das Rezept, um Zauberer zu »killen«, lautet daher: Nimm ihm das Publikum. Radikal und komplett. Die mächtigsten Männer wurden schon dadurch erledigt, daß man ihnen die Sekretärin genommen hat. So was kann völlig ausreichen. Oder eine Versetzung zu einer »unlösbaren Aufgabe« in die Zweigstelle Sahara.

Und wenn Sie selbst einmal zaubern müssen, dann achten Sie auf den wichtigsten Tipp, der für Anfänger und Superprofis gleich lautet: Lassen Sie die Scheinwerfer hinter Ihnen leuchten. Licht im Rücken macht stark.

TISCHFERTIG, ESELSTARK & KNÜPPELDICK

oder

Von den drei Wundermitteln der Personalführung

Das Märchen vom Tischlein-deck-dich, vom Eselstreck-dich und vom Knüppel-aus-dem-Sack ist in seinen wesentlichen Elementen der Erzählung zum allgemeinen Spruchgut geworden. Ein »Tischlein-deck-dich« wird immer wieder als lobende Formel verwendet, der »Esel-streck-dich« ist ein alter Wunschtraum, der heute am Kreditschalter von Geldinstituten geradezu heimtückisch erfüllt wird, und der »Knüppel-aus-dem-Sack« wird immer noch dort fleißig praktiziert, wo demokratisch geschulte Exekutivbeamte auf demokratisch engagierte Demonstranten treffen. Tatsächlich aber ist das vorliegende Märchen eine hervorragende Chiffre, ein ausgezeichneter Fingerzeig, eine tiefgründige Parabel für menschliche Bedürfnisse und die damit verbundenen Ebenen effizienter Motivation von Mitarbeitern. Die Geschichte beginnt symptomatisch: mit einem Schneider und einer Ziege. Sowie drei einfältigen Söhnen.

Vorzeiten war ein Schneider, der drei Söhne hatte und nur eine einzige Ziege. Aber die Ziege, weil sie alle zusammen mit ihrer Milch ernährte, mußte ihr gutes Futter haben und täglich hinaus auf die Weide geführt werden. Die Söhne taten das auch der Reihe nach. Einmal brachte sie der älteste auf den Kirchhof, wo die schönsten Kräuter standen,

ließ sie da fressen und herumspringen. Abends, als es Zeit war heimzugehen, fragte er: »Ziege, bist du satt?« Die Ziege antwortete:
  »Ich bin so satt,
  Ich mag kein Blatt: mäh! mäh!«

Ein kleiner Zwischenruf, der später dann nicht mehr nötig wird: Es ist grundsätzlich falsch, Ziegen nach ihrem Sättigungsgrad zu befragen. Gleichgültig, ob es tierische oder menschliche sind. Besonders letztere lügen immer. Nicht aus Bosheit, sondern ihrer Natur wegen.

»So komm nach Haus«, sprach der Junge, faßte sie am Strick, führte sie in den Stall und band sie fest. »Nun«, sagte der alte Schneider, »hat die Ziege ihr gehöriges Futter?«
  »Oh«, antwortete der Sohn, »die ist so satt, sie mag kein Blatt.« Der Vater aber wollte sich selbst überzeugen, ging hinab in den Stall, streichelte das liebe Tier und fragte: »Ziege, bist du auch satt?« Die Ziege antwortete:
  »Wovon soll ich satt sein?
  Ich sprang nur über Gräbelein,
  Und fand kein einzig Blättelein: mäh! mäh!«
  »Was muß ich hören!« rief der Schneider, lief hinauf und sprach zu dem Jungen: »Ei, du Lügner, sagst, die Ziege wäre satt und hast sie hungern lassen?« Und in seinem Zorne nahm er die Elle von der Wand und jagte ihn mit Schlägen hinaus. Am andern Tag war die Reihe am zweiten Sohn, der suchte an der Gartenhecke einen Platz aus, wo lauter gute Kräuter standen, und die Ziege fraß sie. Abends, als er heim wollte, fragte er: »Ziege, bist du satt?« Die Ziege antwortete:
  »Ich bin so satt,
  Ich mag kein Blatt: mäh! mäh!

»So komm nach Haus«, sprach der Junge, zog sie heim und band sie im Stall fest. »Nun«, sagte der alte Schneider, »hat die Ziege ihr gehöriges Futter?«

»Oh«, antwortete der Sohn, »die ist so satt, sie mag kein Blatt«. Der Schneider wollte sich darauf nicht einlassen, ging hinab in den Stall und fragte: »Ziege, bist du auch satt?« Die Ziege antwortete:

»Wovon soll ich satt sein?

Ich sprang nur über Gräbelein,

Und fand kein einzig Blättelein: mäh! mäh!«

»Der gottlose Bösewicht!«, schrie der Schneider, »so ein frommes Tier hungern zu lassen!« Er lief hinauf und schlug mit der Elle den Jungen zur Haustür hinaus.

Die Reihe kam an den dritten Sohn, der wollte seine Sache gut machen, suchte Buschwerk mit dem schönsten Laub aus und ließ die Ziege daran fressen. Abends, als er heim wollte, fragte er: »Ziege, bist du auch satt?« Die Ziege antwortete:

»Ich bin so satt,

Ich mag kein Blatt: mäh! mäh!«

Nebstbei für Urlaubsfreudige ein kleiner Hinweis: die heutigen Karstgebiete des Mittelmeerraums, insbesondere in Süditalien und am Balkan, waren noch in der Antike wunderbar grüne Landschaften. Bis solche Ziegen kamen. Der Erfolg läßt sich vor Ort bestaunen.

»So komm nach Haus«, sagte der Junge, führte sie in den Stall und band sie fest. »Nun«, fragte der alte Schneider, »hat die Ziege ihr gehöriges Futter?«

»Oh«, antwortete der Sohn, »die ist so satt, die mag kein Blatt.« Der Schneider traute nicht, ging hinab und fragte: »Ziege, bist du auch satt?« Das boshafte Tier antwortete:

»Wovon soll ich satt sein?

*Ich sprang nur über Gräbelein,
Und fand kein einzig Blättelein: mäh! mäh!«*

»O die Lügenbrut« rief der Schneider, »einer so gottlos und pflichtvergessen wie der andere! Ihr sollt mich nicht länger zum Narren haben!« Und vor Zorn ganz außer sich, sprang er hinauf und gerbte dem armen Jungen mit der Elle den Rücken so gewaltig, daß er zum Haus hinaussprang.

Der alte Schneider war nun mit seiner Ziege allein. Am andern Morgen ging er hinab in den Stall, liebkoste die Ziege und sprach: »Komm, mein liebes Tierlein, ich will dich selbst zur Weide führen.« Er nahm sie am Strick und brachte sie zu grünen Hecken und unter Schafrippe und was sonst die Ziegen gern fressen. »Da kannst du dich einmal nach Herzenslust sättigen«, sprach er zu ihr und ließ sie weiden bis zum Abend. Da fragte er: »Ziege, bist du satt?« Sie antwortete:

*»Ich bin so satt,
Ich mag kein Blatt: mäh! mäh!«*

»So komm nach Haus«, sagte der Schneider, führte sie in den Stall und band sie fest. Als er wegging, kehrte er sich noch einmal um und sagte: »Nun bist du doch einmal satt!« Aber die Ziege machte es ihm nicht besser als den anderen und rief:

*»Wie soll ich satt sein?
Ich sprang nur über Gräbelein,
Und fand kein einzig Blättelein: mäh! mäh!«*

Als der Schneider das hörte, stutzte er und sah wohl, daß er seine drei Söhne ohne Ursache verstoßen hatte. »Wart«, rief er, »du undankbares Geschöpf! Dich fortzujagen, ist noch zuwenig, ich will dich zeichnen, daß du dich unter ehrbaren Schneidern nicht mehr darfst sehen lassen.« In aller Eile sprang er hinauf, holte sein Bartmesser, seifte der Ziege den Kopf ein und schor sie so glatt wie seine flache

Hand. Und weil die Elle zu ehrenvoll gewesen wäre, holte er die Peitsche und versetzte ihr solche Hiebe, daß sie in gewaltigen Sprüngen davonlief.

Ein Paradebeispiel für katastrophale Mitarbeiterführung. Zuerst wird blöd gefragt, dann dumm geantwortet und zuletzt noch falsch agiert. Wo soll dieser Kleinstunternehmer von Schneider nach dem Verjagen seiner drei einzigen Arbeitskräfte nun seine tägliche Ziegenmilch hernehmen? Archaische Fluchmuster wie das Bartabrasieren lassen zwar starkes Abreagieren erkennen, aber wo bleibt die managementmäßige Vernunft? Da wäre das Schlachten des Tieres und der anschließende Verzehr des Fleisches noch sinnhafter gewesen. Nun, das hat er jetzt davon.

Als der Schneider dann so ganz einsam in seinem Hause saß, verfiel er in große Traurigkeit und hätte seine Söhne gerne wiedergehabt, aber niemand wußte, wo sie hingeraten waren. Der älteste war zu einem Schreiner in die Lehre gegangen, da lernte er fleißig und unverdrossen, und als seine Zeit herum war, daß er wandern sollte, schenkte ihm der Meister ein Tischchen, das gar kein besonderes Aussehen hatte und von gewöhnlichem Holz war; aber es hatte eine gute Eigenschaft. Wenn man es hinstellte und sprach: »Tischchen, deck dich!«, so war das gute Tischchen auf einmal mit einem sauberen Tüchlein bedeckt, und da stand ein Teller, und Messer und Gabel daneben, und Schüsseln mit Gesottenem und Gebratenem, soviel Platz hatten, und ein großes Glas mit rotem Wein leuchtete, daß einem das Herz lachte.

Da legen die Tiefenpsychologen los: Die erste und wichtigste Befriedigung des Menschen ist oral! Nun ja, ohne gleich in hemmungslosen Freudianismus zu verfallen, kann man trotzdem schwer etwas dagegen sagen. Probleme mit Fleischüberernährung oder Hormonskandalen, Maul- und Klauenseuche, BSE usw. kannte man in prägrimmschen Märchen ja noch nicht. Also, guten Appetit!

Der junge Geselle dachte: »Damit hast du genug für dein Lebtag«, zog guter Dinge in der Welt umher und bekümmerte sich gar nicht darum, ob ein Wirtshaus gut oder schlecht und ob etwas darin zu finden war oder nicht. Wenn es ihm gefiel, so kehrte er gar nicht ein, sondern im Feld, im Wald, auf einer Wiese, wo er Lust hatte, nahm er sein Tischchen vom Rücken, stellte es vor sich und sprach: »Deck dich!«, und alles war da, was sein Herz begehrte. Endlich kam es ihm in den Sinn, zu seinem Vater zurückzukehren; sein Zorn würde sich gelegt haben, und mit dem Tischchendeck-dich würde er ihn gerne wieder aufnehmen. Auf dem Heimweg kam er abends in ein Wirtshaus, das mit Gästen angefüllt war. Sie hießen ihn willkommen und luden ihn ein, sich zu ihnen zu setzen und mit ihnen zu essen, sonst würde er schwerlich noch etwas bekommen. »Nein«, antwortete der Schreiner, »die paar Bissen will ich euch nicht vom Mund wegnehmen, lieber sollt ihr meine Gäste sein.«

Sie lachten und meinten, er triebe seinen Spaß mit ihnen. Er aber stellte sein hölzernes Tischchen mitten in die Stube und sprach: »Tischchen, deck dich!« Augenblicklich war es mit Speisen besetzt, so gut, wie sie der Wirt nicht hätte herbeischaffen können, und ihr Geruch stieg den Gästen leiblich in die Nase.

»Zugegriffen, liebe Freunde!« sprach der Schreiner, und die Gäste, als sie sahen, wie es gemeint war, ließen sich nicht zweimal bitten, rückten heran, zogen ihre Messer und griffen tapfer zu. Und was sie am meisten wunderte: wenn eine Schüssel leer geworden war, stellte sich gleich von selbst eine volle an ihren Platz.

Die Wandlung vom Selbstversorger zum Einlader läßt jedem wirtschaftlich Denkenden die Haare sträuben. Erstens ist es reine Angabe, zweitens nicht gewinnbringend, und drittens ruft es zwangsläufig neidische Gegner auf den Plan. Der junge Mann bietet eine ungemein schlechte Performance. Die Folgen liegen bereits schicksalhaft auf der Hand.

Der Wirt stand in einer Ecke und sah dem Ding zu; er wußte gar nicht, was er sagen sollte, dachte aber: »Einen solchen Koch könntest du auch in deiner Wirtschaft wohl brauchen.« Der Schreiner und seine Gesellschaft waren lustig bis in die späte Nacht hinein. Endlich legten sie sich schlafen, und der junge Geselle ging auch zu Bett und stellte sein Wünschtischlein an die Wand. Dem Wirt aber ließen seine Gedanken keine Ruhe. Es fiel ihm ein, daß in seiner Rumpelkammer ein altes Tischchen stehe, das geradeso aussehe. Das holte er ganz sachte herbei und vertauschte es mit dem Wünschtischchen.

Sich hier über kriminelles Vorgehen aufzuregen, Betrug, Zeter und Mordio zu schreien, ist geradezu langweilig. Denn der böse Wirt tut nichts anderes als jeder vernünftige Wirtschaftstreibende. Er will ein in Privatbesitz befindliches Produktionsmittel einem, nämlich seinem gewinnorientierten Unternehmen zuführen. Korrekt hätte der Vorgang nämlich auch so sein können: Der Wirt übernimmt das Wünschtischlein gegen anteilige Provisionen oder Tantiemen von den erzielten Gewinnen. Heute eine übliche Methode, die, näher betrachtet, auch betrügerisch ist.

Am anderen Morgen zahlte der Schreiner sein Schlafgeld, packte sein Tischchen auf, dachte gar nicht daran, daß er ein falsches hätte, und ging seiner Wege. Zu Mittag kam er bei seinem Vater an, der ihn mit großer Freude empfing.

Ein Zwischenkommentar erübrigt sich nicht: Hätte der Schreiner im Wirtshaus mittels seines Tischchens gefrühstückt, wäre die Sache aufgeflogen. Ein nicht unbedeutendes Lernfeld sei also hier bereits verankert – man frühstücke morgens und unter Dach!

»Nun, mein lieber Sohn, was hast du gelernt?« sagte der Vater zu ihm.
  »Vater, ich bin ein Schreiner geworden.«
  »Ein gutes Handwerk«, erwiderte der Alte. »Aber was hast du von deiner Wanderschaft mitgebracht?«
  »Vater, das Beste, was ich mitgebracht habe, ist das Tischchen.«
  Der Schneider betrachtete es von allen Seiten und sagte: »Damit hast du kein Meisterstück gemacht, das ist ein altes und schlechtes Tischchen.«
  »Aber es ist ein Tischchen-deck-dich«, antwortete der Sohn. »Wenn ich es hinstelle und sage ihm, es solle sich decken, so stehen gleich die schönsten Gerichte darauf und ein Wein dabei, der das Herz erfreut. Ladet nur alle Verwandten und Freunde ein, die sollen sich einmal laben und erquicken, denn das Tischchen macht sie alle satt.«

Wieder dieser neurotische Zug zur Angeberei. Das ist schlichtweg unprofessionell, unproduktiv und führt auch logischerweise zur Blamage. Dieser Zwischenruf wäre gar nicht nötig, wenn nicht auch in der heutigen Wirtschaft oft genug Präsentationen auf solcher Grundlage und mit gleichem Effekt stattfänden.

Als die Gesellschaft beisammen war, stellte er sein Tischchen mitten in die Stube und sprach: »Tischchen, deck dich!« Aber das Tischchen regte sich nicht und blieb so leer wie ein anderer Tisch, der die Sprache nicht versteht. Da merkte der arme Geselle, daß ihm das Tischchen vertauscht worden war, und schämte sich, daß er wie ein Lügner dastand. Die Verwandten aber lachten ihn aus und mußten, ohne getrunken und gegessen zu haben, wieder heimwandern. Der Vater holte seine Lappen wieder herbei und schneiderte fort, der Sohn aber ging bei einem Meister in die Arbeit.

Weiß er nicht, wo es vertauscht wurde? Kann er daraus nicht mit Sicherheit schließen, wer es vertauscht hat? Offensichtlich nicht! Ein merkwürdiger Softy, dieser erste Schneiderssohn ...

Der zweite Sohn war zu einem Müller gekommen und bei ihm in die Lehre gegangen. Als er seine Lehre beendet hatte, sprach der Meister: »Weil du dich so gut gehalten hast, schenke ich dir einen Esel von einer besonderen Art; er zieht nicht am Wagen und trägt auch keine Säcke.«

Vielleicht der Betriebsrat unter der Eselsbelegschaft?

»Wozu ist er denn nütze?« fragte der junge Geselle.
 »Er speit Gold«, antwortete der Müller. »Wenn du ihn auf ein Tuch stellst und sprichst ›Bricklebrit‹, so speit dir das gute Tier Goldstücke aus, von hinten und vorn.«
 »Das ist eine schöne Sache«, sprach der Geselle, dankte dem Meister und zog in die Welt. Wenn er Gold nötig hatte, brauchte er nur zu seinem Esel »Bricklebrit« zu sagen, so regnete es Goldstücke, und er hatte weiter keine Mühe, als

sie von der Erde aufzuheben. Wo er hinkam, war ihm das Beste gut genug, und je teurer, je lieber, denn er hatte immer einen vollen Beutel.

Der Goldesel ist bekanntlich auch zum sprichwörtlichen Symbol geworden. Da er auf Zuruf Geld speit und – auf gut Deutsch gesprochen – auch scheißt, kann es sich nicht, wie vorhin vermutet, um einen Gewerkschaftsvertreter handeln. In vielen Märchenfassungen wird das Kommando »Bricklebrit« auch mit dem Zuruf »Esel streck dich!« verbunden. Und das deckt die Chiffre auf: Wer Mitarbeiter führt, muß dafür sorgen, daß sich die Esel strecken, sonst bringen sie keinen Gewinn. Tatsächlich sind ja heute auch keine Wagen zu ziehen oder Säcke zu tragen. Aber jeder würde das Kommando »Streckt euch, Leute!« auch in vollklimatisierten Büros und an hochelektronischen Arbeitsplätzen richtig deuten.

Als er sich eine Zeitlang in der Welt umgesehen hatte, dachte er: »Du mußt deinen Vater aufsuchen. Wenn du mit dem Goldesel kommst, so wird er seinen Zorn vergessen und dich gut aufnehmen.« Zufällig geriet er in dasselbe Wirtshaus, wo seinem Bruder das Tischchen vertauscht worden war. Er führte seinen Esel an der Hand, und der Wirt wollte ihm das Tier abnehmen und anbinden, der junge Geselle aber sprach: »Gebt Euch keine Mühe, meinen Grauschimmel führe ich selbst in den Stall und binde ihn auch selbst an, denn ich muß wissen, wo er steht.«

Dem Wirt kam das wunderlich vor, und er meinte, einer, der seinen Esel selbst besorgen müßte, hätte nicht viel zu verzehren. Als aber der Fremde in die Tasche griff, zwei Goldstücke herausholte und sagte, er solle nur etwas Gutes für ihn einkaufen, da machte er große Augen, lief und suchte das Beste, das er auftreiben konnte.

Unerklärlicherweise setzt der profitorientierte Gastronom hier nicht das bereits in seinem Besitz befindliche Tischlein-deck-dich ein. Daß die Goldstücke echt waren, hatte er bestimmt schon selbst kontrolliert, dazu brauchte er doch nicht das Wechselgeld vom nächsten Kolonialwarenkrämer. Die einzige Erklärung wäre darin zu sehen, daß bestimmte Spezereien wie Champagner Veuve Cliquot, Beluga-Kaviar oder Mousse au chocolat vom bodenständigen Tischlein-deck-dich nicht per Zuruf produziert werden konnten. Und der Eselsinhaber solche Feinkostverpflegung detailliert verlangt hätte. Gleichgültig, wie immer, Dummheit und Hochmut kommen vor dem Fall.

Nach der Mahlzeit fragte der Gast, was er schuldig sei. Der Wirt wollte ihm doppelten Preis machen und sagte, noch ein paar Goldstücke müsse er zulegen. Der Geselle griff in die Tasche, aber sein Gold war eben zu Ende. »Wartet einen Augenblick, Herr Wirt«, sprach er, »ich will nur gehen und Gold holen«, nahm aber das Tischtuch mit. Der Wirt wußte nicht, was das heißen sollte, war neugierig, schlich ihm nach, und da der Gast die Stalltüre zuriegelte, so guckte er durch ein Astloch.

Der Fremde breitete unter dem Esel das Tuch aus, rief »Bricklebrit«, und augenblicklich fing das Tier an, Gold zu speien, daß es ordentlich auf die Erde herabregnete.

»Ei der Tausend«, sagte der Wirt, »da sind die Dukaten bald geprägt! So ein Geldbeutel ist nicht übel!«

Der Gast bezahlte seine Zeche und legte sich schlafen. Der Wirt aber schlich in der Nacht in den Stall hinab, führte den Münzmeister weg und band einen anderen Esel an seine Stelle. Am folgenden Morgen in der Frühe zog der Geselle mit dem Esel ab und meinte, er habe seinen Goldesel.

Tischfertig, eselstark & knüppeldick

Was beim Tisch das ausgelassene Frühstück klären hätte können, ist hier der morgendliche Goldtest am Tier. Das sich anbietende Lernfeld kann mit einem Satz vorweggenommen werden: Man prüfe morgens die Kunden, dann wundert man sich nicht, wenn man mittags pleite ist.

Mittags kam er bei seinem Vater an, der sich freute, als er ihn wiedersah und ihn gern aufnahm.
»Was ist aus dir geworden, mein Sohn?« fragte der Alte.
»Ein Müller, lieber Vater«, antwortete er.
»Was hast du von deiner Wanderschaft mitgebracht?«
»Weiter nichts als einen Esel.«
»Esel gibt's hier genug«, sagte der Vater, »da wär' mir doch eine gute Ziege lieber gewesen.«

Manche lernen's nie!

»Ja«, antwortete der Sohn, »aber es ist kein gemeiner Esel, sondern ein Goldesel. Wenn ich sage »Bricklebrit«, so speit Euch das gute Tier ein ganzes Tuch voll Goldstücke. Laßt nur alle Verwandten herbeirufen, ich mache sie alle zu reichen Leuten.«

Derselbe Blödsinn wie beim Tisch in lichtblau!

»Das laß' ich mir gefallen«, sagte der Schneider, »dann brauche ich mich nicht mit der Nadel weiter zu quälen«, sprang selbst fort und rief die Verwandten herbei. Sobald sie beisammen waren, hieß sie der Müller Platz machen, breitete sein Tuch aus und brachte den Esel in die Stube. »Jetzt gebt acht«, gebot er und rief »Bricklebrit«, aber es waren keine Goldstücke, was herabfiel, und es zeigte sich, daß das Tier nichts von der Kunst verstand, denn es bringt's nicht jeder Esel soweit.

Eine beachtliche personalpolitische Erkenntnis, die in diesem Textstück steckt!

Da machte der arme Müller ein langes Gesicht, sah, daß er betrogen worden war, und bat die Verwandten um Verzeihung, die so arm heimgingen, als sie gekommen waren. Es blieb nichts übrig, der Alte mußte wieder nach der Nadel greifen und der Junge sich bei einem Müller verdingen.

Klar – es stellen sich dieselben Fragen wie beim Bruder Schreiner …

Der dritte Bruder war zu einem Drechsler in die Lehre gegangen, und weil es ein kunstreiches Handwerk ist, mußte er am längsten lernen. Seine Brüder aber meldeten ihm in einem Brief, wie schlimm es ihnen ergangen sei und wie sie der Wirt noch am letzten Abend um ihre schönen Wünschdinge gebracht habe. Als der Drechsler nun ausgelernt hatte und wandern sollte, schenkte ihm sein Meister, weil er sich so wohl gehalten, einen Sack und sagte: »Es liegt ein Knüppel darin.« – »Den Sack kann ich umhängen, und er kann mir gute Dienste leisten, aber was soll der Knüppel darin? Der macht ihn nur schwer.«

»Das will ich dir sagen«, antwortete der Meister. »Hat dir jemand etwas zuleid getan, so sprich nur: ›Knüppel aus dem Sack!‹, dann springt dir der Knüppel heraus unter die Leute und tanzt ihnen so lustig auf dem Rücken herum, daß sie sich acht Tage lang nicht regen und bewegen können; und er hört nicht eher auf, als bis du sagst: ›Knüppel, in den Sack!‹«

Der Geselle dankte ihm, hing den Sack um, und wenn ihm jemand zu nahe kam und auf den Leib wollte, so sprach er: »Knüppel, aus dem Sack!« Alsbald sprang der Knüppel heraus und klopfte einem nach dem andern den Rock oder das

Wams gleich auf dem Rücken aus und wartete nicht erst, bis er sie ausgezogen hatte; und das ging so geschwind, daß, ehe sich's einer versah, die Reihe schon an ihm war. Der junge Drechsler langte zur Abendzeit in dem Wirtshaus an, wo seine Brüder betrogen worden waren. Er legte seinen Ranzen vor sich auf den Tisch und fing an zu erzählen, was er alles Merkwürdiges in der Welt gesehen habe.

»*Ja*« *sagte er,* »*man findet wohl ein Tischchen-deck-dich, einen Goldesel und dergleichen, lauter gute Dinge, die ich nicht verachte; aber das ist alles nichts gegen den Schatz, den ich mir erworben habe und mit mir da in meinem Sack führe.*«

Der Wirt spitzte die Ohren: »*Was in aller Welt mag das sein?*« *dachte er.* »*Der Sack ist wohl mit lauter Edelsteinen angefüllt; den sollte ich auch noch haben, denn aller guten Dinge sind drei!*«

Als Schlafenszeit war, reckte sich der Gast auf die Bank und legte seinen Sack als Kopfkissen unter. Als der Wirt meinte, der Gast liege in tiefem Schlaf, ging er herbei, rückte und zog ganz sachte und vorsichtig an dem Sack, ob er ihn vielleicht wegziehen und einen andern unterlegen könnte. Der Drechsler aber hatte schon lange darauf gewartet. Wie nun der Wirt eben einen herzhaften Ruck tun wollte, rief er: »*Knüppel, aus dem Sack!*« *Alsbald fuhr das Knüppelchen heraus, dem Wirt auf den Leib und rieb ihm die Nähte, daß es nur so prasselte. Der Wirt schrie zum Erbarmen, aber je lauter er schrie, desto kräftiger schlug der Knüppel ihm den Takt dazu auf.*

Da sprach der Drechsler: »*Wenn du das Tischchen-deckdich und den Goldesel nicht wieder herausgibst, so soll der Tanz von neuem angehen.*«

Eindeutig Selbstjustiz! Hier gibt es nichts zu beschönigen, diese Art von Intervention ist genauso ungesetzlich wie die

Betrügereien des Wirts. Es muß hier nochmals festgehalten werden, daß es sich bei dieser wie auch anderen der Grimmschen Geschichten um Literatur handelt, die man Kindern und Minderjährigen besser nicht in die Hände gibt. Moralisch gesehen haben sie nämlich die Qualität von Rambo-Filmen. Andererseits betrachten wir sie hier wirtschaftlich und strukturell, und da ist Moral auch oft Mangelware. Zurück zur Prügelszene:

»Ach nein«, rief der Wirt ganz kleinlaut, »ich gebe alles gerne wieder heraus, laßt nur den verwünschten Kobold wieder in den Sack kriechen!« Da sprach der Geselle: »Ich will Gnade für Recht ergehen lassen, aber hüte dich, mich zu betrügen!« Dann rief er: »Knüppel, in den Sack!«, und ließ ihn ruhen.

Der Drechsler zog am anderen Morgen mit dem Tischchen-deck-dich und dem Goldesel heim zu seinem Vater. Der Schneider freute sich, als er ihn wiedersah, und fragte auch ihn, was er in der Fremde gelernt habe.

»Lieber Vater«, antwortete er, »ich bin ein Drechsler geworden.«

»Ein kunstreiches Handwerk«, sagte der Vater. »Was hast du von deiner Wanderschaft mitgebracht?«

»Ein kostbares Stück, lieber Vater«, antwortete der Sohn, »einen Knüppel-aus-dem-Sack.«

»Was!« rief der Vater. »Einen Knüppel? Das ist der Mühe wert! Den kannst du dir von einem Baum abhauen.«

»Aber einen solchen nicht, lieber Vater! Sage ich: ›Knüppel, aus dem Sack!‹, so springt der Knüppel heraus und macht mit dem, der es nicht gut mit mir meint, einen schlimmen Tanz und läßt nicht eher nach, als bis er auf der Erde liegt und um gut Wetter bittet. Seht Ihr, mit diesem Knüppel habe ich das Tischchen-deck-dich und den Goldesel wieder herbeigeschafft, die der diebische Wirt meinen

Tischfertig, eselstark & knüppeldick

Brüdern abgenommen hatte. Jetzt laßt sie beide rufen und ladet alle Verwandten ein, ich will sie speisen und tränken und will ihnen die Taschen noch mit Gold füllen.«

Der alte Schneider wollte nicht recht trauen, brachte aber doch die Verwandten zusammen. Da deckte der Drechsler ein Tuch in die Stube, führte den Goldesel herein und sagte zu seinem Bruder: »Nun, lieber Bruder, sprich mit ihm!« Der Müller sagte »Bricklebrit«, und augenblicklich sprangen die Goldstücke auf das Tuch herab, als käme ein Platzregen, und der Esel hörte nicht eher auf, als bis alle so viel hatten, daß sie's nicht mehr tragen konnten.

Dann holte der Drechsler das Tischchen und sagte: »Lieber Bruder, nun sprich mit ihm!« Und kaum hatte der Schreiner »Tischchen, deck dich!« gesagt, so war es gedeckt und mit den schönsten Schüsseln reichlich besetzt. Da wurde eine Mahlzeit gehalten, wie der gute Schneider noch keine in seinem Haus erlebt hatte, und die ganze Verwandtschaft blieb zusammen bis in die Nacht, und alle waren lustig und vergnügt. Der Schneider verschloß Nadel und Zwirn, Elle und Bügeleisen in einen Schrank und lebte mit seinen drei Söhnen in Freude und Herrlichkeit. Wo ist aber die Ziege hingekommen, die schuld war, daß der Schneider seine drei Söhne fortjagte? Das will ich dir sagen. Sie schämte sich, daß sie einen kahlen Kopf hatte, lief in eine Fuchshöhle und verkroch sich hinein. Als der Fuchs nach Hause kam, funkelten ihm ein paar große Augen aus der Dunkelheit entgegen, daß er erschrak und wieder zurücklief. Der Bär begegnete ihm, und da der Fuchs ganz verstört aussah, so sprach er: »Was ist dir, Bruder Fuchs, was machst du für ein Gesicht?«

»Ach«, antwortete der Rote, »ein grimmig Tier sitzt in meiner Höhle und hat mich mit feurigen Augen angeglotzt!« – »Das wollen wir bald austreiben«, sprach der Bär, ging mit zu der Höhle und schaute hinein. Als er aber

die feurigen Augen erblickte, erschrak er gleichfalls. Er wollte mit dem grimmigen Tier nichts zu tun haben und nahm Reißaus.

Die Biene begegnete ihm, und da sie merkte, daß es ihm in seiner Haut nicht wohl zumute war, sprach sie: »Bär, du machst ja ein gewaltig verdrießlich Gesicht. Wo ist deine Lustigkeit geblieben?«

»Du hast gut reden«, antwortete der Bär, »es sitzt ein grimmiges Tier mit Glotzaugen in dem Haus des Roten, und wir können es nicht herausjagen.«

Die Biene sprach: »Du dauerst mich, Bär; ich bin zwar ein armes, schwaches Geschöpf, das ihr am Wege nicht anguckt, aber ich glaube doch, daß ich euch helfen kann.«

Sie flog in die Fuchshöhle, setzte sich der Ziege auf den glattgeschorenen Kopf und stach sie so gewaltig, daß sie aufsprang, »mäh! mäh!« schrie und wie toll in die Welt hineinlief. Und niemand weiß bis zur Stunde, wo sie hingelaufen ist.

Diese »Nachschlaggeschichte« von der Ziege in der Fuchshöhle ist schon morphologisch glatter Unsinn. Wie könnte eine ausgewachsene Ziege denn in einen Fuchsbau passen? Wäre die Story ein Produkt des 20. Jahrhunderts, könnte man sie noch für eine symbolische Geschichte halten, in der bewiesen wird, daß die Roten und die Braunen sich auch bei voller Machtentfaltung vor nichts so hüten müßten als vor Ziegen. Aber die Geschichte ist zweifellos älter, und daher sind diese beiden politischen Gruppierungen noch nicht zugange. Die Verjagung durch den Bienenstich hat wieder zoologisch einen bösen Hintergrund: Jedes Kind weiß, daß eine Biene, die sticht, anschließend stirbt. Anders wäre dies bei Wespen oder Hornissen, aber hier ist explizit von einer Biene die Rede. Sollte hier angedeutet werden, daß man Ziegen nur durch Selbstmord los wird? Eine dunkle, makabre Anspielung ...

Auf jeden Fall ist es nützlicher, sich mit den erkennbaren Lehren dieser tiefgründigen Märchengeschichte zu beschäftigen.

Zusammenfassung der wichtigsten

Merksätze und Lernfelder

für Personalführer/-innen

- **Hüten Sie sich vor Ziegen!**

Im vorliegenden Märchen ist die Ziege als Nutztier zweifellos ein Symbol der Armut und des niederen Standes des Kleingewerbetreibenden. Dieser Schneider ist noch dazu ein völlig unfähiger Chef, wie aus der Geschichte und der Vertreibung seiner drei Söhne eindeutig hervorgeht. Der gute Mann ist schlichtweg zu vergessen. Denn sogar das, wie er dann aus Wut mit der Ziege umgeht, ist wider jedes vernünftige Personalführungswesen.

Das könnte leicht abgehakt werden, wenn es nicht in jedem Unternehmen, in jedem Büro und in jeder Organisation Ziegen gäbe. Nein, hier sind nicht weibliche Mitarbeiter gemeint, Ziegen gibt es in beiderlei Geschlechtern. Sie meckern, fressen alles kahl und behaupten nachher, es gehe ihnen schlecht. Es wurde schon im Märchenkontext darauf hingewiesen, daß es sich dabei nicht unbedingt um offene Bösartigkeit handelt, sondern um einen Wesenszug, der sich gehörig verfestigt hat. In der Psychiatrie wird dies gern mit PQ abgekürzt. Es steht für paranoide Querulanz und klingt schon so grauslich, wie es ist. Forensisch ist es aber kein krimineller Tatbestand, und Belegschaftsvertreter werfen sich meist mit fanatischer Leidenschaft vor solche Typen. Als Boß haben sie im ersten Moment keine Chance; brachiale Gewaltakte verbieten sich ohnehin arbeitsrechtlich.

Was ist nun zu tun?

Die Weisheit liegt wie immer im Chinesischen beziehungsweise im praktischen Hausverstand. Ziegen sind zu melken, zu melken und wieder zu melken. Vor allem wenn sie schon etwas älter sind und man sie daher nicht gut schlachten kann, weil das Fleisch bereits zu zäh ist. Sie sind soweit wie möglich von anderen Nutztieren abzusondern, bei Schneiders erzählt ja die Geschichte klar, daß die Ziege im Keller leben mußte. Ein moderner Ziegenchef stellt sich daher die Frage: Wo ist das nächste Kopierzimmer? Vielleicht könnte man im Keller des Hauses noch eines einrichten?

Versuchen Sie keinesfalls, Ihre Ziegen zu rasieren. Und machen Sie nie den Fehler, Ihren Ziegen auch nur ein Wort zu glauben. Eine richtige Ziege kann so lügen, daß sogar das Gegenteil nicht stimmt.

In einigen Fällen hat es geholfen, den Mann oder die Frau in die Politik zu schicken. Zuerst natürlich als Kleinfunktionäre, aber es geht das Gerücht um, daß so manche Ziege zu Ministerehren aufgestiegen ist. Zumindestens in Österreich.

- **Sichern Sie Ihr Inventar!**

Es ist gewiß unsympathisch, unter dem Begriff Inventar auch das sogenannte »Lebende« zu verstehen. Wir sprechen heute gerne vom Human Capital, obwohl die meisten Manager/-innen die Tragweite und die Konsequenz dieses Begriffs für ihre Mitarbeiter/-innen und die Belegschaft noch gar nicht abschätzen können. Sei es, wie es wolle – Tische, Esel, Ziegen, Knüppel und andere Gerätschaften müssen nicht nur buchhalterisch erfaßt, sondern auch numerisch inventarisiert und eindeutig gekennzeichnet werden. Dazu gibt es konkrete und praktische Methoden, zum Beispiel bekommen Menschen Identitycards. Tische, anderes Mobiliar und Geräte werden mit guthaftenden Plaketten versehen, Esel können wie Menschen Halsbänder tragen, oder sie bekommen eine Nummer auf den Hintern tätowiert. Zweifellos ist das kein Allheilmittel gegen den Schwund. Mittlere und große Unternehmen melden beziehungsweise buchen jährlich Millionensummen an »entlaufenem« Inventar. Dies zu unterbinden ist eine Aufgabe für Security-Fachleute und für den Werkschutz. Im Märchen hätte dies wenig Sinn, aber die Markierung von Tisch und Esel hätte zumindest die Vertauschung auffliegen lassen. Nebenbei bemerkt: Vielleicht kann man einen Schreiner täuschen, weil er die optischen Unterschiede zweier alter Tische übersieht, einem Müller einen anderen Esel unterzuschieben, das zeigt schon von großer Ignoranz. Des Müllers nämlich, denn wer hat je zwei täuschend ähnliche Esel gesehen? Wer's nicht glaubt, erkundige sich beim nächsten Eselzüchter, Gestüt oder Roßtäuscher.

Jedenfalls geht es im Schadensfall um den Nachweis des Verlustes, des Tausches, des Diebstahls oder des Betrugs. Anders als bei den beiden Halbdeppen von Schneiderssöhnen ist es für Sie als Personalmanager/-in und Hausverwalter/-in die erste Aufgabe, alles kontrollierbar im Griff zu haben. Dann können Sie auch die nächste Forderung erfüllen.

- **Nutzen Sie das Rechtssystem!**

»Fort mit Schaden!« ist kein guter Richtsatz im Führungsmanagement. Wo Schaden aufgetreten ist, sind Versicherungen, Gerichte oder andere zuständige Instanzen zu bemühen. Die vorherigen Forderungen müssen aber erfüllt sein. Und der Märchengeschichte mit ihrer spezifischen Lösung ist gedanklich nicht nachzukommen: Die Durchsetzung von Rechtsgütern mit Hilfe brachialer Selbstjustiz ist kein Mittel, zumindest in einer modernen rechtsstaatlichen Gesellschaft. Es würde nämlich imageschädigend wirken.

Sollten Sie Ihr Unternehmen aber in anderen Regionen dieser Erde führen, dann tun Sie sich bloß keinen Zwang an. Ihr nächstgelegener Waffenhändler und/oder eine renommierte Söldneragentur werden Sie gerne beraten.

- **Oral – anal – genital: Geben Sie Ihren Mitarbeitern/ Mitarbeiterinnen, was sie brauchen!**

Zuletzt ist der schon mehrfach angedeutete Schlüssel hinter der an sich simplen Erzählung noch einmal herauszuarbeiten. Tatsächlich sind die drei Wunschebenen des Tischleins, des Esels, des Knüppels natürlich und selbstverständlich die entsprechenden Befriedigungspunkte und Entwicklungsstufen in der menschlichen Psyche. Wir alle beginnen unser Leben mit dem Mittelpunkt der oralen Befriedigung an der Mutterbrust. Somit ist das Tischlein-deck-dich nur eine kulinarische Weiterentwicklung eines unserer Grundbedürfnisse. Der Esel, der beidseitig Gold »speit«, entspricht unserer nächsten Entwicklungsphase – der analen. Schon Professor Freud wußte davon, daß die Einlage im Töpfchen ein Geschenk an die Eltern und somit an die Gesellschaft ist. Analregressionen haben daher immer etwas mit Geld und Gold, Besitz und Eigentum zu tun. Somit haben wir es leicht, Männer mit protzigen Goldketten richtig als »dumme Scheißer« einzuordnen, und verdammt schwer, schmuckbehängte Damen nicht zu beleidigen. Der Knüppel – mit oder ohne Sack – liegt sozusagen in der Hand. Es ist die genitale Entwicklungsstufe. Jene Stufe, die nach bewußter Entwicklung, nach Entfaltung, Selbstbestätigung und Karriere fragt. Mit einem Wort – Sex! Wie das Märchen erzählt, ist Sex natürlich auch pure Gewalt und kann scheinbar alle anderen Probleme lösen beziehungsweise ausgleichen.

Schluß mit Psychologie – was machen wir daraus?

Wenn Sie Ihr Personal pflegen, das heißt nach allen Regeln der Kunst ausbeuten, dann werden Sie es eben nicht quälen und schinden. Sie werden alle drei Triebebenen richtig dosiert befriedigen. In der oralen Stufe wird sofort klar, daß unterbezahlte Mitarbeiter/-innen nichts leisten werden. Überbezahlte übrigens auch nicht, wie wir aus der Politik wissen. Eine sogenannte dynamische Gehaltspolitik ist gefordert. Denken Sie immer daran: Geld ist Zärtlichkeit! In der Analebene, wo die Scheiße zu Gold werden soll, braucht es Lob und Anerkennung. Wer sauber aufs Töpfchen geht, muß gelobt werden. Sparen Sie nicht mit Titeln, Rängen oder vollmundigen Chiffren. Wie Dale Carnegie lehrt, ist der Titel, besser gesagt, das Türschild »Abteilungsleiter«, billiger als so manche Gehaltserhöhung. Die meisten Menschen sind schon mit dem Titel »Oberkopiergehilfenaufseher« glücklich zu machen. Und vergessen Sie nie Jubiläen, runde Geburtstage oder Weihnachtsfeiern. Alle wichtigen Daten sollte Ihnen der Personalcomputer rechtzeitig auswerfen.

Die genitale Entfaltung liegt in den Aufstiegsmöglichkeiten, die jederzeit bewußt sein sollen. Der kleine Korse Napoleon war diesbezüglich ein Genie. Er prägte den berühmten Satz, daß jeder seiner Grenadiere den Marschallstab im Tornister hätte. Und er hielt sich daran. Aber Napoleon ist tot, und die Durchlässigkeit nach oben, die steile Karriereleiter, ist offensichtlich ins Depot geräumt worden.

In Beamtenapparaten, die gibt es auch in der Wirtschaft, muß sowieso alles nach Reglement und daher langsam geschehen. In tatsächlichen Wirtschaftsunternehmen gilt derzeit das sogenannte flache Organisationsprinzip. Es gibt also nur wenige Karrierestufen. So kommt es dazu, daß ein begabter Jungakademiker mit 35 am Plafond angelangt ist, über den er nicht mehr hinauskommt. Die Folgen dieser Situation – der zunehmende Frustpegel, der psychische Verlust an Führungskompetenz etc. – werden in der Managementliteratur bereits offen beklagt. Doch wer liest das schon?

Essen, Trinken, Protz und Angeberei, Sex – pardon, Karriere! –, das alles läßt sich tatsächlich gemeinsam veranstalten. Angloamerikanische Großunternehmen führen uns das modellhaft vor. Und das Zauberding heißt »social events«! Da geht die ganze Firma über ein großes Wochenende an den Strand von Hawaii, in die Wildnis des Yellowstone Parks oder in die Parkvilla des Generaldirektors. Da wird gegrillt, Kanu gefahren, gesurft, gejoggt, getrunken, Sack gehüpft und allerlei Unfug mehr. Die Familien sind natürlich mit eingeladen und müssen sogar mitgebracht werden. So richtig totale Feten!

Sie werden so etwas vielleicht schon im Kino gesehen haben.

Klar, das kostet Geld, aber es zahlt sich aus. Auf allen drei Ebenen!

Daher die abschließende Einladung: Machen wir doch zur Weiterbildung als Personalchef/-in einmal ein Tischlein-deck-dich-Seminar. Anmeldungen bitte über die Verlagsadresse.

MIESE TRICKS UND FAULER ZAUBER

oder

Über Hochstapelei, Strebertum und Datenschnüffelei als üble Praktiken am Beispiel des Märchens vom Rumpelstilzchen

Es gibt bekanntlich romantische, geheimnisvolle, zauberhafte und auch sehr grausame Märchengeschichten. Interessanterweise gibt es keine dummen, denn alle haben ihren innewohnenden Witz und oft eine vorbildliche Intelligenz. Das Märchen vom Rumpelstilz – das »chen« wurde wahrscheinlich dazugeschwindelt, um die Präpotenz dieser Figur zu mindern – ist wiederum ein Musterbeispiel für miese Praktiken. Man könnte es als »Warnmärchen« verstehen, aus dem man jederzeit ablesen kann, was im Management tunlichst zu vermeiden ist. Damit fällt es als Geschichte unter den bekannten gruppendynamischen Lehrsatz: Jeder ist nützlich, auch wenn er nur als schlechtes Beispiel dient.

Es beginnt mit einer merkwürdigen Vater-Tochter-Beziehung und einer klassischen Hochstapelei.

Es war einmal ein Müller, der war arm, ...

Im Klardeutsch heißt das, der Mann war stinkefaul! Denn Müller – man vergleiche andere Märchen – sind als Unternehmer gewinnorientierte Gewerbetreibende, die bekanntlich Tag und Nacht müllern müssen, um einen schö-

Miese Tricks und fauler Zauber

nen Batzen Geldes zu verdienen. Wenn einer arm blieb, dann keineswegs wegen jahrelanger Mißernten. Da würde im Text *hungrig* stehen. Nein, dieser war bestimmt einer, der alle Fünfe gerade sein ließ.

... aber er hatte eine schöne Tochter.

Woher? Von wem? Wieso gibt es keine Müllerin?
 Es ist anzunehmen, daß diese schon vor Zeiten dem faulen Sack abgehauen ist. Jetzt will der gute Mann das letzte Familienkapital flüssig machen – das schöne Müllerskind, seine eigene Tochter.

Nun traf es sich, daß er mit dem König zu sprechen kam, und um sich ein Ansehen zu geben, sagte er zu ihm: »Ich habe eine Tochter, die kann Stroh zu Gold spinnen.« Der König sprach zum Müller: »Das ist eine Kunst, die mir wohl gefällt. Wenn deine Tochter so geschickt ist, wie du sagst, so bringe sie morgen in mein Schloß, da will ich sie auf die Probe stellen.«

Heutzutage würde das bedeuten, daß die Tochter eine erstklassige Ausbildung sowie großartige Referenzen als PR-Lady hätte. Auch das ist eine Kunst, die Bossen wohl gefällt: aus dem abgedroschenen Stroh ihrer Botschaften, Parolen, müden Behauptungen und dumpfen Thesen eine megacoole Infoshow auf den Markt zu schleudern, die alle Konsumenten oder Wählerlefzen zum Lustsabbern bringt. Es gibt solche fähigen Leute, insbesondere auch Damen. Und sie werden mit Gold bezahlt.
 Im Märchen allerdings ist es glatte Hochstapelei, denn hier ist wirkliches Stroh gemeint, das zu echtem Edelmetall zu wandeln sei. Geldgierig wie Könige eben sind, will er das nicht nur sehen, sondern auch haben.

Als nun das Mädchen zu ihm gebracht wurde, führte er es in eine Kammer, die ganz voll Stroh lag, gab ihr Rad und Haspel und sprach: »Jetzt mache dich an die Arbeit, und wenn du diese Nacht durch bis morgen früh dieses Stroh nicht zu Gold versponnen hast, so mußt du sterben.«

Typisch König: Bei Gold klinkt ihm der Verstand aus, und bei Nichtgold fällt ihm nichts eleganteres als ein Mädchenmord ein. Aber, wie schon gesagt, wohin man in diesem Märchen schaut – nichts als fiese Typen. Auch die arme Müllerstochter, die jetzt wie ein Opfer aussieht, wird sich nicht im Sinne einer Political Correctnes verhalten.

Darauf schloß er die Kammer selbst zu, und sie blieb allein darin. Da saß nun die arme Müllerstochter und wußte um ihr Leben keinen Rat. Sie verstand gar nichts davon, wie man Stroh zu Gold spinnen konnte, und ihre Angst wurde immer größer, daß sie endlich zu weinen anfing.

Schon wieder ein Ausbildungsproblem! Es darf nicht übersehen werden, daß der naturalistisch verstandene Umwandlungsvorgang auch merkantil gesehen werden kann. Tatsächlich gibt es Strohflechterei schon seit den Tagen der Antike. Stroh war immer ein wertvolles Grundmaterial, nicht nur als Einstreu oder Tierfutter. Aus Stroh wurden für den menschlichen Gebrauch nicht nur die berühmten Strohsäcke hergestellt, sondern auch Bänder, Seile, Matten, Pantoffeln, Körbe und Gebinde und, wie heute im Brauchtum noch zu sehen ist, auch kunstvollste Dekorationen geflochten. Daher haben Strohflechter/-innen mit ihrer Handfertigkeit auch gutes Geld, also Gold erwirtschaftet. Die unbekannten Märchenschöpfer – die Grimms waren ja nur die Sammler! – wußten dies alles und haben es als Metapher im Rumpelstilzdrama versteckt.

Miese Tricks und fauler Zauber

Übrigens ist Stroh heutzutage ein alternatives Heizmaterial, das in Zeiten der industriellen Landwirtschaft Zigtausende Tonnen Öl ersetzen könnte. Hätten nicht die Strohöfen ein neues Problem gebracht – das der giftigen Abgase. Also mußten für Strohöfen wieder eigene Filter entwickelt werden, und somit beißt sich die Katze umwelttechnologisch in den eigenen Schwanz. Die moderne Märchenforderung »Brenne mir billiges Stroh statt teurem Erdöl« ist also auch nicht umgesetzt worden. Hier fehlt noch der entsprechende Stilz.

Nun zurück in die Kammer.

Da ging auf einmal die Türe auf, und ein kleines Männchen trat herein und sprach: »Guten Abend, Jungfer Müllerin, warum weinst du so sehr?«

»Ach«, antwortete das Mädchen, »ich soll Stroh zu Gold spinnen und verstehe das nicht.«

Sprach das Männchen: »Was gibst du mir, wenn ich dir's spinne?«

»Mein Halsband«, sagte das Mädchen.

Von wegen Männchen! Wie schon erwähnt, ist es eine alte Märchentaktik, durch Verkleinerungen herunterzuspielen. Dieser Herr Stilz ist ein ausgemachtes Schlitzohr im ausgewachsenen Format. Das erkennen auf den ersten Blick nur versierte Brauchtumsforscher: Das Halsband, das er sich anbieten läßt, ist nicht einfach ein Halsband. Halsbänder, Ketten, Gürtel und andere Körperschließen haben magische und mythische Bedeutung. Im Germanischen sind sie kulturell mit dem Stand der Jungfrau oder der Ehefrau verbunden. Kurz gesagt, ein Mädchen, das sein Halsband verschenkt beziehungsweise tauscht, bietet seine Jungfräulichkeit an. Von wegen Männchen ...

Das Männchen nahm das Halsband, setzte sich vor das Rädchen, und schnurr, schnurr, schnurr, dreimal gezogen, war die Spule voll. Dann steckte es eine andere auf, und schnurr, schnurr, schnurr, dreimal gezogen, war auch die zweite voll. Und so ging's fort bis zum Morgen, da war alles Stroh versponnen, und alle Spulen waren voll Gold.

Bei Sonnenaufgang kam schon der König, und als er das Gold erblickte, staunte er und freute sich; aber sein Herz wurde nur noch goldgieriger. Er ließ die Müllerstochter in eine andere Kammer voll Stroh bringen, die noch viel größer war, und befahl ihr, das auch in einer Nacht zu spinnen, wenn ihr das Leben lieb wäre.

Der merkwürdige Kavalier und Spinner hat sich offensichtlich dünne gemacht. Warum nicht? Seinen Lohn hat er ja konsumiert. Übrigens ist es auffällig, daß immer nur nachts gesponnen werden soll. Das ist logisch nur begründbar, wenn man Materialzauber als germanische Esoterik versteht oder wenn man sich auf die unausgesprochene Sexualität der Vorgangsweise stützt. Aber das ist ziemlich überflüssig für die weitere Analyse.

Das Mädchen wußte sich nicht zu helfen und weinte; da ging abermals die Tür auf, und das kleine Männchen erschien und sprach: »Was gibst du mir, wenn ich dir das Stroh zu Gold spinne?«

»Meinen Ring vom Finger«, antwortete das Mädchen.

Hoppla! Jetzt geht's noch weiter. Denn nach dem Halsband bedeutet der Ring in der Volksmythologie nicht nur flüchtigen Sex, sondern eine dauernde Bindung. In den heute noch üblichen Eheringen besteht diese Vorstellung traditionell noch immer. Herr Stilz, wahrscheinlich hieß der Bursche Mag. Rambo Stilz, zieht sich das

— 218 —

Mädel offensichtlich zur Gänze unter den Nagel. Was hat er vor?

Das Männchen nahm den Ring, fing wieder an zu schnurren mit dem Rad und hatte bis zum Morgen alles Stroh zu glänzendem Gold gesponnen.
Der König freute sich über die Maßen bei dem Anblick, war aber noch immer nicht Goldes satt, sondern ließ die Müllerstochter in eine noch größere Kammer voll Stroh bringen und sprach: »Dies mußt du noch in dieser Nacht verspinnen; gelingt dir's aber, so sollst du meine Gemahlin werden.«

Nun ja, bei entsprechender Aussteuer und Mitgift sollen ja Adlige auch heute noch gerne eine Bürgerliche heiraten.

»Wenn's auch eine Müllerstochter ist«, dachte er, »eine reichere Frau finde ich in der ganzen Welt nicht.«
Als das Mädchen allein war, kam das Männlein zum drittenmal wieder und sprach: »Was gibst du mir, wenn ich dir noch einmal das Stroh spinne?«
»Ich habe nichts mehr, das ich geben könnte«, antwortete das Mädchen.

Nun, wer sagts denn!

»So versprich mir, wenn du Königin wirst, dein erstes Kind.«
»Wer weiß, wie das noch geht«, dachte die Müllerstochter und wußte sich auch in der Not nicht anders zu helfen. Sie versprach also dem Männchen, was er verlangte, und das Männchen spann dafür noch einmal das Stroh zu Gold.

Hat die Königin in spe, die schöne Müllerstochter nun geschnallt, um was es geht? Um nichts mehr als den Anspruch der Legitimität des Kindes. Denn dieses Kind wird de facto wohl Herrn Stilz als Vater haben, schon von der ersten Spinnerei gezeugt. De jure aber den goldgierigen König, der keine Ahnung hat, daß nicht er selbst der Erzeuger des Erben oder der Erbin ist. Wenn sich Stilz also des ersten Sprößlings versichert, dann hat er den Reichserben und damit die künftige Herrschaft übernommen. Sehr klug, aber auch saumäßig hinterhältig!

Kindern wird dies gerne verschwiegen, und es wird mit anderen Phantasien zugedeckt. Dadurch bekommt das Rumpelstilzchen einen Touch von einem bösen Zwerg, der womöglich noch ein Kinderfresser sei. Stimmt nicht, die Sache ist so schon grauslich genug.

Und als am Morgen der König kam und alles fand, wie er gewünscht hatte, hielt er Hochzeit mit ihr, und die schöne Müllerstochter ward eine Königin.

Nach einem Jahr ...

Man beachte den Verschleierungsversuch!

... bekam sie ein schönes Kind und dachte gar nicht mehr an das Männchen. Da trat es plötzlich in ihre Kammer und sprach: »Nun gib mir, was du versprochen hast.«

Die Königin erschrak und bot dem Männchen alle Reichtümer an, wenn es ihr das Kind lassen wolle; aber das Männchen sprach: »Nein, etwas Lebendes ist mir lieber als alle Schätze der Welt.«

Da fing die Königin so an zu jammern und zu weinen, daß das Männchen Mitleid mit ihr hatte: »Drei Tage will ich dir Zeit lassen«, sprach es, »wenn du bis dahin meinen Namen weißt, so sollst du dein Kind behalten.«

Und da ist sie schon – die Achillesferse. Es geht immer wieder schief, wenn die Guten linke Dinger drehen, und es

Miese Tricks und fauler Zauber

geht genauso daneben, wenn die Bösen sentimentale Anfälle bekommen. Wie Figura bald zeigen wird.

Nun dachte die Königin die ganze Nacht über alle Namen nach, die sie jemals gehört hatte, und schickte einen Boten über Land, der sollte sich erkundigen weit und breit, was es noch für Namen gäbe. Als am andern Tag das Männchen kam, fing sie an mit Kaspar, Melchior, Balthasar und sagte alle Namen, die sie wußte, nach der Reihe her; aber bei jedem sprach das Männlein: »So heiß' ich nicht.«

Den zweiten Tag ließ sie in der Nachbarschaft herumfragen, wie die Leute da genannt würden, und sagte dem Männlein die ungewöhnlichsten und seltsamsten Namen vor: »Heißt du vielleicht Rippenbiest oder Hammelswade oder Schnürbein?« Aber es antwortete immer: »So heiß' ich nicht.« Den dritten Tag kam der Bote wieder zurück und erzählte: »Neue Namen habe ich keinen einzigen finden können, aber wie ich an einem hohen Berg um die Waldecke kam, wo Fuchs und Hase sich gute Nacht sagen, sah ich ein kleines Haus, und vor dem Haus brannte ein Feuer, und um das Feuer sprang ein gar zu lächerliches Männchen, hüpfte auf einem Bein und schrie:

»Heute back' ich, morgen brau' ich,
Übermorgen hol' ich der Königin ihr Kind;
Ach, wie gut ist's, daß niemand weiß,
Daß ich Rumpelstilzchen heiß'!«

In dieser Märchengeschichte zeigt sich deutlich, wie nötig doch Rasterfandung und Lauschangriff für Regierende sind. Jedenfalls hat Frau Königin einen tüchtigen Privatdetektiv engagiert, der auch dort schnüffelt, wo Fuchs und Hase sich die berühmte gute Nacht wünschen. Dazu kommt noch das typisch unvorsichtige Verhalten eines knieweichen, bösartigen Emporkömmlings. Herr Stilz kann es nicht lassen, seinen bevorstehenden Sieg und Aufstieg in die Nobelkategorie vorweg lautstark zu feiern.

Da könnt ihr wohl denken, wie die Königin froh war, als sie den Namen hörte, und auch bald hernach das Männlein hereintrat und fragte: »Nun Frau Königin, wie heiß' ich?« Da fragt sie erst: »Heißest du Kunz?« – »Nein.« – »Heißest du Heinz?« – »Nein.«
»Heißt du etwa Rumpelstilzchen?«
»Das hat dir der Teufel gesagt, das hat dir der Teufel gesagt!« schrie das Männlein und stieß mit dem rechten Fuß vor Zorn so tief in die Erde, daß er bis an den Leib hineinfuhr; dann packte es in seiner Wut den linken Fuß mit beiden Händen und riß sich selbst mitten entzwei.

Und weil er so gestorben ist, lebt er wohl heut nicht mehr? Wer's glaubt, wird selig. Bleibt abschließend die interessante Frage, warum Herr Stilz nicht bei Nennung seines richtigen Namens weitergelogen hat. Es wäre glatt durchgegangen, zumindest bis zur Gegenüberstellung mit dem Privatdetektiv. Kann einer, der Gold spinnen kann, nicht auch lügen?

Der Wutschrei, das hätte ihr der Teufel gesagt, verrät den magischen Hintergrund. Goldmacher, Alchemisten galten als Teufelsjünger, und der Teufel ist im Volksglauben nur durch die Nennung seines Namens zu rufen oder auch zu bannen. Der ausgezockte Stilz, offensichtlich ein erfahrener Okkultist und Satanist, unterstellt damit der Königin, sie hätte sich gleicher Praktiken bemächtigt und bedient. Daher ist eine Leugnung des korrekten Namens gar nicht möglich.

Wie immer, fair war das königliche Verhalten sowieso nie, denn ein Versprechen ist ein Versprechen. Aber wenn der Einforderer knieweiche Zugeständnisse macht, dann geschieht ihm schon recht.

Zusammenfassung der wichtigsten

Merksätze und Lernfelder

für junge Königinnen und solche, die es
noch werden wollen

Ehrlich gesagt, gibt es hier nicht viele praktische Erkenntnisse. Die wichtigsten lauten:.

• So nicht!
Töchter, auch noch so schöne, dürfen sich nicht durch oberfaule Väter oder andere Wichtigmacher mit Legenden verscherbeln lassen. Es ist nicht zu leugnen, daß es international und auch in unseren Breiten Mädchen- und Frauenhandel gibt, daß sogar Hausfrauen, Ehefrauen und Mütter per Katalog aus Fernost ausgesucht werden können. Und mit Rückgaberecht zugestellt werden. Das ist aber zu verurteilen. Sollten Sie Müllers Tochter oder Meiers Nichte sein, lassen Sie sich gefälligst so nicht behandeln, sondern treten die Säcke genau dorthin.

• Hüten Sie sich vor Stilzen!
Solche gibt es tatsächlich überall. Wichtigtuerische Berater, Agenten, Talentefördorer und Promotoren für Film, TV, Hollywood und Pipapo! Selbstverständlich gibt es auch weibliche Stilze; wir wollen das nicht an ausschließlich geile Männer heften. Jedenfalls sorgen alle diese Versprecher auch dafür, daß sie ihren Lohn vor ihrer Leistung bekommen. Und wenn sie es wirklich schaffen, die naive Klientin nach oben zu boxen, dann hängen sie wie Kletten am neu-

geborenen Star. Und stellen weiterhin unverschämte Forderungen. Hände weg von solchen Typen!
Es ist nicht alles Gold, was spinnt.
Es ist nicht alles Stroh, was glänzt.
Oder so ähnlich.

- **Nennen Sie Ihre Gegner beim Namen!**

Das bedeutet natürlich, daß Sie diesen auch in Erfahrung bringen müssen. Zum Beispiel, daß Professor Dr. Alphons Blitz von Zabernsee in Wahrheit sich die Titel gekauft hat und den braven Namen Willy Wasserträger führt. In passender Runde so angesprochen, wird aus dem Playboy-Tiger ein hohler Pappkamerad. Er wäre für alle Zeiten »vernichtet«. Presseleute und Medienzauberer nutzen hier eine noch tückischere Technik: Sie unterlegen Bilder, Berichte und Reportagen mit falschen Untertiteln. Wofür sie sich zwei Tage später höflichst entschuldigen. Aber der angerichtete Schaden kann nicht mehr repariert werden. Sie können sich vorstellen, daß ein Prominenter, der dreimal mit vertauschtem oder peinlich verfälschtem Namen in den Medien auftaucht, sich ebenfalls aus Wut ein Bein vom Leibe reißt. Mit einem Wort – die Stilze leben noch ...

VÖLLEREI STATT FETTER BEUTE
oder

*Wie man sich bei »Einverleibungen«
überfressen kann – am Beispiel des Märchens
vom Rotkäppchen*

Das Märchen vom Rotkäppchen stellt schon vom Titel her einige provokante Fragen in den Raum. Zweifellos haben die braven Germanisten und Philosophen Jacob und Wilhelm Grimm dieses Märchen bereits unter diesem Titel gesammelt und notiert und in deutscher professoraler Ernsthaftigkeit sicherlich nicht »daran gedreht«. Spannend bleibt aber doch, daß ein »Rotkäppchen« im Spannungsfeld zwischen Französischer Revolution und deutschem Vormärz herumgeistert. Wie lange wird es noch dauern, bis ein Philosoph namens Dr. Karl Marx schreiben wird: »Ein Gespenst geht um in Europa ...« Also 1822, im Erscheinungsjahr der Grimmschen Märchensammlung, war Klein Karl sicher noch nicht soweit, um sein kommunistisches Manifest vorherzusehen, aber vielleicht hat ihn die Kappenfarbe im Märchen schon unterbewußt beeinflußt. Was historisch hinter dem »roten Käppchen« alles stecken kann, reicht von der Jakobinermütze bis zur Anmaßung von Adel. Denn Rot war ja als Kleiderfarbe schon im Mittelalter ausschließlich für Monarchen, den Hochadel und Kirchenfürsten reserviert. Wieso ein kleines Mädchen – merkwürdiger- oder ironischerweise schon in den ersten Worten als »Dirne« bezeichnet – von seiner Großmutter mit solch einem revolutionären Kleidungsstück beschenkt wird und warum das gute Kind dieses dann auch so über die Maßen schätzt, das könnte also Thema eines Historikersymposiums sein.

Es war einmal eine kleine süße Dirne, die hatte jedermann lieb, der sie nur ansah, am allerliebsten aber ihre Großmutter; die wußte gar nicht, was sie dem Kinde alles geben sollte. Einmal schenkte sie ihm ein Käppchen von rotem Samt, und weil ihm das so wohl stand und es nichts anderes mehr tragen wollte, hieß es nur noch das Rotkäppchen.

Kurze Zwischenrufe! Deutet sich hier Wohlstandsverwahrlosung an? Eine Großmutter, die nicht weiß, was sie alles dem guten Kind noch hineinstopfen soll, kann nicht arm sein. Samt zählte zu den teuersten Stoffen und war für einfaches Volk finanziell unerschwinglich. Könnte es sich bei der Frau Großmutter um ein ehrwürdiges reiches Manufakturunternehmen handeln und bei der Enkelin um eine »blühende« Dependance? Dieser Gedanke muß weiterverfolgt werden ...

Eines Tages sprach seine Mutter zu ihm: »Komm, Rotkäppchen, da hast du ein Stück Kuchen und eine Flasche Wein, bring das der Großmutter hinaus; sie ist krank und schwach und wird sich daran stärken. Mach dich auf, bevor es heiß wird, und wenn du hinauskommst, so geh hübsch sittsam und lauf nicht vom Weg ab, sonst fällst du und zerbrichst das Glas, und die Großmutter hat nichts. Und wenn du in ihre Stube kommst, so vergiß nicht, guten Morgen zu sagen, und guck nicht erst in allen Ecken herum.«

Die Codierung des Märchens wird immer durchsichtiger. Wein und Kuchen, das ist nicht die Nahrung einfacher Leute. Dem alten Unternehmen geht es also schon recht schwach, es knirscht im Gebälk. Tochterfirma und Enkelniederlassung

Völlerei statt fetter Beute

müssen dem Stammhaus Unterstützung bringen. Auch alle weiteren Anweisungen sind wirtschaftlich ganz leicht zu verstehen. Man schaut eben in einer alten Firma nicht frech herum und schon gar nicht in alle Winkel und Ecken ...

»Ich will schon alles gut machen«, sagte Rotkäppchen zur Mutter und gab ihr die Hand darauf. Die Großmutter aber wohnte draußen im Wald, eine halbe Stunde vom Dorf. Als nun Rotkäppchen in den Wald kam, begegnete ihm der Wolf.

Je dunkler der Wald, desto näher der Wolf. Je »schattiger« die Geschäfte, desto erfolgshungriger die jungen Firmenfresser. Diese Yuppieunternehmer mit den flotten Sprüchen, den hungrigen Augen und den gierigen Krallen. Und mit dem charmantesten Wolfslächeln, das man sich denken kann. Diese Typen sollte man gegen den Wind erkennen ...

Rotkäppchen aber wußte nicht, was das für ein böses Tier war, und fürchtete sich nicht vor ihm.
　»Guten Tag, Rotkäppchen«, sprach er.
　»Schönen Dank, Wolf.«
　»Wo hinaus so früh, Rotkäppchen?«
　»Zur Großmutter.«
　»Was trägst du unter der Schürze?«
　»Kuchen und Wein. Gestern haben wir gebacken, da soll sich die kranke und schwache Großmutter etwas zugute tun und sich damit stärken.«
　»Rotkäppchen, wo wohnt deine Großmutter?«
　»Noch eine gute Viertelstunde weiter im Wald, unter den drei großen Eichbäumen, da steht ihr Haus; unten sind die Nußhecken, das wirst du ja wissen«, sagte Rotkäppchen.

Was soll man dazu sagen? Hat hier jemand von Datenschutz gesprochen?

Der Wolf dachte bei sich: »Das junge, zarte Ding, das ist ein fetter Bissen, der wird noch besser schmecken als die Alte: du mußt es listig anfangen, damit du beide erschnappst.«

Klassischer Yuppiefehler: Maßlosigkeit. Selbstüberschätzung. Größenwahn. Und im wahrsten Sinne des Wortes Geschmacklosigkeit. Welcher Gourmet, kulinarisch oder wirtschaftlich, würde zuerst den zähen Hauptgang verschlingen, um nachher die leckeren Vorspeisen in sich hineinzustopfen? Solch einem irren Jungunternehmer wird dann auch das entsprechende Dessert geboten, wie die Geschichte zeigt.

Da ging er ein Weilchen neben Rotkäppchen her, dann sprach er: »Rotkäppchen, sieh einmal die schönen Blumen, die ringsumher stehen! Warum guckst du dich nicht um? Ich glaube, du hörst gar nicht, wie die Vöglein so lieblich singen? Du gehst ja vor dich hin, als wenn du zur Schule gingst, und doch ist es so lustig draußen in dem Wald.«

Wäre sie nur zur Schule gegangen! Und hätte gelernt, wie man sich im Wirtschaftswald verhält. Daß man sich nicht von Partygeflüster, Small talk und NLP-Phrasen einlullen läßt.

Rotkäppchen schlug die Augen auf, und als es sah, wie die Sonnenstrahlen durch die Bäume hin und her tanzten und alles voll schöner Blumen stand, dachte es: »Wenn ich der Großmutter einen frischen Strauß mitbringe, der wird ihr auch Freude machen; es ist so früh am Tag, daß ich doch zu rechter Zeit ankomme.« Da lief es vom Wege ab in den Wald hinein und suchte Blumen. Und wenn es eine gebrochen hatte, meinte es, weiter hinaus stände eine schönere, und lief danach und geriet immer tiefer in den Wald hinein.

Wer bis jetzt NLP – neurolinguistisches Programmieren –

für Mumpitz hielt, kann sich aufgrund des Verhaltens der infantilen Hauptfigur hier eines besseren belehren. Nicht umsonst sind fundierte NLP-Ausbildungen für Macher aller Art und Qualität heutzutage überlaufen ...

Der Wolf aber ging geradewegs nach dem Haus der Großmutter und klopfte an die Tür.
 »Wer ist draußen?«
 »Rotkäppchen, das bringt Kuchen und Wein, mach auf!«
 »Drück nur auf die Klinke«, rief die Großmutter, »ich bin zu schwach und kann nicht aufstehen.«

Apropos Werksschutz ...

Der Wolf drückte auf die Klinke, die Tür sprang auf, und er ging, ohne ein Wort zu sprechen, gerade zum Bett der Großmutter und verschluckte sie. Dann tat er ihre Kleider an, setzte ihre Haube auf, legte sich in ihr Bett und zog die Vorhänge zu.

Prinzipiell eine sehr effiziente feindliche Übernahme. Wäre sie nicht strategisch und taktisch völlig falsch, müßte man ihr Applaus zollen. Aber noch hat Machiavelli nicht gesiegt ...

Rotkäppchen aber war nach den Blumen herumgelaufen, und als es so viel beisammen hatte, daß es keine mehr tragen konnte, fiel ihm die Großmutter wieder ein, und es machte sich auf den Weg zu ihr. Es wunderte sich, daß die Tür offen stand, und wie es in die Stube trat, kam es ihm so seltsam darin vor, daß es dachte: »Ei, du mein Gott, wie ängstlich wird mir's heute zumute und bin sonst so gerne bei der Großmutter!«
 Es rief: »Guten Morgen!«, bekam aber keine Antwort. Darauf ging es zum Bett und zog die Vorhänge zurück. Da

lag die Großmutter, hatte die Haube tief ins Gesicht gesetzt und sah so wunderlich aus.
  »Ei, Großmutter, was hast du für große Ohren!«
  »Daß ich dich besser hören kann.«
  »Ei, Großmutter, was hast du für große Augen!«
  »Daß ich dich besser sehen kann.«
  »Ei, Großmutter, was hast du für große Hände!«
  »Daß ich dich besser packen kann.«
  »Aber, Großmutter, was hast du für ein entsetzlich großes Maul!«
  »Daß ich dich besser fressen kann!«
  Kaum hatte der Wolf das gesagt, tat er einen Satz aus dem Bett und verschlang das arme Rotkäppchen.

Noch immer lassen sich aus dieser simplen Story lichtvolle Erkenntnisse ziehen: Wer in einem Traditionsunternehmen auf überraschende Neuerungen stößt, insbesondere auf ein radikal verändertes Styling der Chefin, dem ist höchstlich geraten, sich vorzusehen. Profis der Unternehmensberatung bekommen schon Ohrensausen, wenn sie in einem ehrwürdigen Comptoir einen neuen und topmodernen Fotokopierer finden. Denn da liegt einiges bereits im Busch! Wahrscheinlich wurden vor kurzem einige Mitarbeiter/-innen »gefressen«.

Wie der Wolf sein Gelüst gestillt hatte, legte er sich wieder ins Bett, schlief ein und fing an, überlaut zu schnarchen.

Typisch für Übernahmemachos. Nach erfolgter Tat machen sie es sich gerne bequem, während sie laut ihrer Umgebung den großen Coup verkünden ...

Der Jäger ging eben an dem Haus vorbei und dachte: »Wie die alte Frau schnarcht! Du mußt doch sehen, ob ihr etwas fehlt.« Da trat er in die Stube, und wie er vor das Bett kam, sah er, daß der Wolf darin lag.

»Finde ich dich hier, du alter Sünder«, sagte er, »ich habe dich lange gesucht.«

So ist es bei den obersten Wirtschaftsaufsichtsbehörden. Einerseits kennen sie ihre Pappenheimer, andererseits brauchen sie Jahre, bis sie reagieren. Eine typische Jäger-Wolf-Beziehung.

Nun wollte er seine Büchse anlegen, da fiel ihm ein, der Wolf könnte die Großmutter gefressen haben, und sie wäre noch zu retten; darum schoß er nicht, sondern nahm eine Schere und fing an, dem schlafenden Wolf den Bauch aufzuschneiden. Wie er ein paar Schnitte getan hatte, da sah er das rote Käppchen leuchten, und noch ein paar Schnitte, da sprang das Mädchen heraus und rief: »Ach, wie war ich erschrocken, wie war's so dunkel in dem Wolf seinem Leib!«

Und dann kam die alte Großmutter auch noch lebendig heraus und konnte kaum atmen.

Kinder und andere intelligente Menschen wenden häufig ein, daß die von einem Raubtier verschlungene Beute wohl zerkaut und daher tot wäre beziehungsweise daß unzerbissen Geschlucktes im Magen wohl erstickt und von Magensäure verätzt wäre. Und damit haben sie im Prinzip auch recht. Die Geschichte stimmt aber trotzdem, wenn wiederum Wirtschaftsunternehmen hinter den handelnden Figuren zu verstehen sind. Eine Firma, die eine andere schluckt, müßte schon mehr tun, als sie in einzelne Happen zu teilen, um die Spuren zu verwischen. Ein bekanntes Beispiel der jüngeren Wirtschaftsgeschichte ist die Fusionierung zweier Bankinstitute. Fünf Jahre (man bemerke: *fünf* Jahre) nach dieser »Verschluckerei« haben forschende Soziologen eindeutig festgestellt, daß das kleinere Institut vom größeren in keinster Art und Weise »verdaut« worden war. Anhand von Kleidung (sic!), Altersstruktur und anderen eindeutigen Elementen der Firmenkultur – Besprechungsformen, Entscheidungsvorgänge und sorgfältige Trennung der Toiletten etc. – konnte nachgewiesen werden, daß die alten Firmen in keinster Art und Weise ineinander übergegangen waren. Außer in der Bilanz. Die kann aber jeder Wirtschaftsjäger jederzeit auseinanderdividieren. Besonders, wenn sie schnarcht.

Rotkäppchen aber holte geschwind große Steine, damit füllte sie dem Wolf den Leib. Als er aufwachte, wollte er fortspringen, aber die Steine waren so schwer, daß er gleich niedersank und tot hinfiel.

Da waren alle drei vergnügt; der Jäger zog dem Wolf den Pelz ab und ging damit heim, die Großmutter aß den Kuchen und trank den Wein, den Rotkäppchen gebracht hatte, und erholte sich wieder. Rotkäppchen aber dachte: »Du willst dein Lebtag nicht wieder allein vom Weg ab in den Wald laufen, wenn dir's die Mutter verboten hat.«

Ein höchst moralinsaurer Schluß der Geschichte. Aber typisch für unsere konservative Wirtschaftswelt. Wie erfrischend wäre es doch, wenn das Rotkäppchen die Großmutter schluckt, der Wolf den Jäger erschießt und dessen Kleider anlegt, um fortan als Aufsichtsbehörde durch den Forst zu streifen. Da könnte er dann doch Rotkäppchens Mutter heiraten, um so das niedliche Kind »einzufangen«.

Aber das sind strategische Überlegungen modernen Managements, das geziemt sich nicht im deutschen Märchenwald. Noch nicht. Da haben die Wölfe noch viel Aus- und Weiterbildungsbedarf.

Zusammenfassung der wichtigsten

Merksätze und Lernfelder

für Wölfe aller Art

Zuerst der Versuch einer Rehabilitierung.
 Wölfe/Wölfinnen sind freundliche, friedliche, soziale Wesen. Sie leben in klaren Familienstrukturen, in kooperativen Stammesgruppen, sie sind wunderbare Mütter und ganz ausgezeichnete Väter. Sie haben einen hohen Moralcodex, sind praktisch und lebenstüchtig und pflegen ihr Revier in einer Art und Weise, die jeder grünbewegte Mensch hoch loben muß. Sie sind weiters treu, kameradschaftlich und ehrlich.
 Diese Zusammenfassung gilt natürlich für echte Wölfe. Für jene hundeartigen Supertypen, die in Gegenden vom Polarkreis bis tief in den tropischen Dschungel beheimatet sind. Wieso diese Tiere von der Urgeschichte her bis in die heutige Zeit zu feindlichen und lebensbedrohenden Monstern hochgestylt wurden, ist eine andere Frage. Offensichtlich versucht der Mensch schon seit langem, seine eigenen negativen Verhaltensweisen auf ein unschuldiges Wesen zu projizieren.
 »Der Mensch ist des Menschen Wolf«, sagte die Antike, und das in Latein: »Homo homini lupus!« Dieser Modellsatz tiefenpsychologischer Wahrheit und Verstrickung ist den Wölfen auf den Kopf gefallen. Im Märchen wäre eher vom »Lupus in fabula«, vom Wolf in der Geschichte, zu reden. Aber letzteres ist ein Schreckensruf und bedeutet soviel wie: Da ist er ja, von dem wir gerade geredet haben!
 Wohin man schaut – überall Verwechslungen und Verdrehungen. Da werden Wölfe, die gar nicht böse sein können,

zu bösen Menschen hochsymbolisiert. Und diese angeblich bösen Menschen tun auch nichts anderes als die sogenannten guten und erfolgreichen. Daher sind die folgenden Regeln neutral zu sehen. Sie sollen die zweibeinigen Wölfe weder verherrlichen noch verteufeln. Höchstens warnen.

- **Vor dem Schlucken ordentlich kauen!**

Eine Regel, die schon der gute alte Onkel Doktor oder die Oma dem Kindlein gepredigt hat, wenn sie ihre Leibgerichte hinunterschlangen. Medizinisch verständlich, ernährungsphysiologisch einwandfrei. Und wirtschaftlich geradezu unerläßlich. Niemand ist gut beraten, ein Unternehmen ins eigene zu integrieren, ohne es vorher nach Strich und Faden umgemodelt zu haben. Verschluckte und verschlungene Organisationen, die nicht die scharfen Zähne einer Umorganisation gespürt haben, bleiben lange »am Leben« und sind damit höchst unverdaulich. Auch richtiges »Fressen« will gelernt sein. Blinder Heißhunger tötet den Verschlucker.

- **Zartes geht vor Zähem!**

Die im Märchen erfolgte Erstverschluckung des zähen, alten Brockens von Großmuterfirma, um an den fetten Bissen des Enkelunternehmens heranzukommen, kann nur kurzfristig erfolgreich sein. Im Märchen führt es auch zu einem letalen Ende. Es ist aber auch genauso medizinisch wie wirtschaftlich falsch. Schwerverdauliches führt zu Magenbeschwerden und zu heftigem Aufstoßen. Die später verspachtelte feine Beute kann dadurch ohne weiteres auch »ausbrechen«. Ein unappetitlicher Vergleich, aber ein naheliegender. Pfot-, pardon, Faustregel für Wölfe jeder Art: Jagen und fressen Sie nur die Beute, die Sie wirklich wollen. Seien Sie listig, aber um Wolfes willen nicht überschlau. Wie erinnerlich, konnte das arme Tier ja zwischen der gemampften Großmutter und einer Füllung Steine im Bauch gar nicht unterscheiden. Das führt zum Exitus, was denn sonst!?

Völlerei statt fetter Beute

- **Feuern Sie Ihren NLP-Guru!**

Ausgenommen die guten natürlich! Gute werden Ihnen nämlich nie erzählen oder weismachen wollen, daß sie Ihnen in ein oder zwei Tagen beibringen könnten, wie man andere Menschen rhetorisch so beeinflussen könne, daß man Sie voll im Griff hätte. Die moderne Wirtschaftswelt ist voll von Scharlatanen, die in Schnellsiederverfahren Führungskräften versprechen, geradezu magische Fähigkeiten in Gesprächen, Verhandlungen und Konferenzen erwerben zu können. Mag sein, daß Sie es wie unser guter Wolf auch schaffen, Ihr Rotkäppchen zum Blumenpflücken zu verführen, aber was hat das letztlich gebracht? Hätte er doch der Kleinen klar gesagt, was er vorgehabt hat! Daß er sie zum Fressen gern habe. Wetten, nach kurzer leidenschaftlicher Verhandlung wäre eine produktive Firmenehe entstanden. Dazu braucht man nur Hausverstand und keine Pseudomanipulationstrickser für 1000 Euro pro Tag. Und das ist noch die unterste Preisklasse für echte Spinner.

- **Und außerdem: Wölfe sind die besseren Jäger!**

Wenn man den Bock zum Gärtner macht, ist der Erfolg bekannt. Aber wenn Wölfe sich zu Jägern machen, dann ist die Welt in Ordnung. Wer kennt sich denn besser im Wirtschaftswald aus als die, die darin leben und jagen. Wer kennt alle üblen Tricks von der Verstellerei, der Täuschung, der Tarnung, der Bilanzfälschung besser als die Wölfe im Kammgarn? Wer ist daher besser geeignet, Aufsichtspflichten zu übernehmen und Reglements einzuführen?

Na eben! Die Wirtschaft blüht doch überall dort auf, wo nicht kleinlich uniformiertes Beamtentum herrscht, sondern der freie Wettbewerb auch die Kühnsten zu den Verantwortlichen macht. Wer wirklich eine freie Wirtschaft und klassisches Management haben möchte, für den gibt es nur eine Forderung: Wölfe an die Macht!

Auch wenn er dann erst lernen muß, mit ihnen zu heulen.

LEAN & OUT!

oder

Wie man kostenintensive und unproduktive Abteilungen und Anhängsel einfach in den Wald schickt und wie das auch voll ins Auge gehen kann – am Beispiel von Hänsel und Gretel

Hänsel und Gretel, die böse Hexe, das Lebkuchenhaus und die berühmten Verse vom Wind, dem himmlischen Kind, das alles gehört zu den unverzichtbarsten Versatzstücken der Märchenwelt. Wenn in der Vorweihnachtszeit die Großmütter, die nicht mehr an der Supermarktkasse schuften müssen, den Enkelkindern aus Lebkuchen und Plätzchen Hexenhäuser backen und fertigen, dann strahlen auch die Augen der Erwachsenen. Hänsel und Gretel, das ist Nostalgie pur. Aber über ebendieses Märchen haben auch Strafrechtler, Staatsanwälte und Richter schon mehrfach in Symposien nachgegrübelt. Und einen Urteilskatalog für alle Figuren der Handlung ausgearbeitet, der saftige Gefängnisstrafen beinhaltet. Es gibt ja fast kein Verbrechen, das in dieser Geschichte nicht verübt wird. Mit einem Wort: Wenn das Märchen vom Hänsel und Gretel mit den richtigen Augen gelesen wird, dann ist es eine brennend heiße Story. Nicht aus den dunklen Tiefen des deutschen Waldes, sondern aus dem prallen Leben der großen Wirtschaft. Da kann sich die vorgeschützte wildromantische Kleinhäuslerstory nicht daran vorbeischwindeln.

Vor einem großen Wald wohnte ein armer Holzhacker mit

seiner Frau und seinen zwei Kindern; das Bübchen hieß Hänsel und das Mädchen Gretel. Der Mann hatte wenig zu beißen und zu brechen, und einmal, als große Teuerung ins Land kam, konnte er auch das tägliche Brot nicht mehr beschaffen. Wie er sich nun abends im Bett Gedanken machte und sich vor Sorgen herumwälzte, seufzte er und sprach zu seiner Frau: »Was soll aus uns werden? Wie können wir unsere armen Kinder ernähren, da wir für uns selbst nichts mehr haben?«

Rührend! Der Firma Holz & Hacker sind die Umsätze eingebrochen und die Gewinne geschwunden. Jetzt diskutieren der technische und der kaufmännische Vorstand über das erforderliche Leanmanagement. So kommt's, wenn man sich »Kinder« leistet, die noch nicht genügend produktiv sind, aber im Unternehmen Kosten verursachen. Einem schlicht und einfach die Gewinne wegfressen. Da liegt guter Rat für jeden erfahrenen Kaufmann auf der Hand.

»Weißt du was, Mann«, antwortete die Frau, »wir wollen morgen in aller Früh die Kinder hinaus in den Wald führen, wo er am dichtesten ist; da machen wir ihnen Feuer an und geben jedem noch ein Stück Brot, dann gehen wir an unsere Arbeit und lassen sie allein. Sie finden den Weg nicht wieder nach Hause, und wir sind sie los.«
»Nein, Frau«, sagte der Mann, »das tue ich nicht; wie soll ich's übers Herz bringen, meine Kinder im Wald allein zu lassen. Die wilden Tiere würden bald kommen und sie zerreißen.«
»O du Narr«, sagte sie, »dann müssen wir alle vier Hungers sterben, du kannst gleich die Bretter für die Särge hobeln«, und ließ ihm keine Ruhe, bis er einwilligte. »Aber die armen Kinder dauern mich doch«, sagte der Mann.

Kommt das jemandem bekannt vor?

Richtig! Wir gliedern aus, schießen noch etwas Kapital in die neugegründeten Profitcenters, die sich jetzt gefälligst am Markt selbst durchschlagen sollen. Wahrscheinlich werden sie von den wilden Tieren der Konkurrenz zerrissen. Aber was kann die Elternfirma dann dafür? Straffällig würde sie nur, wenn sie die eigenen Kinder schlachteten und selber äßen. Das würde der Betriebsrat nicht zulassen. Aber der hat ohnehin bereits die Hand im Spiel, denn die Nachricht von der geplanten Firmenspaltung dringt durch ...

Die zwei Kinder hatten vor Hunger auch nicht einschlafen können und daher gehört, was die Stiefmutter ...

Aha! Es handelt sich um eine kaufmännische Chefin, die erst später ins Haus eingetreten ist und nicht bei der Unternehmensgründung dabei war!

... was die Stiefmutter zum Vater gesagt hatte. Gretel weinte bittere Tränen und sprach zu Hänsel: »Nun ist's um uns geschehen.«

»Still, Gretel«, sprach Hänsel, »gräme dich nicht, ich will uns schon helfen.«

Bravo! Da hat eine der beiden unproduktiven Abteilungen immerhin noch ungebrochenen Kampfgeist. Das deutet auf eine strategische Fehlentscheidung der Alten hin.

Und als die Alten eingeschlafen waren, stand er auf, zog sein Röcklein an, machte die Tür auf und schlich sich hinaus. Da schien der Mond ganz helle, und die weißen Kieselsteine, die vor dem Haus lagen, glänzten wie lauter silberne Geldstücke.

Einem Steuerprüfer würden jetzt die Augen leuchten: das

ist ein kaum verdeckter Hinweis auf verborgenen Cash flow.

Hänsel bückte sich und steckte so viele in sein Rocktäschlein, als nur hineinwollten. Dann ging er wieder zurück, sprach zu Gretel: »Sei getrost, liebes Schwesterchen, und schlaf nur ruhig ein, Gott wird uns nicht verlassen«, und legte sich wieder in sein Bett.

Als der Tag anbrach, noch ehe die Sonne aufgegangen war, kam schon die Frau und weckte die beiden Kinder. »Steht auf, ihr Faulenzer, wir wollen in den Wald gehen und Holz holen!« Dann gab sie jedem ein Stückchen Brot und sprach: »Da habt ihr etwas für den Mittag; aber eßt's nicht vorher auf, weiter kriegt ihr nichts.«

Gretel nahm das Brot unter die Schürze, weil Hänsel die Steine in der Tasche hatte. Danach machten sie sich alle zusammen auf den Weg nach dem Wald. Als sie ein Weilchen gegangen waren, stand Hänsel still und guckte nach dem Haus zurück und tat das wieder und immer wieder. Der Vater sprach: »Hänsel, was guckst du da und bleibst zurück? Hab acht und vergiß deine Beine nicht!«

»Ach Vater«, sagte Hänsel, »ich sehe nach meinem weißen Kätzchen, das sitzt oben auf dem Dach und will mir ade sagen.« Die Frau sprach: »Narr, das ist dein Kätzchen nicht, das ist die Morgensonne, die auf den Schornstein scheint.«

Wenn eine Firma in die Krise schlittert, dann sind unsinnige Ausreden und Vorhalte immer zugegen. Auch hier ein Musterbeispiel von Vortäuschung und deren Erfolg durch selektive Wahrnehmung. Oder anders gesagt: Jede Abteilung redet in so einer Situation unüberprüft von irgendwas.

Hänsel aber hatte nicht nach dem Kätzchen gesehen, son-

dern immer einen von den blanken Kieselsteinen aus seiner Tasche auf den Weg geworfen.

Als sie mitten in den Wald gekommen waren, sprach der Vater: »Nun sammelt Holz, ihr Kinder, ich will ein Feuer anmachen, damit ihr nicht friert.«

Hänsel und Gretel trugen Reisig zusammen, einen kleinen Berg hoch. Das Reisig wurde angezündet, und als die Flamme recht hoch brannte, sagte die Frau: »Nun legt euch ans Feuer, ihr Kinder, und ruht euch aus, wir gehen in den Wald und hauen Holz. Wenn wir fertig sind, kommen wir wieder und holen euch ab.«

Hänsel und Gretel saßen am Feuer, und als der Mittag kam, aß jedes sein Stück Brot. Und weil sie die Schläge der Holzaxt hörten, so glaubten sie, ihr Vater wäre in der Nähe. Es war aber nicht die Holzaxt, es war ein Ast, den der Vater an einen dürren Baum gebunden hatte und den der Wind hin- und herschlug.

Nicht das akustische Täuschungsmanöver ist zu kritisieren, sondern die dümmliche Vertrauensseligkeit der Firmenkinder, die doch wissen müssen, daß sie hereingelegt werden. Aber so ist's nun mal in Managementkreisen. Wer weiß, daß er gelegt wird, der läßt sich sogar noch leichter täuschen als der Ahnungslose. Irritierend – aber wahr!

Als sie lange so gesessen waren, fielen ihnen die Augen vor Müdigkeit zu, und sie schliefen fest ein. Als sie endlich erwachten, war es schon finstere Nacht.

Gretel fing an zu weinen und sprach: »Wie sollen wir nun aus dem Wald kommen?« Hänsel aber tröstete sie: »Wart nur ein Weilchen, bis der Mond aufgegangen ist, dann wollen wir den Weg schon finden!« Als dann der volle Mond aufgestiegen war, nahm Hänsel sein Schwesterchen an der Hand und ging den Kieselsteinen nach; die schimmerten wie neugeschlagene Silbermünzen und zeigten ihnen den Weg. Sie gingen die ganze Nacht hindurch und kamen bei anbrechendem Tag wieder zu ihres Vaters Haus.

Welch wunderbar romantisches Bild. Es beweist letztlich nur, daß man mit Silber und dem damit bezahlten Rechtsbeistand schlecht gebaute Trennungsverträge wiederaufheben kann.

Sie klopften an die Tür, und als die Frau aufmachte und sah, daß es Hänsel und Gretel waren, sprach sie: »Ihr bösen Kinder, was habt ihr so lange im Wald geschlafen? Wir haben geglaubt, ihr wollt gar nicht wiederkommen.« Der Vater aber freute sich, denn es war ihm zu Herzen gegangen, daß er sie so allein zurückgelassen hatte.

Eine liiiiiiiebe Familie! Sie lügt, und er hat nichts zu sagen. Ohne dies geschlechtsspezifisch zu meinen, ist doch festzustellen: wie bei uns in der Vorstandsetage! Klar, daß die beiden es wieder versuchen ...

Nicht lange danach war wieder Not in allen Ecken, und die Kinder hörten, wie die Mutter nachts im Bett zum Vater sprach: »Alles ist wieder aufgezehrt; wir haben noch einen halben Laib Brot, hernach hat das Lied ein Ende. Die Kinder müssen fort, wir wollen sie tiefer in den Wald hineinführen, damit sie den Weg nicht wieder herausfinden; es ist sonst keine Rettung für uns.«
   Dem Mann fiel's schwer aufs Herz, und er dachte: »Es wäre besser, daß du den letzten Bissen mit deinen Kindern teiltest.« Aber die Frau hörte auf nichts, was er sagte, schalt ihn und machte ihm Vorwürfe. Wer A sagt, muß auch B sagen, und weil er das erstemal nachgegeben hatte, so mußte er es auch zum zweitenmal.

Die Sache wird immer bekannter. Das Duell der Traditionalisten gegen Rationalisten und Reformer in Vorstandskreisen und Führungsgremien geht immer einseitig aus.

Die Kinder aber waren noch wach gewesen und hatten das Gespräch mit angehört. Als die Alten schliefen, stand Hänsel wieder auf, wollte hinaus und Kieselsteine auflesen wie das vorige Mal, aber die Frau hatte die Tür verschlossen, und Hänsel konnte nicht hinaus. Aber er tröstete sein Schwesterchen und sprach: »Weine nicht, Gretel, und schlaf nur ruhig, der liebe Gott wird uns schon helfen.«

Mit solchen frommen Wünschen beginnen meistens ganze Ketten von Fehlleistungen. Für erfahrene und tüchtige Manager/-innen gilt eher das alte Sprichwort: »Hilf dir selbst, dann hilft dir Gott!«

Am frühen Morgen kam die Frau und holte die Kinder aus dem Bett. Sie erhielten ihr Stückchen Brot, das war aber noch kleiner als das vorige Mal. Auf dem Weg nach dem Wald bröckelte es Hänsel in der Tasche, stand oft still und warf ein Bröcklein auf die Erde.

Das muß schiefgehen. Merksatz: Ressourcen sind nicht Werkzeuge und schon gar nicht Markierungselemente. Wer Ressourcen verschwendet, braucht sich über das operative Management schon gar nicht mehr den Kopf zu zerbrechen. So kommt es auch hier:

»Hänsel, was stehst du und guckst dich um?« sagte der Vater. »Geh deiner Wege!«
»Ich sehe nach meinem Täubchen, das sitzt auf dem Dach und will mir ade sagen«, antwortete Hänsel.
»Narr«, murrte die Frau, »das ist dein Täubchen nicht,

Lean & out!

das ist die Morgensonne, die auf den Schornstein oben scheint.«

Hänsel warf aber nach und nach alle Bröcklein auf den Weg. Die Frau führte die Kinder noch tiefer in den Wald, wo sie ihr Lebtag noch nicht gewesen waren. Da wurde wieder ein großes Feuer angemacht, und die Mutter sagte: »Bleibt hier sitzen, ihr Kinder, und wenn ihr müde seid, könnt ihr ein wenig schlafen; wir gehen in den Wald und hauen Holz, und abends, wenn wir fertig sind, kommen wir und holen euch ab.«

Als es Mittag war, teilte Gretel ihr Brot mit Hänsel, der sein Stück auf den Weg gestreut hatte. Dann schliefen sie ein, und der Abend verging, aber niemand kam zu den armen Kindern.

Merksatz: Wer in der freien Wirtschaft – um die handelt es sich hier, denn dort waren die Kinder noch nie! – schläft, der bleibt einsam. Sowieso!

Sie erwachten erst in der finsteren Nacht, und Hänsel tröstete sein Schwesterchen und sagte: »Wart nur, Gretel, bis der Mond aufgeht, dann werden wir die Brotbröcklein sehen, die ich ausgestreut habe, die zeigen uns den Weg nach Hause.«

Als der Mond kam, machten sie sich auf; aber sie fanden kein Bröcklein mehr, denn die vielen tausend Vögel, die im Wald und im Feld umherfliegen, die hatten sie weggepickt. Hänsel sagte zu Gretel: »Wir werden den Weg schon finden!« Aber sie fanden ihn nicht.

Logisch! Vor allem unter Beachtung des vorigen Managementgrundsatzes. Verstreute Ressourcen werden von der Konkurrenz und anderen Vögeln weggeschnappt.

Sie gingen die ganze Nacht und noch einen Tag vom Mor-

gen bis zum Abend, aber sie kamen aus dem Wald nicht heraus und waren so hungrig, denn sie hatten nichts als die paar Beeren, die auf der Erde standen. Und weil sie so müde waren, daß die Beine sie nicht mehr tragen wollten, so legten sie sich unter einen Baum und schliefen ein.

Eine ganz natürliche Reaktion von bisher geschützten Arbeitsplätzen – hier als Abteilungen zu sehen –, die sich nun am freien Markt, in der freien Wirtschaft, also in ihrem unbekannten Wald, bewegen: Verwirrung, Verirrung, Müdigkeit, der Wunsch einzuschlafen.

Nun war's schon der dritte Morgen, daß sie ihres Vaters Haus verlassen hatten. Sie fingen immer wieder an zu gehen, aber sie gerieten immer tiefer in den Wald, und wenn nicht bald Hilfe kam, so mußten sie verschmachten.
  Als es Mittag war, sahen sie ein schönes, schneeweißes Vöglein auf einem Ast sitzen, das sang so schön, daß sie stehenblieben und ihm zuhörten.

Achtung: Werbung!

Und als es fertig war, schwang es seine Flügel und flog vor ihnen her, und sie gingen ihm nach, bis sie zu einem Häuschen gelangten, auf dessen Dach es sich setzte. Als sie ganz nah herankamen, sahen sie, daß das Häuslein aus Brot gebaut und mit Kuchen gedeckt war; aber die Fenster waren von hellem Zucker.

Wenn das nicht die nächstgelegene angebotsstrotzende und höchst kreditverführerische Superwirtschaftsbankfiliale ist!

»Da wollen wir uns dranmachen«, sprach Hänsel, »und

Lean & out!

eine gesegnete Mahlzeit halten. Ich will ein Stück vom Dach essen, Gretel, du kannst vom Fenster essen, das schmeckt süß.« Hänsel langte in die Höhe und brach sich ein wenig vom Dach ab, um zu versuchen, wie es schmeckte, und Gretel stellte sich an die Scheiben und knupperte daran. Da rief eine feine Stimme aus der Stube heraus:
»Knupper, knapper, kneischen,
Wer knuppert an meinem Häuschen?«

Dieser Vers in der alten Schreibweise geht nur reimerisch auf, wenn man ihn sich in sächsisch vorspricht. Das ist aber kein Indiz dafür, daß es sich um die Dresdner Landeshypothekenanstalt handelt. Aber ein Kreditinstitut ist es zweifelsohne.

Die Kinder antworteten:
»Der Wind, der Wind,
Das himmlische Kind.«

Wieder kein Indiz, daß die Kinder aus Ostfriesland stammen. Obwohl sie sich manchmal so verhalten.

Und aßen weiter, ohne sich irremachen zu lassen. Hänsel, dem das Dach sehr gut schmeckte, riß sich ein großes Stück davon herunter, und Gretel stieß eine ganze runde Fensterscheibe heraus, setzte sich nieder und aß davon.

Hurra! Kreditanreiz voll durchgekommen. Nebenbei geschlechterspezifisch getrennt: für junge Herren Deftiges, für junge Damen Süßes.

Da ging auf einmal die Türe auf, und eine steinalte Frau, die sich auf eine Krücke stützte, kam herausgeschlichen. Hänsel und Gretel erschraken so gewaltig, daß sie fallen ließen, was sie in den Händen hielten. Die Alte aber wackelte mit dem Kopf und sprach: »Ei, ihr lieben Kinder, wer hat euch hierhergebracht? Kommt nur herein und bleibt bei mir, es geschieht euch kein Leid.«

Die diensthabende Filialleiterin und Finanzberaterin nimmt im taktisch richtigen Moment ihre Arbeit auf.

Sie faßte beide an der Hand und führte sie in ihr Häuschen. Da wurde gutes Essen aufgetragen, Milch und Pfannkuchen mit Zucker, Äpfel und Nüsse. Hernach wurden zwei schöne Bettlein weiß gedeckt, und Hänsel und Gretel legten sich hinein und meinten, sie wären im Himmel.

Allgemein bekanntes Gefühl nach Aufnahme eines unbegrenzten Kredits. Dementsprechend folgt, wie im wirklichen Leben, das böse Erwachen.

Die Alte hatte sich nur so freundlich gestellt, sie war aber eine böse Hexe, die den Kindern auflauerte, und hatte das Brothäuslein bloß gebaut, um sie hereinzulocken. Wenn eins in ihre Gewalt kam, so machte sie es tot, kochte es und aß es, und das war ihr ein Festtag. Die Hexen haben rote Augen und können nicht weit sehen, aber sie haben eine feine Witterung, wie die Tiere, und merken's, wenn Menschen herankommen. Als Hänsel und Gretel in ihre Nähe kamen, da lachte sie boshaft und sprach höhnisch: »Die habe ich, die sollen mir nicht wieder entwischen.«

Nun ist ein Plädoyer für Hexen dringlichst angesagt!
    Hexen gab es, und Hexen gibt es. Daran soll nicht vorbeigelogen werden. Aber die Gestalt der Hexe zu verteufeln, häßlich zu machen, als grausam darzustellen etc., das alles ist in böser Absicht im Lauf der Geschichte gesche-

hen, um letztlich fast zwei Millionen Frauen in Europa zu foltern und schrecklichst hinzurichten.

Die Hexe im Märchen ist also eine verzerrte Schreckensfigur und Karikatur. Insbesondere, weil sie als kannibalische Kinderfängerin beschrieben wird. Und jedem denkenden und erfahrenen Menschen der Wirtschaft und des Managements beginnen ab jetzt die Augen aufzugehen: Banken haben die Gewohnheit, zuerst einzufangen, dann voll zu verköstigen und zu verwöhnen und schließlich zu verschlingen. Das ist mindestens so alt wie der gezüchtete Glaube an böse Hexen. Die beiden sich deckenden Motive können hier ganz leicht entflochten werden. Da lauert die tüchtige Filialleiterin einer netzartig sich ausbreitenden Bank darauf, zwei unerfahrene Jungunternehmer am freien Markt sich einzuverleiben. Wahrscheinlich eine sportliche Mitdreißigerin, gepflegt und gestylt, mit dem verführerischen Duft des Geldes parfümiert und höchst attraktiv.

Frühmorgens, ehe die Kinder erwacht waren, stand sie schon auf, und als sie die beiden so lieblich ruhen sah, mit den vollen roten Backen, so murmelte sie vor sich hin: »Das wird ein guter Bissen werden!«

Da packte sie Hänsel mit ihrer dürren Hand, trug ihn in einen kleinen Stall und sperrte ihn mit einer Gittertüre ein; er mochte schreien wie er wollte, es half ihm nichts.

Dann ging sie zu Gretel, rüttelte sie wach und rief: » Steh auf, Faulenzerin, trag Wasser und koch deinem Bruder etwas Gutes, der sitzt draußen im Stall und soll fett werden. Wenn er fett ist, so will ich ihn essen.«

Eine interessante Trennung zweier Jungunternehmer. Herr Hänsel hat bisher in allen Krisensituationen Mut und Zuversicht gezeigt, wenn er sich auch entscheidend verkalkuliert hat. Aber grundsätzlich hat er gute unternehmerische

Energie in sich. Also zahlt es sich aus, ihn zu einem guten
Finanzhappen hochzumästen. Frau Gretel war immer zögerlich, weinerlich und ohne Hilfe Herrn Hänsels scheinbar
verloren. Das ist keine gute unternehmerische Grundhaltung. Klar, daß sie zur Dienstleistungssklavin reduziert wird.
Finanztechnisch sehr vernünftig ...

Gretel fing an, bitterlich zu weinen, aber es war alles vergebens, sie mußte tun, was die böse Hexe verlangte.
 Nun wurde dem armen Hänsel das beste Essen gekocht, aber Gretel bekam nichts als Krebsschalen. Jeden Morgen schlich die Alte zu dem Ställchen und rief: »Hänsel, streck deine Finger heraus, damit ich fühle, ob du bald fett bist!« Hänsel streckte ihr aber ein Knöchlein heraus, und die Alte, die trübe Augen hatte, konnte es nicht sehen und meinte, es wären Hänsels Finger, und verwunderte sich, daß er gar nicht fett werden wollte. Als vier Wochen herum waren und Hänsel immer mager blieb, da verlor sie die Geduld, und sie wollte nicht länger warten.

Aha! Der dynamische Jungunternehmer schafft es tatsächlich, die Bank zu betrügen ...

»Heda, Gretel«, rief sie dem Mädchen zu, »sei flink und trag Wasser. Hänsel mag fett oder mager sein, morgen will ich ihn schlachten und kochen.«
 Ach, wie jammerte das arme Schwesterchen, als es das Wasser tragen mußte, und wie flossen ihm die Tränen über die Backen herunter!
 »Lieber Gott, hilf uns doch«, rief sie aus, »hätten uns nur die wilden Tiere im Wald gefressen, so wären wir doch zusammen gestorben!«
 »Spar nur dein Geplärre«, sagte die Alte, »es hilft dir alles nichts.«

Frühmorgens mußte Gretel heraus, den Kessel mit Wasser aufhängen und Feuer anzünden. »Erst wollen wir backen«, sagte die Alte, »ich habe den Backofen schon eingeheizt und den Teig geknetet.« Sie stieß die arme Gretel hinaus zu dem Backofen, aus dem die Feuerflammen schon herausschlugen.

»Kriech hinein«, befahl die Hexe, »und sieh zu, ob recht eingeheizt ist, damit wir das Brot hineinschießen können.«

Und wenn Gretel darin war, wollte sie den Ofen zumachen, und Gretel soll darin braten, und dann wollte sie's auch aufessen. Aber Gretel merkte, was die Hexe im Sinn hatte, und sprach: »Ich weiß nicht, wie ich's machen soll; wie komm ich da hinein?«

»Dumme Gans«, sagte die Alte, »die Öffnung ist groß genug; siehst du wohl, ich könnt selbst hinein«, krabbelte heran und steckte den Kopf in den Backofen. Da gab ihr Gretel einen Stoß, daß sie weit hineinfiel, machte die eiserne Tür zu und schob den Riegel vor. Hu! Da fing sie an zu heulen, ganz gräßlich; aber Gretel lief fort, und die gottlose Hexe mußte elendig verbrennen.

Am Gipfel der bekannten Grausamkeiten geziemt es sich wiederum, Ekel und aufwallende Emotionen zurückzudrängen. Tatsächlich ist etwas völlig Überraschendes geschehen: Die unfähige Jungunternehmerin ist es letztlich, die in der tiefsten Ecke der Finanzkrise und mit letzter Verzweiflung die Bank killt. Ob ausraubt oder in Rififi-Manier den Tresor knackt, ist jetzt völlig unwesentlich. Jedenfalls geht die Bank mit viel Huhu und Geheule pleite.

Gretel aber lief schnurstracks zu Hänsel, öffnete sein Ställchen und rief: »Hänsel, wir sind erlöst, die alte Hexe ist tot!«

Da sprang Hänsel heraus wie ein Vogel aus dem Käfig, wenn ihm die Tür aufgemacht wird. Wie haben sie sich ge-

freut, sind sich um den Hals gefallen, sind herumgesprungen und haben sich geküßt. Und weil sie sich nicht mehr zu fürchten brauchten, so gingen sie in das Haus der Hexe hinein; da standen in allen Ecken Kasten mit Perlen und Edelsteinen.

»Die sind noch besser als Kieselsteine«, sagte Hänsel und steckte in seine Taschen, was hineinwollte, und Gretel sagte: »Ich will auch etwas mit nach Hause bringen«, und füllte sich ihr Schürzchen voll.

»Aber jetzt wollen wir fort«, sagte Hänsel, »damit wir aus dem Hexenwald herauskommen.«

Schau an! Die beiden liebreizenden Jungunternehmer cashen schwarze Reserven ab und wollen sich damit klammheimlich verdrücken. Vielleicht in ein Steuerparadies?

Als sie ein paar Stunden gegangen waren, kamen sie an ein großes Wasser. »Wir können nicht hinüber«, sprach Hänsel, »ich sehe keinen Steg und keine Brücke«.

»Hier fährt auch kein Schiffchen«, antwortete Gretel, »aber da schwimmt eine weiße Ente, wenn ich die bitte, so hilft sie uns hinüber.« Da rief sie:

»Entchen, Entchen, da steht Gretel und Hänsel.
Kein Steg und keine Brücke,
Nimm uns auf deinen weißen Rücken!«

Das Entchen kam auch heran, und Hänsel setzte sich auf und bat sein Schwesterchen, sich zu ihm zu setzen.

»Nein«, antwortete Gretel, »es wird dem Entchen zu schwer; es soll uns nacheinander hinüberbringen.«

Das tat das gute Tierchen, und als sie glücklich drüben waren und ein Weilchen fortgingen, da kam ihnen der Wald immer bekannter und immer bekannter vor, und endlich erblickten sie von weitem ihres Vaters Haus. Da fingen sie an zu laufen, stürzten in die Stube hinein und fielen ihrem

Vater um den Hals. Der Mann hatte keine frohe Stunde gehabt, seitdem er die Kinder im Wald gelassen hatte, die Frau aber war gestorben. Gretel schüttelte ihr Schürzchen aus, daß die Perlen und Edelsteine in der Stube herumsprangen, und Hänsel warf eine Handvoll nach der anderen aus seiner Tasche dazu. Da hatten alle Sorgen ein Ende, und sie lebten in lauter Freude zusammen.

Für wache Wirtschaftsaugen besonders auffällig ist das weiße Entchen bei der Flußüberquerung. Eine entzückende Umschreibung dafür, daß aus schwarzem Kapital weißes Geld gemacht wurde. Nicht für beide gleichzeitig, sondern vernünftigerweise getrennt. Wenn man sich dann mit der Elternfirma wieder fusioniert, hat man die Kapitalmehrheit und damit das volle Bestimmungsrecht. In der Zwischenzeit haben ja die Traditionalisten gesiegt und die kaufmännische Direktorin mitsamt ihren Leanmanagement-Theorien gefeuert. Na dann, viel Glück für die Firma Hänsel & Gretel AG, vormals Holz & Hacker GmbH. Und einen schönen Lebensabend für den Herrn Vater, der demnächst per Frühpension mit goldenem Handschlag ins Ausgedinge geschickt wird.

Zusammenfassung der wichtigsten

Merksätze und Lernfelder

für vielseitige Märchenmanager/-innen

Am Märchen von Hänsel und Gretel ist besonders auffällig, daß es keine wirklichen Nebenrollen gibt. Alle vorkommenden Menschen und Wesen, sogar das weiße Vögelein und die weiße Ente, haben Hauptrollencharakter. Nichts ist nebensächlich, alles von tiefer Bedeutung. Daher lassen sich auch die nun folgenden Anmerkungen und Vorschläge nicht auf eine oder zwei Hauptfiguren managementmäßig konzentrieren. Beginnen wir mit der »Elternfirma«:

- **Leisten Sie sich keine »Kinder«, wenn Sie sie nicht durchfüttern können!**

Aktuelle Untersuchungen und Studien über die merklich angestiegenen Firmenzusammenbrüche wie Konkurse und Insolvenzen haben erbracht, daß einer der Hauptgründe für solche Katastrophen ungenügende, mangelnde oder fehlerhafte Buchhaltung ist. Gepaart mit offensivem Größenwahn unserer Zeit führt das zu Expansionen, die dann den Keim der folgenden Not und Armut schon in sich tragen. Hänsel und Gretel mögen »geplante« Kinder gewesen sein, aber wie das Märchen zeigt, auf völlig unzureichender wirtschaftlicher Basis. Denn bei den geringsten Schwankungen oder bei vorhersehbaren Außeneinflüssen – Teuerungen! – werden die putzigen »Firmenausbauten« schon zum sogenannten Klotz am Bein. Für das, was sie leisten, kosten sie zuviel. Und wie das weitergeht, wissen Sie ja bereits.

Lean & out!

- **Lean – aber bitte clean!**

Es war bei respektablen Firmen in den 80er Jahren des 20. Jahrhunderts Methode der Wahl, leistungsschwache und daher mühsam durchgefütterte Bereiche einfach auszugliedern. Meist unter dem schönen Titel »Profitcenter«. Sollten die doch nun selbst – am freien Markt, im tiefen Wald – zeigen, was sie können. Und möglichst auch kurzfristig untergehen, damit vor der Gewerkschaft andernfalls nötige Kündigungsaktionen nicht gerechtfertigt und durchgeboxt werden mußten. Das hat nach den Ratschlägen von Mutter Holz & Hacker auch oft genug geklappt. Es gibt aber nicht nur im Märchen, sondern auch in der jüngsten Geschichte höchst überraschende und märchenhafte Entwicklungen der anderen Art. Da haben plötzlich aufgeblühte neue Teilunternehmen so abgecasht, daß sie dem alten Mutterhaus nicht nur den Rang abgelaufen, sondern auch die Führung abgenommen haben. O ja, Hänsel und Gretel gibt es wirklich. Dagegen ist zu sagen, daß Leanmanagement auch sauber, partnerschaftlich, korrekt und fair durchgeführt werden kann. Da sind dann Pleiten oder überraschende Backlashes viel seltener. Geben Sie also Ihren Firmenkindern nicht nur ein Stück Brot mit, sondern statten Sie sie bei der erforderlichen Abspaltung so aus, daß Sie sich ohne Krisen am Markt settlen können. Und gestalten Sie rechtzeitig die entsprechenden Kooperationsverträge. Dann funktioniert das alte cäsarische Leitwort wirklich: »Divide et impere!«

Nun zu den Hexen und Magiern:

- **Prüfen Sie immer doppelt!**

Der feine Geruch für Zuwachs und fette Beute durch vorläufige Überfinanzierung, wie ihn die Hexe im Märchen besitzt, ist eine wunderbare Gabe. Aber er reicht nicht aus. Wie erinnerlich, täuscht der gemästete Jungunternehmer

Hänsel mit falschen Ziffern (Knöchelchen) über seine wirkliche Situation hinweg. Daß Hexen extrem kurzsichtig sein können, ist eine wunderbare Chiffre für die allgemeine Managementerkenntnis und Richtregel: Traue einer Bilanz oder einer Statistik nur dann, wenn du sie selbst gefälscht hast. Das heißt, daß immer zusätzliche Kontrollinstrumente benutzt werden müssen. Weil fette Hänsel sich mit üblen Tricks als mager darstellen. Bekanntlich sind die erfolgreichsten Unternehmer die, die am lautesten jammern. Im Falle der Märchenhexe wäre ein Cross-Check mit einer einfachen Waage wohl angebracht gewesen. Wie man Hintergrundsinformation heute einholt, brauchen wir ja nicht in extensio zu diskutieren. Schlichtestenfalls nutzen Sie Ihre persönlichen Beziehungen und hängen dem Direktor Hänsel einfach eine Steuerprüfung an den Hals ...

- **Apropos jammern – die Schwachen sind die heimtückischsten!**

Das ständige Schluchzen, Greinen, Klagen und Verzagen unseres herzigen Schwesterchens Gretel zieht sich als feuchte Tränenspur durch die ganze Geschichte. Aber genau sie ist es, die in der Extremsituation der Auseinandersetzung dann auch mit ungebremster Brutalität zuschlägt. Mag die Hexe noch so viele Kinder schon gesotten und verschluckt haben, irgendwie hat sie nicht kapiert, daß man sich gegenüber jedem, auch dem kleinsten Gör, den Rücken freihalten muß. Sonst sitzt man auch schon im Ofen.

Diese Warnung gilt im Prinzip für fast alle Managementsituationen. Weil es geübte Praxis vieler Mitbewerber, Partner, Kunden etc. ist, durch ein »kreisch-scendo« von Gejammere sich so hilflos darzustellen, daß dann der entscheidende Gegenschlag völlig unerwartet kommt. Man denke hier an Agrarverbände, die mit ihren Bauern so lange Subventionsklagelieder singen, bis sie dann durch massive

Traktorenaufmärsche ganze Wirtschaftszentren lahmlegen. Vorher hatten sie aber behauptet, sich für ihre Trecker nicht einmal mehr ein Tröpfchen Diesel kaufen zu können. Aber das ist nur ein Beispiel von vielen bekannten Szenarien.

- **Mästen Sie sich mit Maß und Ziel!**

Es ist ähnlich wie beim Wolf im Märchen vom Rotkäppchen. Dieses manische Hinzielen auf noch und noch und fetter und fetter, dieses genußvolle Lippenlecken und wollüstige Hinauszögern der Vereinnahmung, dieses Taktieren mit Gewinnen, die man schon sicher in der Tasche wähnt, darin steckt meist schon das Übel des Mißerfolgs. Hätte sich die Hexe die lieben Kindlein schon in der ersten Nacht einverleibt, wären die Bissen karger gewesen, aber die vermeintliche Beute hätte nicht letztlich die Jägerin verbraten.

Und für alle anderen Greteln und Hänseln ...

- **... die Vöglein und die Entlein – nicht vergessen!**

Die modernste Form der perfekten Verführung kommt immer in lieblichen Gestalten und zarten Wesen auf uns zu. Da singen dann weiße oder bunte oder auch Paradiesvögel die herrlichsten Melodien. Wer dann davon fasziniert durch den Wald taumelt und auch gleich vermeint, vom süßen Brot des Profits zu naschen, der ist zumeist der Gelackmeierte. Auf diesem Mißverständnis, auf dieser Manipulation beruht ja ein Großteil des Erfolgs unserer Wirtschaft und damit wieder unseres Wohlstands. Daraus zu lernen ist nur, daß man die weißen Vöglein für sich selbst einsetzen soll. So wie die weißen Entlein, die einem manchmal die »Kröten« in Sicherheit bringen.

Und wenn Sie das alles für zu kompliziert, anstrengend, theoretisch halten – dann gibt es nur eine Grundregel:

Lesen Sie Märchen, Märchen, Märchen!